イスラームからつなぐ
5

権力と
ネットワーク

近藤信彰［編］

Islamic Trust Studies
イスラーム信頼学

東京大学出版会

Connectivity and Trust Building in Islamic Civilization, Vol 5
Network and Political Power

Nobuaki KONDO, Editor

University of Tokyo Press, 2024
ISBN 978-4-13-034355-8

シリーズ刊行によせて

　第一次世界大戦とその後の国際秩序模索の時代から100年が過ぎた。この1世紀の間に、第二次世界大戦と40年余りの冷戦を経て、脱植民地化が進み、ソ連崩壊によるアメリカ一極支配体制が出現し、人類はようやく安定した平和の時代を手に入れた、と見えた瞬間があった。

　しかしそれが錯覚であったとすぐに明らかになる。世界人口の約6割を占める一神教徒にとっての聖地が集中するパレスチナでは、アメリカなど西側諸国の後押しを受けた、イスラエルによる植民地化の暴力が止まらない。多民族国家ユーゴスラビアでは内戦が始まり、強制追放と虐殺が相次いで四分五裂した。冷戦期にアフガニスタンにて対ソ連戦の道具として西側に利用された「自由の戦士」たちは、その後「テロリスト」として9・11事件を起こしたとされる。アメリカが「大量破壊兵器疑惑」をでっちあげて起こしたイラク戦争は、イラク国家機構の完膚なき破壊と甚大な人命損失を招き、10年ほどしてシリア内戦に連動して「イスラム国 (IS/ISIS)」を生み出した。

　これらはイスラームが何らかの形で絡んだ顕著な事件の一部でしかない。イスラームといえば、常に他者との対立・紛争を想起する人が多いのも無理はない。世界の移民・難民におけるムスリムの割合は非常に高く、排除と分断の動きは深刻さを増している。冷戦終結後最大の危機とされるウクライナ戦争も、この100年続いてきた排除と分断の大きな流れの中に位置づけられ、さらなる古層にはこの地域を支配したムスリム政権の記憶が横たわる。

　より一般化した見方をするならば、国民の同質性を国家の前提に掲げつつ、他方で人口の多数派・少数派を意識し、敵を措定して立ち向かうのを「文明化の使命」により正当化する——過去1世紀を通じて、こうした動きが世界各地で進んできたのである。それは私たちの身の周りでもふとした折に顔を出し、ひとたびインターネット空間に立ち入れば、その野放図な拡がりをまざまざと目にすることになる。

　もちろん、この間に数多の国際組織が形成され、グローバルなサプライチェ

ーンは緊密度を増し、コミュニケーション手段は驚異的な発達を遂げ、国境を越えた人々の交流が深まった。人類文化の多様性が強調されて、多文化主義が政策化される局面も現れてきた。しかし、こうした動きが排除と分断の動きに抗しきれぬまま押し流されようとしているのを認めざるをえない。

　本シリーズは、広い意味での「イスラーム」に関わる研究者が、「つながり」（コネクティビティ）と「信頼」をキーワードにしつつ、1400 年間（2022 年はイスラーム暦元年 622 年から太陽暦計算でちょうどこの節目であった）にわたるイスラームの拡がりの歴史と現在のなかに、排除と分断に対抗する知を見つけ出そうとするものである。ただし、イスラームの教義から出発して演繹的考察を深め、イスラーム文明の独自性を結晶化させる、という方法はとらない。逆に、研究者が取り組んできた過去と現在のイスラームをめぐる多様な時空間から、学知のみならず、暗黙知として認識してきたような「つながりづくり」の知恵と術を抽出しようとする。そしてそれを排除と分断をのりこえるための戦略知として鍛え上げることを目指すものである。

　もちろん、現在 20 億ともいわれる人口規模をもつムスリムもまた、排除と分断を経験し、苦しんでいる。しかし長い目で見れば、イスラーム文明はこれまで多様な集団や文化を包摂してきたのであり、「つながりづくり」と信頼構築のための知恵と術の宝庫でもある。本シリーズを通じて、その戦略知を様々な形で伝えたいと思う。「イスラームからつなぐ」という言葉にはそうした願いが込められている。

　本シリーズを生み出す母体となるプロジェクトは、文部科学省科学研究費・学術変革領域研究（A）「イスラーム的コネクティビティにみる信頼構築：世界の分断をのりこえる戦略知の創造」（2020–2024 年度）、略称「イスラーム信頼学」である。本シリーズが、読者にとって新たな「つながりづくり」のために役立つ手がかりとなることを願っている。

編集代表　黒木英充

目　次

シリーズ刊行によせて

総論　権力、コネクティビティ、ネットワーク…………近藤信彰　1

はじめに　1
1　国家体系とイスラーム共同体　2
2　オスマン的秩序から近代国家体系へ　6
3　帝国とコネクティビティ　9
おわりに　11

第Ⅰ部　国家体系とイスラーム共同体

第1章　国家間のつながりを考える
──イスラーム国家体系再論……………………近藤信彰　17

はじめに　17
1　イスラーム法と戦争　19
2　書簡と条約　22
3　外交における慣習と倫理　28
おわりに　31

第2章　イエメン・ラスール朝とラバ
──モノをめぐる王権とネットワーク………………馬場多聞　37

はじめに　37
1　ラバの概要　39
2　イエメンとラバ　40
3　エチオピアとラバ　45
4　エジプト・シリアとインドとラバ　49
おわりに　52

iii

第**3**章　近世南アジア支配層の宗教横断的なつながり
──ムガル帝国とマイスール王‥‥‥‥‥‥‥‥‥‥太田信宏 57

はじめに──ムガル皇帝とヒンドゥー王権　57
1　ムガル・マラーター抗争とマイスール王国　58
2　マイスール王権の政治的言説におけるムガル皇帝の表象　62
おわりに──パッチワークとしての帝国　72

第**4**章　近代オスマン法学と立憲的カリフ制‥‥‥‥‥藤波伸嘉 77

はじめに　77
1　近代オスマン法学　79
2　立憲君主の再イスラーム化？　84
3　立憲的カリフ制から共和政としてのカリフ制へ　87
4　一国主義的カリフ制から対抗文明としてのカリフ制へ　89
おわりに　90

第Ⅱ部　オスマン的秩序から近代国家体系へ

第**5**章　オスマン帝国のアフドナーメと国家体系
──近世初期の対ヨーロッパ関係‥‥‥‥‥‥‥‥‥堀井　優 99

はじめに　99
1　アフドの広がり　100
2　16世紀末のアフドナーメ──ヴェネツィア、ポーランド、フランスの場合　103
3　勢力関係と空間構成　106
4　オスマン領内の人間の処遇　110
5　内的統合と対外優位　113
おわりに　115

第**6**章　帝国の内と外の間
──オスマン帝国の「附庸国」再考‥‥‥‥‥‥‥‥黛　秋津 117

はじめに　117
1　「附庸国」をめぐる議論──法的側面　118
2　宗主・附庸関係の実態　122
3　帝国の内と外の間の「附庸国」　127
おわりに──「附庸国」の創出　131

第**7**章　アフドナーメから通商条約へ
　　　　──18世紀におけるオスマン外交文書の変容‥‥‥‥松井真子 135

　　はじめに　135
　　1　オスマン帝国のアフドナーメ　136
　　2　18世紀における通商居留勅許恵与国の増加──最恵国待遇の意義　139
　　3　18世紀におけるアフドナーメの変容　143
　　おわりに　150

第**8**章　アラビア語国際法学における国際法の基礎づけ
　　　　‥‥‥‥‥‥‥‥‥‥‥‥‥‥‥‥‥‥‥‥‥‥‥沖祐太郎 153

　　はじめに　153
　　1　『戦争法』の検討　156
　　2　『国際法』の検討　163
　　おわりに　169

第Ⅲ部　帝国とコネクティビティ

第**9**章　オスマン帝国のウラマー
　　　　──職階制と血縁・地縁的結合‥‥‥‥‥‥‥‥‥‥‥‥秋葉　淳 175

　　はじめに　175
　　1　イルミエ制度　176
　　2　イルミエ制度におけるウラマー家系の再生産　179
　　3　ナーイブ任命の普及　181
　　4　ナーイブのプロフィール　183
　　5　在地クザート家系の形成　185
　　おわりに　192

第**10**章　ムガル帝国における人的統合
　　　　──マンサブ制度の人事と俸給‥‥‥‥‥‥‥‥‥‥真下裕之 195

　　はじめに　195
　　1　マンサブ制度による人士の包摂──人事制度の側面　196
　　2　マンサブ制度と帝国財政──俸給制度の側面　206
　　おわりに　214

目　次──v

第11章　重なる紐帯、移ろう信頼
——ロシア帝政末期アストラハンのムスリム社会‥‥‥‥長縄宣博 219

はじめに——垂直方向の相互関係から水平方向の連帯へ　219
1　重なる紐帯——ヴォルガ・カスピ水系の人の移動　223
2　反骨の若者の連帯　228
3　宗派の混交、競合、敵対　233
おわりに——コスモポリタンなムスリム社会論へ　238

あとがき　245

索　引　247

執筆者紹介　251

◆ 総 論 ◆

権力、コネクティビティ、ネットワーク

近藤信彰

はじめに

　シリーズ「イスラームからつなぐ」の第 5 巻にあたる本書は、「イスラーム信頼学」プロジェクトのなかで権力や国家を扱った成果である。このプロジェクトはコネクティビティ（つながりづくり）と信頼をキーワードとして進んできたが、どちらかといえば水平方向の関係を扱ってきた。黒木英充が示す神と預言者、信徒共同体の関係において、少なくとも信徒共同体は並列で置かれている。あるいは、黒木がつながりと信頼の典型例としてあげるハワーラ（送金システムの一種）にしても、そこには権力の介在する余地はない［黒木 2023: 12、28-30］。もともと、信徒の共同体として始まったイスラームの教えが、共同体に関わる水平的なルールを主に含んでいるのは当然のことである。イスラーム法の重要な法源である聖典『クルアーン』も預言者ムハンマドの言行録であるハディースもムハンマド時代を色濃く反映しており、国家についての記述はほとんど含んでいない。ヒエラルキーに関わるような言説はウマイヤ朝期（661-750 年）以降、古代ギリシアやイランの思想を受容するなかで広まっていったのである［Marlow 1997］。

　本書は、コネクティビティやネットワークという水平的な現象と国家や権力という垂直のベクトルがどのような関係にあるのかを考える目的で構想された。プロジェクトの重要なタームであるコネクティビティではなく、「つながりづくり」の結果として形成されたネットワークを題名に用いたのは、「つながりづくり」がハワーラのような個人のミクロな現象を扱うものとしてイメージさ

れるのに対し、歴史的な国家体系のような大きな枠組では、しばしば信頼構築や「つながりづくり」の過程が見えにくいからである[1]。ただし、コネクティビティという新しい発想でこれまでと異なった角度から垂直的な権力関係を見直し、水平的なネットワークとの関係性を明らかにするという点で、新しい試みである。

より具体的には、① 国家体系とイスラーム共同体、② オスマン的秩序から近代国家体系へ、③ 帝国とコネクティビティの関係を扱う。以下、どのようなことを意図しているかを示そう。

1　国家体系とイスラーム共同体

本書では、コネクティビティという考え方を応用して、国家と国家のつながりから国家体系を考察する。そもそもイスラーム圏における歴史的な国家体系（国際体系）を描こうという試みはこれまであまりなかった[2]。その理由はいくつかある。

第1に、国際政治史や国際法史はヨーロッパ起源のいわゆる主権国家体制——異論もあるが、通常1648年のウェストファリア条約を端緒とする——を主に扱う学問であるからである［大沼 2008; 小川ほか 2018］。もちろん、今日に直結する主権国家体制が重要なのは当然であるが、だからと言って、他の地域の歴史的営みを無視することは正当化できない。東アジア史においては、1960年代から冊封体制／朝貢体制（Tributary System）という用語を用いて国家体系を説明してきた［西嶋 1962; Fairbank 1968］。フェアバンクのそれはヨーロッパの国家体系にあたる条約体制（Treaty System）との相違を際立たせる概念となっている［松方 2019: 11-12］。これに対して、イスラーム圏に関する国家体系についての議論は、鈴木董の『講座国際政治』第1巻の論考を嚆矢とする［鈴木 1989］。この巻は東アジア、イスラーム、西欧の国際体系を並立させて論じている点が画期的であった［有賀ほか 1989］。後述するように、それ以前はマーティン・ワイトに見られるように、そもそもイスラーム圏の諸国家に何らかの体系が存在す

---

1)　コネクティビティとネットワークの関係については黒木［2023: 5-6］参照。
2)　Hinnebusch and Gani［2020］はごく簡単に前近代の国家形成に触れるのみである。

2 —— 総論　権力、コネクティビティ、ネットワーク

るかということにすら懐疑的であったのである。近年では、英語圏でも、イスラーム圏を価値や文化を共有する一つの国際社会と見なし、国際関係史の対象とする研究も現れているが［Spruyt 2020］、

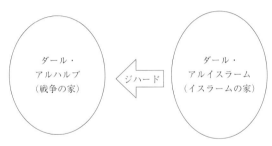

図1　イスラーム法学による世界の二分法（筆者作成）

大沼がそうであるように具体的な国際関係を検討したわけではなく、単に比較文明論的視点を導入しただけのように見える［大沼 2008: 11-13］。また、同様に文明論的にイスラームを一つの世界システムと見なす見解もあるが、スーフィーやウラマーの移動や交流を重視しており、国家はその議論には含まれない［Voll 1994］。

　第2に、イスラーム国家体系といった場合、まず、言及されるのが、「ダール・アルイスラーム（イスラームの家）」と「ダール・アルハルブ（戦争の家）」の二分法である［鈴木 1989: 94-95］（図1）。前者はムスリムの支配のもとイスラーム法に従ってムスリムが安寧に暮らせる地域を指し、後者は、非ムスリムの支配によりムスリムが庇護を受けられない地域を指す。そして、ムスリムは、「戦争の家」を「イスラームの家」に変えるべく、戦闘を含む努力（ジハード）をしなければならないのである。これを含めたハナフィー学派でスィヤルと言われるイスラーム法の一分野が「イスラーム国際法（Islamic Law of Nations）」としてこれまで説明され［Khadduri 1966］、「イスラームの家」や「戦争の家」は国際法学研究のなかでも論じられてきた［沖 2021］。しかし、これは単一のイスラーム政権が非ムスリムをいかに扱うかを定めた法であって、非ムスリムの側の同意を得たものでもなく、また、8世紀以降一般化した並立する複数のイスラーム政権間の関係には関わらない。いわゆる通常の意味での国際法ではない。このため、「イスラーム国際法」から一般的国際法への移行も説明が難しいことになる［沖 2013: 22-23］。

　第3に、イスラーム圏に関する歴史史料は、多くの場合、地域単位・政権単位で作成されることが多く、その結果、研究もまずは政権単位で行われること

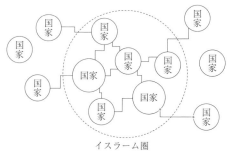

図2 コネクティビティによるイスラーム国家体系モデル（筆者作成）

が多いということが理由としてあげられる。また、オスマン帝国やムガル帝国などは、同時代のヨーロッパ諸国に比して巨大であって、一つの世界をなしていると見ることもできる。スプルートの著作を批評した研究者は、オスマン帝国はイスラーム国際社会の一部ではなく、一つの特徴的な国際秩序であることを主張する［Balci 2021］。もちろん、鈴木［2023］や本書第6章が示すように、オスマン帝国が世界的な秩序を持っていたことは疑いないが、だからと言ってオスマン帝国を含むイスラーム的な国家体系が存在しない理由にはならない。

以上のような背景はあるが、西欧偏重の国際政治史・国際法史で無視され、歴史的実態とはかけ離れたイスラーム法学による説明ですまされ、華々しい帝国史の陰に隠れていた国家間のつながりを本書は扱う。そこで考えたモデルが上のものである（図2）。

イスラーム圏のなかには複数の国家があり、イスラームという宗教の境界については、要検討のため点線で示している。それぞれの国家がイスラーム圏の内外にかかわらず、関係を結ぶことを前提としており、複雑な関係性を示すために、国家間をつなぐ線は折れ線にしてある。具体的に諸国家の関係を検討するのが本書第I部である。

まず、第1章で近藤信彰が、近世のイスラーム圏内での国家間の関係を扱う。イスラーム法の諸規定を当てはめたというより、状況に応じて、必要であればジハードを宣言して戦争を行い、そうでなければ書簡によって友好を謳い、条約を結ぶという国家間の関係を論じている。イスラーム圏全体を統治する上位権力であるカリフが存在せず、君主は神から信託を受けた神聖王権としてそれぞれの国家を統治したのであるから、やはり上位権力である教皇権や神聖ローマ帝国が退潮していくヨーロッパとパラレルな関係が想定できる。

馬場多聞による第2章は、ラバという家畜から見えてくる政治的・経済的ネ

ットワークと国家の関係を論じたものである。ラバの経済的ネットワークはイエメンからイスラーム圏を越えてエチオピアまで伸びており、またキリスト教徒が生産に携わっていた。さらに白いラバは王権の象徴としての意味を持ち、国家間の贈答品として珍重されたという。イエメンのラスール朝は盛んな交易を通じて、イスラーム圏内外とつながりを持っており、ここでは宗派はあまり問題となっていない。

　次に、イスラーム国家と非イスラーム国家との関係を扱ったのが太田信宏による第3章で、ムガル帝国と南インドのマイスール王国の関係を検討する。17世紀後半、ヒンドゥー系のマラーター王国の南インドへの進出に対抗すべく、同じくヒンドゥー系のマイスール王国はムガル帝国に使節を送り、これとの共闘に踏み切る。マイスール側の貢納と軍役を条件に結んだこの同盟は、文学作品や史書のなかでは、虚構を交えながら自らが優位である同盟であるかのような主張を行っていた。太田はここにパッチワークとしてのムガル帝国像を見るが、国家内部に対してはエゴセントリックな論理で自らの支配を正当化することにおいて、イスラーム諸国家のあり方と大きな違いはないようにも見える。

　藤波伸嘉による第4章は、オスマン帝国のカリフ制を20世紀最初の四半世紀の帝国のコンテクストで論じたものである。オスマン君主がカリフであることは憲法にも定められていたが、当時の法学者たちは、外交上のメリットも勘案しつつ、カリフ制が国民主権と立憲主義の前提に反しないと見なして、これを認めた。1909年の憲法改正の際の議論においても、争点は君主と議会の権力均衡であった。カリフ制は主権者である国民の意思によって存在していたのであり、国民の意思によって廃止されるのも必然であった。ここに見られるのは、帝国の一制度としてのカリフ制であり、西洋近代への対抗文明の象徴として浮上してくるその後のものとは大きく異なるのである。

　これらの論攷から明らかとなるのは、「イスラームの家」やカリフのような古典的なイスラーム法の枠組が、実際の政治・社会状況に応じて、国家の利益のためにかなり異なった形で利用されてきたということである。近世のイスラーム諸国家は冷徹に自らの利益のためにイスラームを利用し、宗派を越えたつながりをも求め、20世紀のオスマン帝国は、カリフ制の外交上の利用価値は認めつつも、国民主権と立憲主義の枠内で運用していた。イスラームの教義は

国家に利用されたとはいえ、この教義から国家体系そのものを説明しようとするのはやはり困難であり、近世以降はヨーロッパ同様、個々の国家が結ぶ関係によって、国際関係が成立してきたと考えるべきであろう。

2 オスマン的秩序から近代国家体系へ

オスマン帝国はヨーロッパに隣接しており、したがって、ヨーロッパにおける近代国家体系の成立の過程にどう関わっているかは大きな問題である [Hurewitz 1961; 小川 2012]。ここでは、まず、マーティン・ワイト[3]の『国家体系（Systems of States）』を検討しよう [Wight 1977]。この研究は「我々の国家体系」すなわちヨーロッパの近代国家体系を古代ギリシア時代まで遡って位置づけようとしている。イスラーム圏についても言及されるが、たとえば、アッバース朝崩壊やサラディンの台頭、ルーム・セルジューク朝の建国などの政治的分裂について触れつつも、「これらが、我々が使うのと同じ意味で、一つの国家体系を作るに十分なほど組織化されていたかについては議論の余地がある」と述べる [Wight 1977: 26]。さらに、アッバース朝などのイスラーム帝国とオスマン帝国に言及し、「どちらも原始的で、比類なきほど強力で、西側のキリスト教圏にとって危険であった」と評する [Wight 1977: 121]。オスマン帝国がヨーロッパ外交において重要な役割を果たしたことは認め、また、西洋の国家体系の初期について、オスマン帝国、ハプスブルク帝国、フランスの勢力均衡の三角形に言及する。しかし、定期的な大使の交換がないことなどから、決して国家体系の完全なメンバーとは認めないのである [Wight 1977: 121-122、188]。

興味深いのは、そして、本書第 II 部に深く関わるのは、1536 年のオスマン - フランス同盟交渉の評価である[4]。ワイトは、まず、C. H. アレクサンドロヴィッチ[5]が引用するフランス国王フランソワ 1 世（在位 1515-47 年）のローマ教皇パウロス 3 世（在位 1534-49 年）宛の書簡を紹介する。イスラーム君主と同盟を

---

3) ワイトの学統・業績については、大中［2020］参照。
4) 条約集などでは年代が 1 年ずれていることも含め、この事情については、松井［2022: 124-125］。
5) 彼の生涯と思想については、アレクサンドロヴィッチ［2020: 1-52、265-271］参照。

6 —— 総論 権力、コネクティビティ、ネットワーク

結んだ口実として、フランソワ1世は、トルコ人は人間社会の外にあるわけではなく、諸国民が分れているとしたら、それは伝統や慣習によるものであり、宗派や習慣は人類の自然な結びつきを破壊することはできないとした [Wight 1977: 121]。アレクサンドロヴィッチは、これを宗教や文明を越える自然法思想の発露として高く評価する [Alexandrowicz 1967: 236]。これに対して、ワイトは、このような考え方は決して西洋のキリスト教徒にとっても西ヨーロッパにとっても典型的な意見ではないとし、反証として、たとえば、フランソワ1世が1516年に教皇レオ10世（在位 1513-21 年）宛に送った書簡を挙げ、「すべてのキリスト教徒にとっての大義」としての対オスマン十字軍への言及を指摘するのである [Wight 1977: 121-122]。

　ワイトはイスラームへの偏見にあふれた19世紀の法学者ジェームズ・ロリマーの言を引用するなど、オスマン帝国を「我々」の国家体系から排除しようと躍起となっているように見える [Wight 1977: 122][6]。ワイトも言及していたように軍事力や勢力均衡の面ではオスマン帝国を外してはヨーロッパの国家体系は成り立たず、レヴィやブルはこの意味でこの帝国をヨーロッパの国家体系の一部と見なしている [Levy 1983: 35-37; ブル 2000: 15]。一方で、ワイトの国家体系やブルの国際社会のように、宗教的・文化的要素を重視すれば、オスマン帝国は1856年のパリ講和会議までこれらの範疇に入らないことになる。実際に歴史はそのように進んだわけではあるが、学問的認識としては文明論的先入観にとらわれているようにも見える。

　コネクティビティの観点からすれば、実際にオスマン帝国がヨーロッパ諸国とどのような関係を取り結んだかが重要である。そこで問題となるのが15世紀以降によく見られるアフドナーメと呼ばれる文書形式である。日本語では「条約の書」「盟約の書」「カピチュレーション」などと訳されるこの文書は、帝国君主がヨーロッパ諸国等に対して、外交・商業上のさまざまな条件を神にかけて誓約する形をとった。これは双方が一つの条文に署名する西欧の条約とは形式が違うため、「片務外交」と説明される場合がある [尾髙 2010]。しかし、形式面では相手方の申し入れがあることが条件であり、実務上もどのような文

---

6)　ロリマーの位置づけについては、山内 [1996: 24] 参照。

面のアフドナーメにするかについての事前交渉が行われたことから、条約と本質的に異なるとは考えにくい[7]。当時のオスマン帝国の国力を反映して、ヨーロッパ諸国がオスマンの制度に歩み寄った形と言えるであろう。驚嘆すべきはその頻度である。たとえば、オスマン帝国は、ヴェネツィアに対して、15-18世紀で少なくとも29回のアフドナーメを与えた［堀井 2022: 45］。オスマン帝国をヨーロッパ国家体系の外へ置こうとする法学者の見解にもかかわらず、実際にはさまざまな面で緊密な関係を保っていたのである[8]。

　近世初期のアフドナーメの諸相は、本書第5章で堀井優によって扱われる。16世紀末に与えられたヴェネツィア、フランス、ポーランドに対するアフドナーメの内容を具体的に比較し、共通点と相違点を明らかにしている。この内容は、陸上・海上の勢力範囲の確定・人の往来およびオスマン帝国滞在民の待遇の二つに大別して考察される。対ポーランドの場合は、黒海の北側に位置した、オスマン帝国に服属する附庸国（vassal states）であるクリム・ハーン国、モルドヴァ公国との関係をも含めた規定となっていた。帝国滞在民の待遇については、フランスの場合は大使や領事が、ヴェネツィアの場合にはバイロと呼ばれるイスタンブル領事が居留民の管理を行い、集団内での排他的裁判権を持っていた。それぞれの規定が微妙に異なるさまは、それぞれの相手との関係や事情によって、アフドナーメの内容を調整していたことを示している。

　続いて、オスマン帝国の附庸国に焦点を当て、その垂直的な階層構造とネットワークを描いたのが第6章の黛秋津である。クリム・ハーン国のようなイスラーム教徒の附庸国もあれば、モルドヴァやワラキア（現ルーマニア南部）などキリスト教徒の附庸国もあって、イスラーム法的な位置づけが難しかったことが指摘される。帝国との関係も、ほぼ独立国のようなラグーザ（現クロアチア東部）から州と変わらないワラキア等、多様であった。むしろ、これら多様な諸国を一律にオスマン帝国の「附庸国」と見なすようになるのが、18世紀末以降であり、オスマン帝国秩序の実態はヨーロッパ的附庸国概念を越えたとこ

---

7)　もともと、アフドナーメは双方が送り合うことが伝統であり、今日の交換公文の形式に類似している。第1章参照。

8)　小川［2012: 269］は1648年以降の条約集に収められている条約数を数えて、オスマン帝国がヨーロッパ国際体系に取り込まれていく過程を示そうとするが、そもそも何を条約とするのかによって、数は大きく変わるはずである。この点は第7章を参照。

ろにあるのである。

　次の第7章で松井真子は、18世紀におけるアフドナーメとヨーロッパの条約の変化を議論する。ヨーロッパの通商条約も18世紀以降、特権付与から相互性を重視したものに変化していくが、アフドナーメも同様により相互的な通商条約に近づいていく。ヨーロッパ式の条文形式になり、領事の派遣が想定されるなど、内容、文言の点も含めていわば条約化していくのである。異なる起源・文化背景を持つとはいえ、時間と空間を共有してきたヨーロッパの条約とアフドナーメをあわせて検討することの必要性を痛感させるものである。

　これに対して、第8章で沖祐太郎は、19世紀にヨーロッパで今日の国際法が確立したのち、アラビア語圏でいかにこれが受容されたかという問題を扱う。ヨーロッパの国際法の導入を正当化する論理として、学者や諸国民の合意を強調する。しかし、国際法の基礎づけとしては、諸国家の合意よりも諸国家が存在するという社会的事実や自然法に重きを置いている点が特徴である。テキストそのものも一つのヨーロッパ語の著作を翻訳したものではなく、複数の著作を利用して著述されており、イスラーム法学への言及もないなど、伝統とは異なった形で成立していることがわかる。

　以上、第II部の諸章から明らかになることは、ヨーロッパの国家体系の形成はアフドナーメなどオスマン帝国の営みと並行して進んできたのであり、相互に影響を与えあっていたこと、国際法を「文明諸国間の法」として、オスマン帝国を長きにわたってそこから排除した立場は19世紀当時の帝国主義的世界秩序を反映しており、学問的に見るならば、今日では再考の余地があるということである。

3　帝国とコネクティビティ

　ここまで、垂直的な国家・権力と水平的なコネクティビティやネットワークという説明をしてきたが、読者のなかには、そもそもイスラーム社会は王権も含めてネットワークで説明できるのではないかと思われる方もいらっしゃるかもしれない。これは、イスラエルの研究者ラピダスの考え方で、1967年に出版された『中世後期のムスリム都市』（原題和訳）にその端緒を見ることができ

る［Lapidus 1967; ラピダス 2021］。「ネットワーク論」として日本の学界に紹介された彼の所説は、1990 年頃から、前近代のイスラーム社会を説明する理論として脚光を浴びることになったのである［三浦 1991; 2003］。

　もちろん、ここで、さまざまな社会を研究する一つの手法としてのネットワーク論の有効性を否定するつもりはない。しかし、中国社会をどちらかといえば階層構造で理解し、マムルーク朝期（1250-1517 年）の社会を集団のネットワークとしてイメージしたラピダスも、8 世紀から 10 世紀までのアッバース朝や 14 世紀から 20 世紀のオスマン帝国については（垂直方向の）階層秩序でのアプローチが適切であるように見えると述べており［ラピダス 2021: 286］、おそらく多くのオスマン帝国研究者の実感はこちらに近いであろう。そして、神聖王権を国家の頂点に頂き、ペルシア語書簡作成術に見られるような位階・階層概念が存在したポスト・モンゴル期の諸国家についても、まず権力関係の垂直方向のアプローチに取り組む方が自然である[9]。そして、垂直方向の権力秩序を前提としつつ、そのなかでコネクティビティがどう発揮され、どのようなネットワークが形成され、権力と関わったのかを問うのが、本書第 III 部なのである。

　第 9 章では秋葉淳がオスマン帝国のウラマーを取り上げる。他の時代・地域ではネットワーク・モデルで理解されるウラマーであるが、オスマン帝国にはイルミエ制度という官職階層制が存在した。制度としては能力主義を基本としたが、一度、高位に達した人物の家系は次々と高位のウラマーを輩出できる仕組みでもあった。さらに、カーディーの職階制の下には、これにとらわれないナーイブ職の市場が存在し、司法の実務に多数の地方出身者が参入することを可能とした。垂直方向の階層制で秩序づけられながらも、地縁・血縁などさまざまなつながりを含みつつ機能していた制度であった。

　同様に階層的制度と考えられるムガル帝国のマンサブ制度を扱うのが真下裕之による第 10 章である。帝国に仕える軍人や官僚を数値までつけて序列化した制度であるが、いまだ全貌が明らかにならないこの制度を、本章では新史料を用いつつ明らかにするとともに、この制度がさまざまな宗教・宗派、「民族」、地域の出身者を帝国に結びつける紐帯であったことを示す。マンサブの世襲は

---

9)　神聖王権については近藤［2023: 123-126］、ペルシア語書簡作成術の位階については渡部
　　［2002: 5-14］参照。

10 —— 総論　権力、コネクティビティ、ネットワーク

行われないにもかかわらず、マンサブ保持者の半分はマンサブ保持者の子弟であり、それを可能にした制度のありようが興味深い。

これに対して、従来、垂直的に捉えられてきたロシア帝国と多宗教・多民族の集団との関係を前提としつつも、20世紀初頭における多民族の水平的連帯と亀裂を論じるのが長縄宣博による第11章である。現アゼルバイジャン共和国シャマフ出身でシーア派信徒のイスマイロフの活動に焦点をあて、コスモポリタンなカスピ海北岸のアストラハン社会における民族・宗派を越えた連帯と宗派対立に転化していく亀裂を描く。現代世界におけるムスリム社会のあり方を先取りしたかのようなアストラハンの状況は非常に示唆的である。

以上の第III部は、国家や社会を見る視点が、垂直方向の権力関係のみでも水平方向のネットワークやコネクティビティのみでも、不十分であることを如実に示している。2方向を組み合わせることによって、はじめて国家や社会の理解につながるのである。

おわりに

本書が扱う地域は東ヨーロッパ、地中海、中東、インド亜大陸などきわめて広く、時代的にも中世から20世紀前半までにおよぶ。しかし、イスラームが体現するつながりづくりの知恵——コネクティビティ——をテーマとするこのシリーズにおいて、本書が強調する垂直方向の権力関係や国家との関わりは、方法論的にもきわめて重要である。イスラーム法の「イスラームの家」/「戦争の家」の二分法に還元されえない国家間の関係のあり方、19世紀的な文明観に基づく国家体系論の問題性、階層的制度とネットワークの組み合わせによる帝国のありようなど、本書が訴える点は多い。本書が、既存の学問的枠組に挑むきっかけとなれば、望外の喜びである。

参考文献
有賀貞ほか編 1989『講座国際政治1 国際政治の理論』東京大学出版会

アレクサンドロヴィッチ、C. H. 2020『グローバル・ヒストリーと国際法』D. アーミテイジ、J. ピッツ編、大中真ほか訳、日本経済評論社

大中真 2020『マーティン・ワイトの国際理論——英国学派における国際法史の伝統』国際書院

大沼保昭 2008『国際法——はじめて学ぶ人のための』東信堂

小川浩之ほか 2018『国際政治史——主権国家体系のあゆみ』有斐閣

小川裕子 2012「ロシア帝国とオスマン帝国のヨーロッパ国際体系への参入——異質な政治体はどのように取り込まれていったのか」山影進編『主権国家体系の生成——「国際社会」認識の再検証』ミネルヴァ書房

沖祐太郎 2013「イスラーム国際法の概念と国際法史研究への示唆」『九州法学会会報』2012: 20-23.

―――― 2021「ダール・イスラーム／ダール・ハルブをめぐる議論の国際法学における意義」『世界法年報』40: 77-102.

尾髙晋己 2010『オスマン外交のヨーロッパ化——片務主義外交から双務主義外交への転換』渓水社

黒木英充 2023「イスラームから考える「つながりづくり」と「信頼」」黒木英充・後藤絵美編『イスラームからつなぐ1　イスラーム信頼学へのいざない』東京大学出版会

近藤信彰 2023「イスラームで国をつくる——宗教、国家、共同体」黒木英充・後藤絵美編『イスラームからつなぐ1　イスラーム信頼学へのいざない』東京大学出版会

鈴木董 1989「イスラム国際体系」有賀貞ほか編『講座国際政治1　国際政治の理論』東京大学出版会

―――― 2023『オスマン帝国の世界秩序と外交』名古屋大学出版会

西嶋定生 1962「六-八世紀の東アジア」『岩波講座日本歴史2　古代2』岩波書店

ブル、ヘドリー 2000(1997)『国際社会論——アナーキカル・ソサイエティ』臼杵英一訳、岩波書店

堀井優 2022『近世東地中海の形成——マムルーク朝・オスマン帝国とヴェネツィア人』名古屋大学出版会

松井真子 2022「1673年と1740年の対仏カピチュレーション」『愛知学院大学文学部紀要』51: 123-134.

松方冬子編 2019『国書がむすぶ外交』東京大学出版会

三浦徹 1991「ネットワーク論の功罪」『マディーニーヤ』38: 1-6.

―――― 2003「人と都市とネットワーク——イスラーム史における地域」歴史学研究会編『国家像・社会像の変貌——現代歴史学の成果と課題 1980-2000年　II』青木書店

山内進 1996「明治国家における「文明」と国際法」『一橋論叢』115: 1-40.

ラピダス、アイラ・M. 2021『イスラームの都市社会——中世の社会ネットワーク』三浦徹・太田啓子訳、岩波書店

渡部良子 2002「『書記典範』の成立背景——14世紀におけるペルシア語インシャー手引書編纂とモンゴル文書行政」『史学雑誌』111/7: 1-31.

Alexandrowicz, C. H. 1967 *An Introduction to the History of the Law of Nations in the East In-*

dies, Oxford: Clarendon Press.

Balci, Ali. 2021 "Bringing the Ottoman Order Back into International Relations: A Distinct International Order or Part of an Islamic International Society?" *International Studies Review* 23: 2090-2107.

Bull, Hedly. 2002(1997) *The Anarchical Society: A Study of Order in World Politics*, 3rd Edition, New York: Palgrave.

Fairbank, John K. 1968 *The Chinese World Order: Traditional China's Foreign Relations*, Cambridge, Mass.: Harvard College.

Hinnebusch, Raymond and Jasmine K. Gani. 2020 *The Routledge Handbook to the Middle East and North African State and States System*, Abingdon: Routledge.

Hurewitz, J. C. 1961 "Ottoman Diplomacy and the European State System," *Middle East Journal* 15: 141-152.

Khadduri, Majid. 1966 *The Islamic Law of Nations: Shaybani's Siyar*, Baltimore: The Johns Hopkins Press.

Lapidus, Ira M. 1967 *Muslim Cities in the Later Middle Ages*, Cambridge, Mass.: Harvard University Press.

Levy, Jack S. 1983 *War in the Modern Great Power System, 1495-1975*, Lexington: The University Press of Kentucky.

Marlow, Louise. 1997 *Hierarchy and Egalitarianism in Islamic Thought*, Cambridge: Cambridge University Press.

Spruyt, Hendrik. 2020 *The World Imagined Collective Beliefs and Political Order in the Sinocentric, Islamic and Southeast Asian International Societies*, Cambridge: Cambridge University Press.

Voll, John O. 1994 "Islam as a Special World-System," *Journal of World History* 5 no. 2: 213-226.

Wight, Martin. 1977 *Systems of States*, Leichester: Leichester University Press.

第 **I** 部

国家体系と
イスラーム共同体

第1章

国家間のつながりを考える
──イスラーム国家体系再論

近藤信彰

はじめに

　総論でも述べたように、国際政治史、国際法史の分野が、まず、西欧を中心に発達した国家体系、国際法を中心的なテーマに掲げてきたことは疑いようがない。1648年のウェストファリア条約が端緒とされ、現在の世界秩序に直接的につながる、いわゆる主権国家体制が学問的にも重要なのは当然である。しかし、非西欧を無視した学問のあり方は、現状の支配と差別を支えるイデオロギーと共鳴しがちであり、グローバル・ヒストリーの重要性が叫ばれるなか、非西欧を取り込んだ新たな学問の創出が求められている。

　総論で述べた鈴木董の『講座国際政治』所収論文［鈴木 1989］を嚆矢として、イスラーム圏に近代以前、独特の国家体系、国際体系が存在したということは、国際政治史、国際法史の前提となっている。最近の概説書においても、たとえば、大沼は東アジアや欧州と並ぶ「イスラーム世界の規範体系」［大沼 2008: 11-12］の存在を前提とし、小川らはイスラーム世界に「オスマン帝国、サファヴィー朝ペルシャ、インド亜大陸のムガル帝国といった帝国秩序とイスラーム共同体（ウンマ）という包括概念が併存し、やはり複数の主権国家が並び立つ国家体系とは異なる秩序が存在していた」とする［小川ほか 2018: 7］。英語圏でも、スプルートのようにイスラーム圏が一つの国際社会であったことを認める研究も現れている［Spruyt 2020］。

　イスラーム圏に国際社会が存在し、国家体系が存在したという認識が拡がったのは学問の大きな発展を示している。ただし、極論かもしれないがイスラー

ムという文明圏が存在したこと以上の考察はなく、具体的にどのような国家体系が存在したのかという問題は残る。「イスラーム世界」というくくりについても疑問があるなか［羽田 2005］、実証的な研究が必要なのである。

　これまで中心的に行われてきた議論は、二つある。一つは総論で述べたイスラーム法学による「イスラームの家」と「戦争の家」の二分法など、ハナフィー学派でスィヤルと呼ばれる文献——「イスラーム国際法（The Islamic Law of Nations）」とまで呼ばれる——に基づくものである［Khadduri 1966］。しかし、スィヤルはあくまでムスリム政権がいかに非ムスリムを扱うかということに主眼を置いており、非ムスリムに対する国内法と呼ぶべきものであって、複数の国家が存在してその相互の関係を定める国際法と対置できるものではない。もう一つは、オスマン帝国とヨーロッパの関係に関わるものであり、本書第II部で詳細に扱われるアフドナーメをめぐるものである。もちろん、オスマン帝国とヨーロッパ諸国の関係は重要なテーマであり、研究が多いのも当然であるが、ヨーロッパと関わらない国際関係を無視するのは、ヨーロッパ中心主義と言わざるをえない。

　もし、同時代のヨーロッパと比較しうるイスラーム国家体系を考えるならば、それは、まず、イスラーム諸国家間関係に基づくものであるべきだろう。それはいったいどのようなものだったのであろうか。鈴木はこれについて、イスラーム法の理論のなかで「諸「国家」の併存状況が、理論的に徹底した形で基礎づけられ、さらに諸「国家」間の関係についての規範が理論的に体系化されることはついになかった」とする［鈴木 1989: 92; cf. 鈴木 2023: 8、76］。確かに、一人のカリフが治める単一のイスラーム国家を前提とするイスラーム法においてはそのような理論化は起こらなかったが、それでは、当時、実際に存在したムスリム諸国家間の関係をどのように理解すべきであろうか。その背景にどのような原理が存在したのであろうか。

　総論で述べたコネクティビティの視点を応用して、本章では、これらの問題を明らかにするために、イスラーム諸国家間の関係について、さまざまな類型の文献を利用しながら論じたい。主たる対象とする時代は 16-17 世紀、筆者の専門からサファヴィー帝国（1501-1736 年）に関わる事例が多くなるが、周辺をイスラーム国家で囲まれていることから、オスマン帝国のみを扱う場合とは異

なった視点を提供できると考える。

1 イスラーム法と戦争

イスラーム法は、敵対する非ムスリムの領域を「戦争の家」とし、聖戦の対象とするよう定めているが、そのほかにも戦争の対象となる存在に言及している。それは、イスラームの教えを捨てた棄教者（murtad）、イスラームの教えから逸れた離反者（khawārij）、武力でイマーム（＝カリフ）に逆らう叛逆者（bāghī）である。シャイバーニー（805年没）の『スィヤル』において、非ムスリムに関する規定と並べて論じられ、マーワルディー（1058年没）の『統治の諸規則』においても一章が割かれている［Khadduri 1966: 195-253; アル＝マーワルディー 2006: 128-152］。この原則がイスラーム法において近世まで継承されてきたことは、ファズルッラー・フンジー（1521年没）の『王侯たちの行い』の同様の記述で明らかである［Khunjī 1984: 385-394, 425-436］。シーア派法学の著作であるシャイフ・バハーイー（1621年没）の『アッバース大全』も、聖戦の対象として離反者と叛逆者を挙げている［ʻĀmilī 2007: 398-399］[1]。その意味では近世の諸国家はこの件について類似の法規定を持っていたことになるが、問題は『王侯たちの行い』がシャイバーン朝の君主に、『アッバース大全』がサファヴィー帝国の君主に献呈されたように、当時は諸国家の君主がこれを執行する主体であったことである。フンジーは、イスラーム共同体の指導者であるイマーム／カリフ[2]と君主（スルターン）を互換可能なものとして論じている[3]。つまり、イスラーム法の本来の前提である一人のカリフが治める単一のイスラーム国家ではなく、諸国家が並立していた近世において、イスラーム法は諸国家にある程度共通のものとして存在したが、基本的にはそれぞれの君主が執行する国内法として機能していたことになる。

16世紀前半には、シャイバーン朝がティムール朝を打ち破ってこれを中央

---

1) 棄教者については、聖戦ではなく刑法の章で取り上げられている［ʻĀmilī 2007: 924-925］。
2) 法学書ではスンナ派においてもイスラーム共同体の指導者をイマームと呼び、カリフと同義である。
3) こうした考え方が11世紀にはすでに見られることについては Hallaq［1984］参照。

アジアから追放し（1507年）、オスマン帝国がエジプトのマムルーク朝を滅ぼすなど（1517年）、王朝の興亡に関わるような大きな戦争があったが、これらの戦争が上述のイスラーム法の規程と関わったとは考えにくい。磯貝は、シャイバーニー・ハーン（在位1500-10年）が1509年にカザフ遠征を行った際、遠征を聖戦として正当化するために、その対象であるカザフたちをめぐって法学上の議論が行われた事例を紹介している。遠征へ出立の際には、シャーフィイー学派のウラマーが発した法勧告（ファトワー）により、カザフたちが偶像や太陽を崇拝する棄教者であるとして、正当化した。しかし、遠征の帰路にハナフィー学派のウラマーは、カザフは棄教者ではなくムスリムであるという新しい法勧告を発した。この勧告を取り入れて、カザフはイマーム／カリフであるシャイバーニー・ハーンに従わない叛逆者であるとして、この遠征は聖戦として正当化された［磯貝 1995: 5, 10-13; Khunjī 1976: 43, 182-183］。対象がムスリムではあっても、叛逆者であることが、聖戦の理由とされた珍しい事例であるが、同時に当時の文脈では、君主がイマーム／カリフであることを明示している。

　ただ、1501年に誕生したシーア派のサファヴィー帝国の存在は、こうした戦争に、よりイスラーム法的・宗教的色彩を加えることになった。オスマン帝国においては、ケマルパシャザーデ（1534年没）らの法学者たちがサファヴィー帝国を不信仰者（kāfir）、異端者（mulḥid）、棄教者、叛逆者とする法勧告によってチャルディラーンの戦い（1514年）などの戦争を正当化し、兵士を動員した［Atçıl 2017: 299, 303, 308］。先述のフンジーも「赤帽」（サファヴィー帝国を指す）を不信仰者とし、その討伐を優先すべきことを主張したが、一方で、イランが「戦争の家」であるということは強く否定した［Khunjī 1976: 44-45; 1984: 396-398］。これに対して、1589年にウズベク軍がサファヴィー帝国領だったマシュハドを包囲した際、マーワラーアンナフルのウラマーが住民に送付した書簡では、シーア派信徒をイスラームの外にある不信仰者、この地を「戦争の家」と断定し、ウズベク軍の包囲、掠奪、虐殺を聖戦として正当化した［Turkmān 1956: 390-391］[4]。

　サファヴィー帝国の側でも当時最も権威ある法学者・哲学者であったミー

　4）　この侵攻の詳細については、守川［1997: 2-5、29-30］。

ル・ダーマード（1631年没）よりオスマン軍に対する聖戦の法勧告を得た例が
ある。

> （問い）以下の問題にどうお答えになりますか。オスマン軍がバグダード
> 市を包囲していますが、彼らと戦闘を行うことは聖法上の義務となります
> か。神に近づくように殺された信徒は、皆、神の道における聖戦士でしょ
> うか。彼らによって殺された信徒は皆、殉教者でしょうか。この戦いから
> 逃げた者は、イマーム──彼に平安あれ──のもとでの聖戦から逃げた者
> と同じことでしょうか。

> （答え）「平安の都」を包囲するオスマン軍との戦いは、参加が義務である
> イマームの軍と同じように、聖法に基づく聖戦である。この聖戦を忌避す
> る者はイマームへの反乱者となる。寛大なる神に身を尽くし、神の満足を
> 求めて戦う信徒は、神の道における聖戦士である。もし、殺されたなら殉
> 教者の列に加わり、殉教の位階に達するだろう［Ja'fariyān 2005: 131-132］。

バグダードの攻防戦のために、シャー・アッバース（在位1587-1629年）に依頼
されてミール・ダーマードが発したものである。状況次第で、オスマン軍も聖
戦の対象となってしまうのである。

　これらの宗派に基づく法的・宗教的言説をどのように考えればよいのだろう
か。これらの言説は主に法勧告という形で発せられている。法勧告は、質問に
応じて発せられるものであり、この場合は君主の質問への回答である。君主は
いつ、どのような質問をするか、また、回答をどう扱うかを決めることができ
る[5]。そうだとするならば、これらの言説は固定的・永続的なものではなく、
その時点の政治的状況に応じて発せられたものだと言えよう。オスマン帝国は
西アジアの覇権をめぐって、サファヴィー帝国と抗争中であり、どうしても勝
利する必要があったことから、法勧告を用いて、聖戦として戦争を正当化し、
兵士を動員し、士気を鼓舞した。バグダードをどうしても確保したかったシャ
ー・アッバースは、法勧告を得ることで、防衛戦を有利に進めようとした。こ
うした言説はそれぞれの国家のいわば戦争遂行の一つの手段として用いられた
と考えられるのである。

---

5)　筆者のファトワー理解については、近藤［2005: 172-175］参照。

後述するようにオスマン帝国はサファヴィー帝国と 1555 年アマスィヤの講和を結び、以後、戦争と講和を挟みながら、1639 年のゾハーブの講和に至る。これ以降、1722 年までオスマン帝国のウラマーは特にサファヴィー帝国との外交問題に関与しなかった［Güngörürler 2020: 497］。また、それ以前でも、オスマン帝国の宗務を司り、法勧告を発する役割を持っていたシェイヒュルイスラームがサファヴィー帝国との和平交渉の書簡で両国の友好を謳う例もある。イランを「戦争の家」と規定したウズベク勢力も、1622 年にはサファヴィー帝国と講和を結び、小競り合いは続くものの基本的には友好関係を維持した。そして、ムガル帝国とサファヴィー帝国の間では、カンダハールをめぐる争いはあるものの、相対的に友好関係は維持され、直接的には宗派の論理に基づく対立はなかった［徳永 2019］。

　以上のように、イスラーム法は近世の諸国家においてほぼ共通のものであったが、君主を法学的にイマーム／カリフとするそれぞれの国家において運用されていた国内法的なものであり、実際にはそれぞれの国家の利益のために利用された。宗派の異なる交戦相手を不信仰者として非難するような言説も、国家の戦略の一部として用いられた。そして、友好を求めるときには、こうした言説は影を潜めるのであり、いわば状況依存的なものであったのである。

2　書簡と条約

(1)　外交書簡

　イスラーム法には特に定められていないが、国家間の外交も近世のイスラーム諸国家間で盛んに行われていた。ある年代記は、関係が良好のときも、敵対関係にあるときも、書簡や伝言を持った使節を互いに送り合うことが世界の君主の慣わしであると述べている［Turkmān 1956: 1064］。したがって、書簡こそが平時の国際関係を示す史料となる。

　16-17 世紀のムスリム君主間ではしばしば書簡をペルシア語で記した。オスマン帝国ではスレイマン 1 世（在位 1520-66 年）以降、東方の諸王朝に対しても主にオスマン・トルコ語で書簡を作成するようになったが、イランやマーワラーアンナフル、インドの君主たちはオスマン帝国に対してもペルシア語で書簡

を送った。

　ペルシア語の書簡についてはインシャーと呼ばれる書簡作成の技法が発達し、これが国際関係とも関わる。ペルシア語の書簡作成において最も重要な概念は位階（marṭaba, ṭabaqa）である。すなわち、発信者と受信者の双方の上下関係をふまえることが、作法として求められるのである。これはオスマン・トルコ語の書簡作成術にも受け継がれている［el-Kātib 1971］。注目すべきは、諸国家の君主は、「君主（salāṭīn）」という一つの位階に入り、そのなかでも多少の上下関係があるが、大枠では同等とされていることである。ペルシア語書簡作成術指南書では、対等な関係の間の書簡はマクトゥーブやナーマ、カターバトと呼ばれており、書簡一般を指すかのような単語であるが、書簡作成術においては、特定の形式の書簡を指す術語なのである。これに対して、位階において上下関係にある場合は異なった形式が用いられる。発信者が君主で受信者より上の場合には勅令や命令を示すファルマーンやフクム、発信者が受信者より下の場合には上申書を示すアリーザと呼ばれる［Gāvān 2002: 185］。すなわち、君主が国外の人物に対して送った書簡の形式によって、彼らが相手をどのように見なしているかが明らかとなるのである。

　サファヴィー帝国の場合、以下のような政権の君主や首長に対等の書簡を送った例がある。

　　オスマン、ムガル、ブハラ、ヒヴァ、クリミア、カルムィク、カザフ、ゴルコンダ、ビージャープール、タイ、イギリス、フランス、神聖ローマ帝国、ネーデルラント連邦共和国、デンマーク、ロシア、ポーランド、ヴェネツィア、ローマ教皇

このなかには共和国も含まれているが、国の大小にかかわらず、君主や首長に対等の書簡が送られていることがわかる。ムスリムの君主も非ムスリムの君主も同様である。ムガル帝国で編まれた書簡典範集の一つでは、君主から君主への書簡の項が立てられており、しかも、先の年代記の記述にあるように、交誼を結ぶ場合と、戦争を行う場合のそれぞれについて、往信と返信の例が挙げられている［Ḥasan b. Gul Muḥammad 2020: 4-6］。書簡による関係構築がまず先にあって、その後に戦争や和平があることがわかる。

　実際に現存する書簡の画像を見ると、受信者の君主名を上部欄外に擡頭し、

第1章　国家間のつながりを考える —— 23

相手に敬意を示している。ペルシア語書簡の冒頭部は前文、受信者への形容辞、受信者の称号、受信者の名前と続くが［杉山 2013: 75-76, 82］、称号と名前の部分が擡頭されるのである。これはモンゴル時代に始まった慣習であると考えられている［渡部 2003: 206-207］。前文の部分は、ムガル帝国やオスマン帝国に対する書簡では、書簡作成術指南書の指示通り、クルアーンの文句やペルシア語詩を引用して長大となり、また君主にかかる修飾語や称号もより敬意を込めた長大なものになる場合が多いのに対し、ヨーロッパの君主宛の場合はこれらが極めて簡素であるという違いはある。しかし、いずれにせよ、他のムスリム政権を反乱者や棄教者として認めないイスラーム法の考え方とは大きく異なっている。

　これに対して、サファヴィー帝国が君主であると認めない人物宛には、「勅命が発布の栄誉を得た」という冒頭定型句で始まる勅令（parvāncha-i sharaf-i nafāz）が発せられた。たとえば、ポルトガルのゴア総督、オランダ領東インド総督、ウズベクのバルフ支配者の師父（atālīq-i ḥākim-i balkh）などがその対象である。「○○よ、知れ」という命令の形をとっており、君主宛のものと異なって受領者は擡頭されなかった。形式自体は、臣下の軍人や官僚に俸給を与えたり、何かを命じるために発せられるものと同じであり［Ja‘fariyān 2009: 30］、帝国の内外にかかわらず、位階が君主より下の人物には勅令が用いられたのである。

　こうしたペルシア語書簡の原則はオスマン帝国とも共通するものである。ナーメイ・ヒュマーユン（「陛下の書簡」）と呼ばれる文書形式は、発信者であるオスマン君主の花押や長大な敬称で飾られた発信者であるオスマン君主の名前が受信者より先に来るなど、同時代のペルシア語書簡とは異なっている点もあるが、ムスリム・非ムスリムを問わず、外国の君主とクリム・ハーンやメッカのシャリーフなど位階の高い地方君主に送る文書である［Kütükoğlu 1998: 146-152］。オスマン文書館にはこれらの文書の写しをまとめた台帳群も存在する（Nâme-i hümâyun defterleri）。

　サファヴィー帝国でも、君主でないのに例外的に対等の書簡を送った例があり、それはオスマン帝国大宰相宛のものである。もともとは、自らの下位に送るべき勅令を送っていたが、シャー・サフィー（在位 1629-42 年）はオスマン大宰相に対して君主と対等の書簡を送ることにしたのである［Şifatgul 2023: 78］。

大宰相府が宮廷から独立し、大宰相がもっぱら政務を司るようになったことへの対応のように見える。

　以上のように、書簡作成術に見られる位階の考え方は、多少の例外はあるものの、結果として、国家とそれ以外を区分することにつながっていた。これは全くイスラーム法には見られない区分なのである。

(2) 講　　和

　イスラーム法では非ムスリムとの講和を認めている。保護下にあり、税を納める者との講和はスルフ ṣulḥ と呼ばれる。これに対して、保護下にない者との休戦をムワーダア muwādaʻa やムハーダナ muhādana と呼ぶ。叛逆者との休戦も後者である［al-Shaybānī 2012: 469-470, 514-515; al-Ḥillī 2004: 262-263］。これは一般的には 10 年を上限とする一時的な休戦にすぎない［Bsoul 2008: 117-120］。

　しかし、近世の史料では、異なったムスリム政権との講和にもスルフという言葉を用いている。たとえば、シャイバーニー・ハーンが、王朝を建設する過程で、諸勢力との戦いのなかで、西モグーリスターン・ハーン国やカザフ・ハーン国と講和する場面があった［Qaṭaghān 2006: 34, 44-46］。また、ムガル帝国の拡大過程でも、グジャラートやベンガルの地方政権と一時的に講和をする場面が見られる［ʻAllāmī 1877: I 133; Bayāt 1941: 316, 331-332, 345］。この意味で、スルフ／講和もまた戦争と並ぶ戦術の一つとして、しばしば用いられていたのである。

　オスマン・サファヴィー両帝国間の講和も、枠組としては上記のシャイバーン朝やムガル帝国の場合と同様であると考えられる。この両帝国の間では、16 世紀半ばからアマスィヤの講和（1555 年）のあと、イスタンブルの講和（1590 年）、第 2 次イスタンブル講和（1612 年）、サラーブの講和（1618 年）、ゾハーブの講和（1639 年）と、戦争と講和が繰り返された［Aslan 2018］。これらの講和はやはりスルフと呼ばれ、相手を叛逆者や棄教者とは見なしていないことになる。

　注目すべき点はこれらの講和が書簡を通じて行われた点である。特に、サラーブの講和に関しては、両君主がアフドナーメと呼ばれる文書を送りあうことで、スルフが成立したことが史料に明確に述べられている［Turkmān 1956: 936-

938]。オスマン 2 世の発したアフドナーメのテキストも残っており、彼がシャー・アッバースのアフドナーメを受諾したことが宣言されている［Feridun Bey 1858: 262-265］。さらに、オスマン史料からは正式のアフドナーメの交換の前に、条件を示したテメッスク（temessük）と呼ばれる文書を交換したことがわかる［Peçevî 1866: 369］。講和条件の交渉ののち、内容をまとめたテメッスクをそれぞれの代表が交換してから、君主名の正式のアフドナーメを交換するという手続きはオスマン帝国とポーランドの講和にも見られるものである［Kołodziejczyk 1999: 53-54］。総論で述べたように、アフドナーメという文書形式はもっぱらオスマン・ヨーロッパ関係に関わるものとしてこれまで扱われてきたが、ムスリム国家間でも用いられるものだったのである。

　サファヴィー帝国の発したペルシア語のアフドナーメが残っているのは 1639 年 5 月付のゾハーブの講和の際のものである［Feridun Bey 1858: 299-301］。両者の領土について記したのち、「「あなたがた、信仰するものよ、約束を果たしなさい」（『クルアーン』食卓章第 1 節）という神の命に基づき、信仰で強化されたこの諸条件を遵守し、これへの違反、不履行を避けることを朕は誓う（‘ahd kardīm）」と述べる。そして、「それを聞いた後、変更する者があれば罪はそれを変更した者にある」という『クルアーン』雌牛章第 181 節を引用するが、この節は永続を前提とするワクフ設定文書などに用いられるものである。この引用は、日付のない草稿［Iṣfahānī 1989: 268-271］には見られず、サファヴィー側もオスマン側に一度提示したのち、多少とも文言を修正したことがわかる[6]。

　一方、オスマン側の文書は大宰相名で合意内容を示した 1639 年 5 月 17 日付のもの［BOA IE.HR.1/18; Iṣfahānī 1989: 271-275］と 1640 年 2 月の日付がある君主の一人称で記されたアフドナーメ［BOA A. DVNSNMH d.00007. 6-A; Sarı Abdullah 35b-37b］があり、さらにその間の 1639 年 11-12 月にサファヴィー側のアフドナーメの受領とオスマン側の返答の送付を約束する書簡も残っている［Feridun Bey 1858: 302-304］。外交資料集ではオスマン大宰相名の文書を正規の条約として扱っているが［Hurewitz 1957: 21-23］、アフドナーメの交換をもって講和が成

---

6)　なお、Güngörürler［2024: 78］はこの文書のオスマン・トルコ語バージョンの存在を指摘し、こちらが正文である可能性を示唆するが、サファヴィー帝国の慣習からすると Feridun Bey［1858］に収められたペルシア語版が正文であると考えられる。

立したと考えれば、オスマン側にとっては 1640 年 2 月のオスマン側のアフド
ナーメこそが正規のものである[7]。アフドナーメの内容は、国境を確認して、
サファヴィー側のアフドナーメを受諾するものであり[8]、永続性を示す『クル
アーン』雌牛章第 181 節の引用もサファヴィー側のそれと同様で、この講和が
この世の終末まで続くものとする。

　なお、コウォジェイチクは、アフドナーメの起源をアナトリアの諸侯国の
ほか、マムルーク朝、ヴェネツィア、ビザンツなどとの関係に求めているが
[Kołodziejczyk 2000: 4-5]、アフドナーメという書式は、14 世紀のペルシア語書
簡術指南書『書記典範』に説明がある [Nakhjavānī 2017: 210-215][9]。この作品に
よれば、アフドナーメは書簡の一種であり、要請と受諾の 2 種に大別されるこ
とが明示されている。この場合、双方が神にかけて誓ったアフドナーメを交換
することで、講和が成立したのである。公式文書の交換によって条約を結ぶ方
法は、今日も交換公文として行われるもので、現代的な国際法でもその有効性
が認められている。

　この講和の効力を示すのが以下のサファヴィー帝国君主シャー・スライマー
ン（在位 1666-94 年）がポーランド王に対して送った書簡である。

　　貴公にも世界の人々にも明らかなことは、我々とルーム（＝オスマン帝国）
　　の君主たちの間には本質的な友好関係はなかったし、今もない。しかし、
　　貴公やロシアの君主たちに繰り返し述べたように、（ルームとの）間には、
　　堅い誓言（ʻahd va paymān）で支えられた講和（ṣulḥ va ṣilāḥ）がある。預言者
　　ムハンマド（祈願文省略）の教えでは、誓言を違えること（naqż-i ʻahd）は
　　許されない [Miḥrābī 2021: 187-188]。

もちろん、サファヴィー帝国が実際に講和を破らなかったのは政治的な判断で
あったろうが、講和を口実に対オスマン帝国同盟に加わらなかったのである。

---

7)　1640 年のアフドナーメの写しはオスマン文書館の別の分類に少なくとも二つ存在するほか
　　[BOA AE.SMRD.IV 8-767; HAT 1426 58418]、19 世紀の条約集にも収められている [*Muʻahedât*
　　1877: 308-312]。1639 年の大宰相の文書はオスマン側では史書 [Hibrî 2004: 76-78] 以外の写
　　しは確認できていない。
8)　この講和で定められた国境については、Harari [1958: 7-9] および守川 [2007: 75-78] 参照。
9)　この作品については渡部 [2002] 参照。ペルシア語文化圏におけるアフドナーメについては別
　　稿を準備中である。

第 1 章　国家間のつながりを考える —— 27

少なくとも、建前では、講和が、宗派の違いより説得力のあるものと考えられていたのであろう。

そして、こうした講和はサファヴィー帝国とウズベク勢力の間でも行われていた。1622 年にシャー・アッバースはナズル・ムハンマド・ハーンら、アシュタルハーン朝のハーンたちと講和を結んだ［Turkmān 1956: 962-964］。少なくとも、1644-45 年にナズル・ムハンマド・ハーンとの間が講和の状態であったことも他の史料から明らかである。1648-49 年には、アッバース 2 世（在位 1642-66 年）がアブドル＝アズィーズ・ハーンに対して返礼の使節を送る際、アフドナーメの草案を持たせた。これに適合するアフドナーメを彼に求めるためであった［Vaḥīd 9a-11a; Navā'ī 1981: 120-122］。この草案では、互いに殺戮や略奪しないこと、敵に対しては両国一致して戦うことなどが謳われており、やはり永続性を示す『クルアーン』雌牛章第 181 節が引用されている。果たしてこのブハラの君主がこれにどう応じたのかは不明だが、少なくとも両国の関係はアッバース 2 世時代を通じて友好的であった。そして試みられた双方がアフドナーメを交換することで講和が成立するという形式はゾハーブの講和と変わることはないのである。

以上のことから、誓書の交換という形式をとって講和条約がしばしば結ばれたこと、それを直接的に規定するのはイスラーム法というよりも書簡作成術であったことは明らかである。そして、戦争が絶えなかった 16 世紀に比して、17 世紀には講和によって戦争が収まる期間が長かったと言える。オスマン帝国のイスラーム法学者アクヒサーリー（1615 年没）は、その著作のなかで、スルフの重要性を説き、「最も大きな過ちは講和を求める者と戦うことである」と述べている［al-Aqḥiṣārī 1986: 38］。時代の変化を捉えた言であったのかもしれない。

3 外交における慣習と倫理

使節派遣や書簡の交換に伴う、当時の外交上の慣習となっていたのは、饗応であった。オスマン側の史料は、アマスィヤの講和の際、サファヴィー側の使節を「古の諸王の慣例に従って（âdet-i kadîme-i selâtîn）」饗応でもてなしたこと

を述べる［Âlî 300a］。サファヴィー側の史書でも君主が使節を歓待し、饗応で
もてなす場面が繰り返し描かれる。サファヴィー帝国の宮殿の壁画やムガル帝
国の細密画でも同様である。

　さらに、饗応の相手は異宗派の者でも構わなかった。1589 年、サファヴィー
帝国の皇子がオスマン帝国に人質として送られた際、オスマン史料は「客を歓
待せよ、たとえ不信仰者でも」というアラビア語の格言[10] を引用して、シー
ア派信徒の饗応を正当化している［Selânikî 1864: 261］。同じ格言は 1594-95 年、
ロシア使節がサファヴィー帝国を訪問したサファヴィー史料の記述でも引用さ
れ、シャー・アッバースによる歓待の説明となっている［Turkmān 1956: 504］。

　一方、使節の安全に関わる言及も多い。サファヴィー帝国の側は、オスマン
帝国やウズベク勢力が使節を害したとして非難する。そのときに引用されるの
は詩人ニザーミー（1209 年没）の以下のような詩である［Turkmān 1956: 387,
1064］。

　　　王侯たち（shāhān）の決まり（ā'īn）、皇帝たち（kayān）の慣わし（rasm）では
　　　　　　　　　　　　　　書状を持ってくる者は害を受けない
さらに、こうした行為は「君主たちの規則（tūra）や決まり（ā'īn）」に反すると
して、糾弾するのである［Turkmān 1956: 727］。アッバース 2 世も「王権の決ま
り（ā'īn）」に反するがゆえに、ヒヴァの使節に狼藉を働いたブハラの使節の処
罰を行わなかった［Vālih 2001: 628］。このような記述をふまえれば、使節に関
する君主が守るべき決まりが存在するという認識がこれらの史書の著者の間に
存在していたことは明らかである。

　残念ながら、こうした外交上の君主の守るべき規則をまとめて記述してある
史料は存在しない。ただし、17 世紀後半に著されたペルシア語のイスラーム倫
理学（akhlāq）の書、『光輝の園』［Sabzavārī 1998］や『成功の朋』［Qazvīnī 2017］
が、外交使節とそれを送る君主のあるべき姿について述べている。これ以前に
はイスラーム倫理学のなかで外交が取り上げられたことはなく、往来が盛んと
なった近世という時代を反映している。たとえば、使節の資質について、「理
性的で知識があって雄弁であり、答えの準備ができていて、言葉をよく知って

10）　12 世紀に編纂されたシーア派のハディース集に見られる［al-Sabzawārī 1993: 214］。

おり、勇敢で賞賛すべき者で、倫理上の決まりを知っており、諸王の席の慣習や諸規則を知っている者でなければならない」とする［Sabzavārī 1998: 815］。外交上のプロトコールを知ることが重要だったのである。

　君主は、他国と友好関係を保つために使節を送るのであるが、一方で関係を断絶するために送ることもあった。たとえ講和を結んでも、常に戦争に備える必要があることが力説される。使節は単に外交を行うだけではなく、相手国の事情の内偵も行わなければならなかった。したがって、使節は自らの情報は出さずに、相手の国情を探ることが求められた。軍隊の状況、臣民の暮らしむき、経済はもちろん、君主や大臣の性格や嗜好、人気、地理や道路など、調査すべき多くの項目について言及されている［Sabzavārī 1998: 816; Qazvīnī 2017: 696-698］。

　そのなかでも興味深いのは、「軍隊は君主の宗教を奉じているのか」「君主は宗務や自らの宗教を広めることに忍耐強いか否か」という項目である。ここでは宗教（dīn, maẕhab）という中立的な言葉が用いられており、非ムスリムとの外交にも応用可能な形である。また、使節として飲酒を好む者は不適格なこと、宴席に酩酊した使節が出席してはならないことなどが述べられる［Qazvīnī 2017: 697; Sabzavārī 1998: 816］。明確に酒類に言及している史料や酒類を描く絵画があるように、当時は外交のさまざまな場面で酒宴が行われた。その意味で、サファヴィー帝国の外交は宗教的規制の少ないものとして、理解されていたようである。

　このような外交のあり方は、特にイスラーム的、イラン的というより普遍的な国際関係の一面を示しているように思われる。また、使節に国情偵察を求める記述は11世紀のペルシア語の著作である『統治の書』に、使節の飲酒を戒める記述は同世紀のテュルク語の著作『クタドゥグ・ビリグ』にあることから［Niẓām al-Mulk 1968: 128-129; ニザーム・アルムルク 2015: 120; Ḥājib 2009: 127; 2015: 638-639］、ユーラシアにより古くから存在した普遍的な外交上の要素と言えるのかもしれない。

　あまり、宗教に関わらないように見えるサファヴィー帝国の事例であるが、一方、オスマン帝国の場合は外交プロトコール上、宗教によって区分していたと言われる。サファヴィー帝国やムガル帝国の使節は海路の華々しいパレードでイスタンブル入りしたのに対し、ヨーロッパの使節は、陸路、馬で短距離を

行進するのみであった［Sowerby 2021: 225-227］。17世紀オスマン帝国のさまざまな慣習を記した書物においても、大宰相の使節に対する謁見の方式は、ムスリムと非ムスリムの使節で明確に分けられている［Abdî Paşa 2012: 36-37］。当時のヨーロッパの使節たちがこの扱いに不満であったことは想像に難くないが、こうした区分をどこまで本質的なものと考えるかは、議論の余地があろう。サファヴィー帝国の場合でも、もちろん、他の諸国と比して、ムガル帝国やオスマン帝国の使節は非常に厚遇されたのである。

おわりに

近世に存在したイスラーム諸国家の上にある体系をイスラーム国家体系と呼ぶならば、それが必ずしもイスラーム法に還元できないことは明らかである。イスラーム法の執行者は個々の君主であり、単位は個々の国家であるから、イスラーム法は現実にはそれぞれの君主・国家の福祉・利益のために用いられたのであり、法学者が発する法勧告も状況に応じて、君主の求めに応じて発給された。その意味で、国家体系がイスラーム法に従属するかのような議論は歴史的現実と乖離している。

平時のイスラーム諸国家の関係は書簡作成術のなかに反映されていた。位階を重視するその原理により、国家の君主とそれ以外は擡頭や文書の形式により、明確に区分された。相手は、ムスリムの君主であっても、キリスト教徒の君主であっても同様であった。講和条約も書簡作成術に基づいて作成され、それぞれアフドナーメという誓書を交換することで、成立した。交換公文が今日の国際法でも有効なものとして認められているように、特にイスラーム的な特殊なものとは言えない。オスマン帝国がヨーロッパ諸国に与えたアフドナーメについてもこのような背景があると考えれば、より理解が進むであろう。

そして、当時の社会には、国際関係に関するルールがあって、そのことを当時の人々も十分自覚していた。君主が守るべき慣例や決まり、慣わし、規則などを意味するアラビア語、ギリシア語、ペルシア語、モンゴル語起源の用語（ʻāda, rasm, qānūn, āʼīn, tūra など）を用いて、これを表現していたのであり、その根拠として12世紀には存在したアラビア語の格言やペルシア語の詩を引用し

た。こうした君主の守るべき慣わしについては17世紀後半に著されたイスラーム倫理学の書にも説明がある。しかし、その内容は、きわめて一般的であり、相手国がムスリムでないことも想定されている。そして、この倫理学書の内容は、11世紀に著されたペルシア語・テュルク語の君主鑑とも重なる部分があり、より普遍的な原則を述べているようにも見える。

　もはやアッバース朝カリフのような上位の権威がないなかで、それぞれの君主が神聖王権として、慣習やペルシア語書簡作成術に基づきながら、イスラームをも従えつつ国際関係に対処していたのだとするならば、この「イスラーム国家体系」はローマ教皇や神聖ローマ帝国の影響を抜け出しながら形成されていった主権国家体制とパラレルのものに見える。そして、たとえば、ネーデルラント連邦共和国とサファヴィー帝国が1631年に結んだ条約は、オスマン帝国が発給したアフドナーメとは異なって、完全に双務的な他のヨーロッパの条約と変わりのないものであり、ヨーロッパの普遍的な条約集に収録された[Alexandrowicz 2017: 153-157]。つまり、当時の感覚では、ネーデルラント連邦共和国にとってもサファヴィー帝国は同様に条約を結びうる主権を持った国家だったのである。文化的にはもちろんイスラーム的特徴を持っていたわけであるが、近世のイスラーム諸国家を考察から排除して組み立てられた、西欧中心の国際政治史や国際法史は大きな問題点をかかえているといえよう。そして、それは帝国主義的な支配を「文明」として正当化してきた19世紀以降の西欧の学問のありようと深く関わっているように見えるのである。

参考文献

磯貝健一 1995「イブン・ルーズビハーンとカザク遠征——*Mihmān-nāma-yi Bukhārā* から *Sulūk al-Mulūk* へ」『西南アジア研究』43: 1-20.

大沼保昭 2008『国際法——はじめて学ぶ人のための』東信堂

小川浩之ほか 2018『国際政治史——主権国家体系のあゆみ』有斐閣

近藤信彰 2005「ウラマーとファトワー」林佳世子・桝屋友子編『記録と表象——史料が語るイスラーム世界』(イスラーム地域研究叢書8)東京大学出版会

———— 2023「イスラームで国をつくる」黒木英充・後藤絵美編『イスラームからつなぐ1　イスラーム信頼学へのいざない』東京大学出版会

杉山雅樹 2013「ティムール朝末期における書簡作成の規定と実践——*Makhzan al-Inshā'* の記述を基に」『オリエント』56/1: 71-83.

鈴木董 1989「イスラム国際体系」有賀貞ほか編『講座国際政治1 国際政治の理論』東京大学出版会

—— 2023『オスマン帝国の世界秩序と外交』名古屋大学出版会

德永佳晃 2019「17世紀以降のサファヴィー朝・ムガル朝関係における両君主の擬制的な親族関係——カンダハールの係争をめぐる外交書簡の分析を通じて」『東洋学報』100: 469-494.

ニザーム・アルムルク 2015『統治の書』井谷鋼造・稲葉穣訳、岩波書店

羽田正 2005『イスラーム世界の創造』東京大学出版会

堀井優 2022『近世東地中海の形成——マムルーク朝・オスマン帝国とヴェネツィア人』名古屋大学出版会

アル＝マーワルディー 2006『統治の諸規則』湯川武訳、慶應義塾大学出版会

守川知子 1997「サファヴィー朝支配下のマシュハド——16世紀イランにおけるシーア派都市の変容」『史林』80/2: 1-41.

—— 2007「近代西アジアにおける国境の成立——イラン＝オスマン国境を中心に」『史林』90/2: 62-91.

渡部良子 2002「『書記典範』の成立背景——14世紀におけるペルシア語インシャー手引書編纂とモンゴル文書行政」『史学雑誌』111/7: 1-31.

—— 2003「モンゴル時代におけるペルシア語インシャー術指南書」『オリエント』46/2: 197-224.

Abdî Paşa. 2012 *Abudurrahmân Abdî Paşa Kanunnâmesi*, H. A. Arslantürk (ed.), Istanbul: Okur.

Alexandrowicz, C. H. 2017 *The Law of Nations in Global History*, D. Armitage & J. Pitts (eds.), Oxford: Oxford University Press.

'Âlî, Gelibolulu Mustafâ. *Künhü'l-ahbar*, Vol. 4, MS NEKTY05959, Istanbul University Library.

Allāmī, Shaykh Abū al-Fażl. 1877 *Akbar-nāma*, Maulawi Abud-ur Rahim (ed.), vol. 1, Calcutta: Muzhurool Ujayeb Press.

'Āmilī, Shaykh Bahā' al-Dīn Muḥammad. 2007 *Jāmi'-i 'Abbāsī*, Qum: Islāmī.

al-Aqḥiṣārī, Ḥasan Kāfī. 1986 *Uṣūl al-Ḥikam fī Niẓām al-Ālam*, Amman: Jāmi'at al-Urduniyya.

Aslan, Halil Kürşad. 2018 "Ottoman-Persian Treaties," G. Martel (ed.), *The Encyclopedia of Diplomacy*, Chichester: John Wiley and Sons.

Atçıl, Abdurrahman. 2017 "The Safavid Threat and Juristic Authority in the Ottoman Empire during the 16th Century," *International Journal of Middle East Studies* 49: 295-314.

Bayāt, Bāyazīd. 1941 *Tazkira-i Humāyūn va Akbar*, M. Hidayat Hosein (ed.), Calcutta: Royal Asiatic Society of Bengal.

BOA: Devlet Arşivleri Başkanlığı Osmanlı Arşivi.

Bsoul, Labeeb Ahmad. 2008 *International Treaties (Mu'āhadāt) in Islam*, Lanham: University Press of America.

Feridun Bey. 1858 *Münşeâtü's-selâtîn*, vol. 2, Istanbul: Takvîmhâne.

Gāvān, ʻImād al-Dīn Maḥmūd. 2002 *Manāẓir al-Inshāʼ*, Maʻṣūma Maʻdan-kan (ed.), Tehran: Farhangistān-i Zabān va Adab-i Fārsī.

Güngörürler, Selim. 2020 "Islamic Discourse in Ottoman-Safavid Peacetime Diplomacy after 1049/1639," Tijana Krstić and Derin Terzioğlu (eds.), *Historicizing Sunni Islam in the Ottoman Empire, c. 1450–c. 1750*, Leiden: Brill.

———. 2024 *The Ottoman Empire and Safavid Iran, 1639–1682: Diplomacy and Borderlands in the Early Modern Middle East*, Edinburgh: Edinburgh University Press.

Ḥājib, Yūsuf Khāṣṣ. 2009 (1983) *Wisdom of Royal Glory (Kutadgu Bilig): A Turko-Islamic Mirror for Princes*, R. Dankoff (trans.), Utah: The Utah Valley University Press.

———. 2015 *Qūtādghū Bīlīk*, M. Karīmī (ed. and trans.), vol. 1, Tabriz: Akhtar.

Hallaq, Wael B. 1984. "Caliphs, Jurists and the Saljūqs in the Political Thought of Juwayni," *The Muslim World* 74: 26–41.

Harari, Maurice. 1958 "The Turco-Persian Boundary Question: A Case Study in the Politics of Boundary-Making in the Near and Middle East," Ph.D. Dissertation, Columbia University.

Ḥasan b. Gul Muḥammad. 2020 *Tuḥfa-ʼi Sulṭāniyya*, Maḥbūba Muslimī-zāda (ed.), Tehran: Mīrās-i Maktūb.

Hibrî, Abdurrahman. 2004 "Defter-i Ahbâr," Muhittin Aykun (ed.), Master's Thesis, Marmara University.

al-Ḥillī, al-Muḥaqqiq. 2004 *Sharāʼiʻ al-Islām fī Masāʼil al-Ḥilāl wa al-Ḥarām*, Ṣādiq al-Ḥusaynī Shīrāzī (ed.), vol. 1, Beirut: Dār al-Qārī.

Hurewitz, J. C. 1957 *Diplomacy in the Near East and Middle East: A Documentary Record 1535–1914*, vol. 1, Princeton, NJ: D. Van Nostrand Company.

Iṣfahānī, Muḥammad Maʻṣūm. 1989 *Khulāṣat al-Siyar*, Īraj Afshār (ed.), Tehran: ʻIlmī.

Jaʻfariyān, Rasūl. 2005 *Kavushhā-ye Tāza dar bāb-i Rūzgār-i Ṣafavī*, Qom: Adiyān.

———. 2009 *Munshaʼāt-i Sulaymānī*, Tehran: Kitābkhāna, Mūza va Markaz-i Asnād-i Majlis-i Shūrā-yi Islāmī.

el-Kātib, Yaḥy bin Meḥmed. 1971 *Menāhicüʼl-İnşā*, Şinai Tekin (ed.), Roxbury, Mass.: Community Art Workshop.

Khadduri, M. 1966 *The Islamic Law of Nations: Shaybaniʼs Siyar*, Baltimore: The Johns Hopkins Press.

Khunjī, Fażl-allāh ibn Rūzbihān. 1976 *Mihmānnāma-i Bukhārā*, Manūchehr Sutūda (ed.), Tehran: Bungāh-i Tarjuma va Nashr-i Kitāb.

———. 1984 *Sulūk al-Mulūk*, Muḥammad ʻAlī Muʼaḥḥid (ed.), Tehran: Khwārizmī.

Kołodziejczyk, Dariusz. 1999 *Ottoman-Polish Diplomatic Relations (15th–18th Century)*, Leiden: Brill.

Kütükoğlu, Mübahat S. 1998 *Osmanlı Belgelerinin Dili (Diplomatik)*, Istanbul: Kubbealtı Akademisi Kültür ve Sanat Vakfı.

Mihrābī, Ghulām Ḥusayn. 2021 *Munshaʼāt va Makatīb-i ʻAṣr-i Ṣafavī*, Tehran: Miras-i Farkhīkhtigān.

Mu'âhedât. 1877 *Mu'âhedât Mecmû'ası*, vol. 2, Istanbul: Hakîkat Matba'ası.

Nakhjavānī, Muḥammad b. Hindūshāh. 2017 *Dastūr al-Kātib fī Taʿyīn al-Marātib*, ʿAlī Akbar Aḥmadī Dārānī (ed.), Tehran: Mīrās-i Maktūb.

Navāʾī, ʿAbd al-Ḥusayn. 1981 *Asnād va Mukātabāt-i Siyāsī-i Īrān az sāl-i 1038 tā 1105 h.q.*, Tehran: Bunyād-i Farhang-i Īrān.

Niẓām al-Mulk. 1968 *Siyar al-Mulūk*, H. Darke (ed.), Tehran: Bungāh va Nashr-i Kitāb.

Peçevī, İbrâhim. 1866 *Tarih-i Peçevî*, vol. 2, Istanbul: Matbaʿa-i Âmire.

Qaṭaghān, Muḥammad Yār b. ʿArab. 2006 *Musakhkhar al-Bilād: Tārīkh-i Shaybāniyān*, Nādira-ʾi Jalālī (ed.), Tehran: Mīrās-i Maktūb.

Qazvīnī, Muḥammad ʿAlī. 2017 *Rafīq-i Tawfīq*, Rasūl Jaʿfariyān (ed.), Qom: Muvarrikh.

Sabzavārī, Muḥammad Bāqir. 1998 *Rawżat al-Anvār-i ʿAbbāsī*, Ismāʿīl Chingīzī Ardhāyī (ed.), Tehran: Āʾīna-ʾi Mīrās.

al-Sabzawārī, Muḥammad. 1993 *Jāmiʿ al-Akhbār*, Ālāʾ Āl Jaʿfar (ed.), Beirut: Muʾassasa Āl al-Bayt li-Iḥyāʾ al-Turāth.

Sarı Abdullah. *Düstûruʾl-İnşâ*, MS. Nuruosmaniye 4304, Süleymaniye Library.

Selânikî Mustafâ. 1864 *Târîh-i Selânikî*, Istanbul: Matbaʿa-i Âmire.

al-Shaybānī, Muḥammad b. al-Ḥasan. 2012 *al-Aṣl*, Muḥammad Būynūkāln (ed.), vol. 7, Beirut: Dār Ibn Ḥazm.

Ṣifatgul, Manṣūr. 2023 *Bayāż-i Daftarkhāna-i Humāyūnī-i Dawlat-i Īrān-i ʿAṣr-i Ṣafavī*, Tokyo: Institute for Advanced Studies on Asia, The University of Tokyo.

Sowerby, Tracey A. 2021 "Sociability and Ceremony: Diplomats at the Porte, c. 1550–1632," T. A. Sowerby and Ch. Markiewicz (eds.), *Diplomatic Cultures at the Ottoman Court, c. 1500–1630*, New York: Routledge.

Spruyt, H. 2020 *The World Imagined Collective Beliefs and Political Order in the Sinocentric, Islamic and Southeast Asian International Societies*, Cambridge: Cambridge University Press.

Turkmān, Iskandar Beg. 1956 *Tārīkh-i ʿĀlam-ārā-yi ʿAbbāsī*, Īraj Afshār (ed.), Tehran: Amīr-i Kabīr.

Vaḥīd, Muḥammad Ṭāhir. *Munshaʾāt*, MS Senā 310, Kitābkhāna-ʾi Majlis-i Shūrā-yi Islāmī.

Vālih, Moḥammad Yūsuf. 2001 *Īrān dar Zamān-i Shāh Ṣafī va Shāh ʿAbbās-i Duvvum*, Muḥammad Riżā Naṣīrī (ed.), Tehran: Anjuman-i Āsār va Mafākhir-i Farhangī.

第2章 イエメン・ラスール朝とラバ
──モノをめぐる王権とネットワーク

馬場多聞

はじめに

　アラビア半島南西部のイエメンを統治したラスール朝（1229-1454 年）は、往時のインド洋交易との関連のなかでしばしば議論にのぼってきた［家島 2006; Vallet 2010］。東西のさまざまな物産が往来するアデンやシフルといった主要港を押さえた同王朝は、ますます多くの船舶や商人が来航して関税を支払ったり珍奇な品を貢いだりするよう、またインド洋周縁部における影響力が大きくなるよう、腐心した。インド洋周縁部の諸王権や商人たちとの交流や時に行われた武力を背景とした高率の課税は、その一環とみなせよう。そこで展開した政治的・商業的なネットワークは、金銭だけではなく、王権と社会の安定に直接的に寄与する人やモノをイエメン・ラスール朝へもたらした［馬場 2017; 2020; 2021］。王権とネットワークは相互に依存し、強化し合う関係にあった。

　本章は、雄ロバと牝馬の間にもうけられた「ラバ」がどのように活躍し、どのような存在として認識されていたのかという点を検討することで、ラスール朝の王権とネットワークについて考察を加える。ラバは、インド洋を交易品として行き交った形跡を見せないものの、イエメン・エチオピア・エジプト・シリア・インドの各地で駄獣として活躍するとともに、贈呈品・下賜品として用いられる、王権性をまとったモノであった。イエメンとエチオピアではエチオピアの内陸部のラバを珍重する傾向がある一方で、そうした価値観もラバの流通もインド洋において遮断されていたように見受けられる。

　政治史・商業史研究においては、特産品が地域ごとの差異を相互に補完する

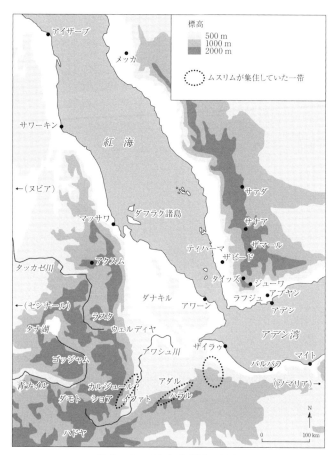

図1　イエメンと北東アフリカ
出典）　Tamrat［1972: 133］、Vallet［2010: 752］をもとに筆者作成。

かのように広域に流通したり、王権間において均一的な論理によって信頼関係が構築されたりしていると想像されがちだが――あるいは史料上の制約ゆえに人々が有した価値観については等閑視されるが――、本章では、ラスール朝とラバの関係性を具体的に明らかにすると同時に、ラバの流通とラバに対する認識に地域性があった可能性を示したい。

1 ラバの概要

　ラバと人々の歴史については、先行研究にて議論されてきている［Alkhateeb-Shehada 2008: 209-210; Clarence-Smith 2019: 296-297; Clarence-Smith 2020; Leighton 1967; Pellat 1959］。これらによれば、おそらくは紀元前 3000 年期に、アナトリアとイラクの狭間において、ユーラシア草原から南へ拡散した家畜化した馬と、アフリカ大陸から北へ渡ってきた家畜化されたロバが出会ったことに始まる。以降、駄獣として、世界中で生産・利用されてきた。ラバは、生殖能力がないためにその生産工程は複雑なものとなり、結果として高額で取引される傾向にあったという。また、雄ラバよりも雌ラバや去勢されたラバの方が好んで用いられた。

　インド洋周縁部のラバの生産地として、クラランス・スミスはエチオピアやエジプト、シリア、イラン高原、北西インドを特に取り上げている［Clarence-Smith 2019］。このうちエジプトで生産されたラバについては、上エジプトやヌビアから運ばれた白く大きいロバを父親とし、コプト教徒によって生産されていた可能性がある。シリアではアラブ・キリスト教徒やクルド人が、イラン高原ではクルド人やロル族が、それぞれの地域における主たるラバ生産者であった。19-20 世紀にはこれらの一帯から外部へラバが輸出されたものの、その数自体は大きくなかった。

　聖典クルアーンには、「そして、馬とラバとロバもまた（創り給うた）。おまえたちがそれに乗るため、また装飾として」(16: 8) とあり［クルアーン: 297］、ラバが馬やロバとともにイスラームの最初期から人々に用いられていたことを示唆する。またブハーリー（870 年没）が伝えるハディース（預言者ムハンマド（632 年没）の言行）によれば、飼っているラバの肉を食べることは禁じられていた［ブハーリー V: 179-180］。ラバをつくりだすことを禁ずるハディースが存在し［Hughes 1986: 419］、アラブ系やトルコ系のムスリムは文化的に価値が高いとみなした馬を相対的に価値が低いロバと配合させることを好まなかったとも言われるが［Clarence-Smith 2019: 301-302］、ラバの生産を禁ずるハディースがそこまで効力を持ったわけではなかったとの指摘も存在する［Pellat 1959］。

第 2 章　イエメン・ラスール朝とラバ —— 39

なおアラビア語ではラバを意味する男性単数形をバグル、女性単数形をバグラ、そして複数形をビガールと一般に言うが、ラスール朝史料においてはバグラの語が頻出する。上述のように雌ラバの方がより好まれていたことや、預言者ムハンマドが雌ロバであるドゥルドゥルに好んで騎乗していたという逸話 [Huart and Pellat 1963; Marashi 2021] をふまえれば、バグラは雌ラバを意味し、ラスール朝下のムスリムは預言者ムハンマドにならって雌ラバをもっぱら用いていたと考えることもできよう。しかし、後述するスルタン・ムジャーヒド（在位 1321-63 年）によるラバについての書物では性差に関する言及が見られないこと、ペラによればバグラの語が雄と雌の区別なくラバに対して使われる語でもあること [Pellat 1959] も考慮すると、バグラの語が雄ラバを内包する可能性を破棄できないため、本章ではバグル・バグラ・ビガールを単にラバと訳出するにとどめたい。

2　イエメンとラバ

　13 世紀末のスルタン・アシュラフ 1 世（在位 1295-96 年）の厩舎では、14 頭の馬、25 頭のおそらくはロバ、5 頭の羊、頭数不明のラクダや牛に加えて、93 頭のラバが飼育されていた [Nūr I: 390-393, 398]。その内訳は、スルタン専用のラバが 8 頭、長距離移動用のラバが 6 頭、厩舎に仕える使用人あるいは宦官用のラバが 7 頭、重い荷運び用のラバが 24 頭、エチオピア産のラバが 48 頭——さらにそのうちスルタン専用のものが 6 頭——、というものであった。従来の研究では、イエメンにおける馬の重要性がしばしば指摘されてきたが [家島 2006; Mahoney 2017]、ここでは馬よりもはるかに多い数のラバが飼育されており、さらにそのなかでもエチオピア産のラバが圧倒している。またスルタン・ムジャーヒドやスルタン・アシュラフ 2 世（在位 1377-1400 年）は、剣持ちのアブドとラバ引きのグラームを引き連れており [al-‘Uqūd II: 73, 77, 144, 200]、主として北東アフリカからもたらされた男性奴隷であるアブドと、スルタンに仕えた自由人あるいは奴隷であるグラーム [馬場 2017: 167-188] とともにラバを身近に置いていた。

　イエメンにおけるラバの生産について、古くはイブン・フルダーズビフ（912

年没）が、イエメンからラバとロバが輸出されると述べている［Khurdādhbih:71]。一方で、イエメン出身のハムダーニー（947 年没）は、ラクダと牛、ロバ、馬がイエメンに生息していることに言及するものの、ラバについては沈黙する［al-Hamdānī I: 201-202］。しかし、14 世紀のラスール朝のスルタン・ムジャーヒドは、特に優れたラバとして、エチオピア産やイエメンのサナア産、ホルムズ産、エジプト産、アルメニア産、そして遠く北アフリカ産とアンダルス産を挙げており［al-Aqwāl: 363-364］、ラスール朝期にはイエメンのサナア周辺でラバが生産されていたと見てよいだろう。実際、13 世紀末のサナアなどの市場において、ラバのための装具、すなわち、エチオピアから輸入された革でつくられた袋や敷物、鞍、鉄でつくられた頭絡や鎖、轡が製造・販売されていた［Nūr I: 9-10; Nūr II: 153-159］。なおこの頃のイエメンでは、サァダを拠点としたザイド派イマーム政権（897-1962 年）がおよそザマール以北を、タイッズやザビードを拠点としたラスール朝がおよそザマール以南を、それぞれ統治していた。13-14 世紀に著されたラスール朝下の各地における課税簿や農事暦においては、牛や羊、ラクダが現物徴収された形跡こそあれども、ラバについては言及されておらず［al-Afḍal: 25-27, 144-150; Varisco 1994］、ザイド派イマーム政権の影響力が強かったサナア以外でラバが生産されていたとしても、その規模は相対的に小さかったと見られる。

　父親であるロバは、イエメンでは野生の状態でも生息していた。スルタン・ムジャーヒドは、優れたロバとしてエジプト産とイエメン産——特にサナア産・ティハーマ産・ザビード産——、そしてエチオピア産へ言及するとともに、ロバがモガディシュからイエメンへ運ばれていたこと、イエメンのジューワやラフジュ、アブヤンに生息していたことを説明する［al-Aqwāl: 368-374］。史料には、スルタン・アフダル（在位 1363-77 年）やスルタン・アシュラフ 2 世がアブヤンやティハーマにおいて野生のロバを狩って遊んでいたことが記録されている［al-ʻUqūd II: 132, 201, 223, 224, 248-249］。こうして狩られたロバのなかに生きたまま捕獲されたものがいれば、スルタンの厩舎に入れられたり、ラバの父親となったり、贈呈品・下賜品として用いられたりした可能性もあるだろう［Taʼrīkh: 106］。東アラビアのアフサーを起源とする色が白く体躯が大きいロバが西アジアや北西インドで高値で取り引きされたと言われるが［Clarence-Smith

2020]、イエメンの野生のロバのなかにアフサー由来のものが混ざっていたこともあり得よう。

　母親である馬については、先行研究において詳細な検討がなされている［家島 2006: 558-589; Mahoney 2017; Vallet 2010; Varisco 1994: 154-155］。それらにもとづけば、イエメンではもともと馬が生息していたが［al-Hamdānī I: 201］、イエメン・アイユーブ朝（1174-1229 年）によってエジプトやシリア、ヒジャーズ、ナジュドなどから良馬がもたらされたことで、その品種改良が進んだ。以降、特にサナアやザマールが馬の名産地として知られるようになった。イエメン・アイユーブ朝を継いだラスール朝は、これらの馬を主力として騎馬軍を編成するとともに、ほかの諸勢力と同様に、贈呈品・下賜品として用いた。一方でインドでは、12 世紀以降の政変や軍事衝突の激化を受けて、特に北部やデッカ高原において従来の象ではなく機動力に富む馬を主体とした軍が好まれるに至った。しかしインドでは馬の生産が環境的に難しかったため、イエメンのアデンやシフルから大量の馬がインド洋を横断して輸出されることとなった。以上のように、この時代の馬は、イエメンとインド洋西海域において軍事的・政治的・商業的に広く高く価値を認められたモノであった。

　イエメンにおいて、ラバの用途は、大きく二つに分けられる。その第 1 は、荷運びである。前述したスルタン・アシュラフ 1 世の厩舎においても、重い荷運び用のラバが 24 頭記録されている。スルタン・ムァイヤド（在位 1296-1321 年）がタイッズの近郊に新しく城を建設する際には、大工や銅細工師、外来の職人などが、必要な物資を積んだであろう約 70 のラバとともに毎日現場へ向かったという［al-'Uqūd I: 311］。また 1351 年にスルタン・ムジャーヒドがメッカでエジプト軍に誘拐された後、その母后は、荷運び用に用いられたと見られる大量の馬やロバ、ラクダ、ラバを引き連れてイエメンへ戻った［al-'Uqūd II: 144］。

　第 2 の用途は、騎乗である。ラバはその乗り心地の良さや安全さから女性や年配者に好まれる傾向があったとも言われるが［Alkhateeb-Shehada 2012: 20］、王族の成人男性もまた、馬やラクダ、そして駄獣に設置された輿に加えて、鞍を付けたラバにも騎乗していた［al-'Uqūd II: 157］。スルタン・ムジャーヒドは、ラバについて、馬と比べれば体躯が小さいゆえに乗りやすいこと、蹄の硬さゆえ

42 —— 第 I 部　国家体系とイスラーム共同体

に荒地でも素早く動くことができることを挙げ、諸王の騎乗に適した高貴で美しい乗り物であり、馬よりも我慢強いと述べている [al-Aqwāl: 363]。ただし、人々が馬に乗ることが制限されていたこと [イブン・バットゥータ III: 132; Varisco 1994: 154] と同様に、王族のほかにラバへの騎乗が許されるのは、宰相や裁判官、そしてスルタンに仕えるグラームたちといった、ラスール朝の体制内で高位に近い者のみであったと考えられる [al-Sulūk II: 247-248; al-ʻUqūd I: 67-68]。スルタンが特別にラバへの騎乗を許可した事例として、スルタンのもとを訪れたザイド派イマーム政権のイマーム（指導者）や市井の法官、贈呈品を持ってやって来たアラブ遊牧民のシャイフ（長）、新たにアラブ遊牧民のシャイフに選ばれた女性を、「勒付きのラバ」などに乗せるといった記述が、史料に散見する [al-Sulūk II: 92; al-ʻUqūd I: 171, 347; al-ʻUqūd II: 65, 191]。ほか、落馬した指揮官をラバに乗せて自宅へ運んだという事例や [al-Sulūk II: 599; al-ʻUqūd II: 43]、ザイド派のイマームがラバから落ちて大怪我を負ったという逸話は [al-ʻUqūd II: 187; Taʼrīkh: 53-54]、ラバの背に人が乗ることが臨機応変に認められるものであり、また、ザイド派イマーム政権下ではラスール朝下とは異なる論理が存在したことを示唆する。

　非ムスリムがラバに乗ることも、ラスール朝下においては制限されていた。マーワルディー（1058年没）が伝えるウマルの誓約によれば、庇護民に対しては馬に乗ることを禁じる一方でラバとロバに乗ることについては認めることが推奨されている [アル＝マーワルディー: 354]。しかし、イエメンの法官マリビー（1240-41年没）は、素晴らしい鞍付きのラバに乗っていたユダヤ教徒の医師に対して激昂し、彼をラバから引きずりおろし、「アッラーの敵よ、その使徒の敵よ、お前は自分の領分を超え、シャリーア（イスラーム法）における義務を逸脱した」と叫んだ [al-Sulūk II: 247-248; al-ʻUqūd I: 67-68]。スルタン・マンスール（在位1229-50年）は、法官マリビーの言動を肯定し、彼にシャリーアについて教えてもらうようユダヤ教徒の医師へ伝えたという。一方でイスラームへ改宗したあるユダヤ教徒は、ザビードにおけるパレードでラバに「乗せられ」、壮麗な賜衣を与えられたが [al-ʻUqūd II: 200]、これは特別に認められた騎乗とみなせよう。

　こうした状況と連動して、ラバはイエメンにおいて政治的・社会的な価値を

認められ、贈呈品・下賜品として用いられた。たとえばスルタン・ムァイヤド
は、1317-18年、本章で用いている年代記『イエメン史に関する時代の絢爛
(*Bahjat al-Zamān fī Ta'rīkh al-Yaman*)』の著者であるイブン・アブド・アルマジード
(1343年没) に対して、自身のラバとインク壺を与え、文書官として仕えるよう
求めた [al-Sulūk II: 576-577]。また、スルタンのもとを訪問した裁判官や宰相、
地方の有力者、シャリーフ（預言者ムハンマドの後裔）が歓待され、ディーナー
ル（金貨）や賜衣、馬、そして勒付きのラバを贈呈された例が、史料中に散見
する [al-'Uqūd II: 199-200, 221, 229; Ta'rīkh: 84, 130]。逆に、地方の有力者やザイド
派イマーム政権からも、ラスール朝のスルタンに対してラバが贈られた。1397
年10月にスルタン・アシュラフ2世のもとにある有力者から届いた贈呈品は、
「2頭のラバ、ダチョウ、2頭のキリン、若いライオン、野生のロバ、10頭の
赤みがかったラクダ、10人のジャーリヤ（女性奴隷）、10人の剣を運ぶアブド」
[al-'Uqūd II: 241-242] から成っていた。スルタンはその見返りとして、彼に
30,000ディーナールと賜衣を与え、当地のシャイフに任命すると同時に、地租
税を軽減し、捕らえていたアラブ遊牧民のシャイフたちの処遇を改めた。北部
山岳地域のザイド派のイマームからも、馬とともにラバがスルタンのもとへ届
けられた [Ta'rīkh: 84, 148-149, 163, 169]。

　アデンにやって来る商人やナーホダー（船舶経営者）もまた、スルタンよりラ
バを下賜された。ラスール朝のスルタンはインド洋航海が始まる時期にアデン
港を訪れて、到来していた商人やナーホダーから献上品を受け取り、アデンに
おける関税の撤廃をするなどの恩赦を与えて公正さを示すことで、インド洋に
おける貿易を促進しようとした [家島 2006; Vallet 2010: 589-600]。さらにスルタ
ンは、そこで「金の鞍やさまざまな開襟の衣類といった完璧な装備をした良ラ
バ」をはじめとした品を来訪者に下賜し [Bahjat: 199-201; al-'Uqūd I: 266-268]、信
頼関係の構築を企図したのであった。

　しかしラバには、同様に贈呈品・下賜品として用いられた馬とは異なり、愛
玩的な側面は薄かったように見える。スルタン・ムジャーヒドは、ラスール家
の王族やアミール（軍の司令官）、アラブ遊牧民が所有した馬の名や特徴、逸話
をその著書にまとめている [al-Aqwāl: 338-357]。たとえば、ここでスルタン・
ムザッファル（在位1250-95年）の馬として挙げられた41頭のなかでは、カー

ミルと名付けられた馬がハサン裔のシャリーフからムザッファルのもとへ贈られたものであったという逸話を記している。ところが、ラバについては名前を付けられた形跡も逸話とともに語られることもないことから、あくまでも実用性が重視されたモノであったのではないだろうか。

3 エチオピアとラバ

先に見たように、スルタン・アシュラフ1世の厩舎において、エチオピア産のラバの数は全ラバの過半数に達していた。またスルタン・ムジャーヒドは、エチオピア産のラバについて、騎乗には適さないものの、蹄が頑丈であるため蹄鉄を必要とせず、荒れた道をともに歩いたり荷運び用として用いたりする分には適当であること、そのなかでもっとも優れたものは「エチオピア地方の内陸部」からもたらされていたことなどを特記している [al-Aqwāl: 363-364]。さらにエジプトのウマリー（1349年没）は、イエメンには騎乗用とエチオピア産の2種類のラバがおり、エチオピア産は荷運び用であった旨を説明している [al-'Umarī IV: 17]。以下では、ラスール朝下イエメンで重視されたエチオピア産のラバについて検討し、イエメンとエチオピアの両地域においてラバに対する認識が共通していた可能性を示したい。

まず、先行研究にもとづき [Ayenachew 2020; Chekoun and Hirsch 2020; Vallet 2010: 381-424; Wion 2020; 馬場 2020: 77-80]、この時期のエチオピアの状況を概観する。アクスム（前2世紀?-960年）が4世紀にキリスト教を受容して以降、エチオピアのキリスト教化が進展した。9世紀以降のムスリム商人やユダヤ商人の進出によって、エチオピアの高原地帯を含む北東アフリカは、アイザーブやサワーキン、ヌビアにも通じるダフラク諸島を玄関口として、ますますインド洋とつながっていった。しかし、12-13世紀になると、ダフラク諸島で独立した政権が樹立されたり、ラスール朝がダフラク諸島で課税を行うようになったりしたことで、状況が変わってくる。さらに、北東アフリカのイスラーム化が進み、イファトに興ったイスラーム勢力であるワラースマゥ朝（イファト・スルタン国）（1275頃-1387年）がショアのマフズーム朝（896-1286年）を滅ぼすと、イファトにより近いアワーンやザイラゥが積出港として栄え始めた。これらの港から

は、10 月から 2 月にかけて優勢となる南風を用いて、イエメンへ向けて船が出港した。キリスト教勢力ソロモン朝（1270-1974 年）とワラースマゥ朝、そして 14 世紀前半には解体することとなるダモト王国（960-1316 年）が、エチオピアの高原地帯とアワーンやザイラゥをつなぐ交易路で行われた商取引によって、利益を享受した。しかし、15 世紀にイファトの東方のアダルへ移ったワラースマゥ朝（アダル・スルタン国）（1415-1577 年）は 16 世紀にかけてソロモン朝と紛争状態に入ることとなる。

　ラスール朝は、当時のアフリカ大陸に上記のようなキリスト教勢力やイスラーム勢力、そして各地に小規模な政権が複数存在していることを、認識していた［Vallet 2010: 405-411］。スルタン・アフダルがまとめた文書集においては、エチオピアの王たちとしてネグス——ソロモン朝の支配者——とイファト——ワラースマゥ朝の拠点——を挙げ、彼らを「偉大にして壮麗なるスルタン」と呼ぶこと、またアワーンの支配者を「壮麗なるアミール」と、モガディシュやダフラク、サワーキンの支配者を「壮麗なるシャイフ」と呼ぶことを伝えている［al-Afḍal: 390］。14 世紀以降にラスール朝史料に登場するようになる、アフリカ大陸からイエメンへ贈られた使節や贈呈品の記録の件数は、ダフラクからのものが 6 件（1377 年 12 月-1378 年 1 月、1385 年 8 月、1387 年 1 月-1388 年 1 月、1392 年 7-8 月、1412 年 6 月、1430 年 1 月）、サワーキン（1389 年 7-8 月）とダナキル（1378 年 8 月）、エチオピア（1369 年 3-4 月）、ソマリア（1378 年 10 月）、ザンジュ（1388 年 11 月）からのものがそれぞれ 1 件ずつである［al-'Uqūd II: 120, 155, 164; Ta'rīkh: 31, 37-38, 43, 47, 49, 56, 89, 131］。しかし、どの記録においても、具体的な為政者の名前は言及されておらず、「エチオピア」からの例にしても贈り主がソロモン朝とワラースマゥ朝、あるいはほかの勢力のいずれであったのか、判然としない。ソロモン朝と対決するためにラスール朝のスルタンに助力を求めに来たワラースマゥ朝の王族に関する記事が、15 世紀のラスール朝史料に残されてはいる［Ta'rīkh: 81］。しかしラスール朝が当地の政治に介入することはなく、ザイラゥやダフラク諸島への派兵計画が史料に記録されるものの、結局は一時的な動きにすぎなかった［Vallet 2010: 419-421］。概してラスール朝は、この一帯に対してさほどの政治的関心を持っておらず、次で述べるような貴重な商品の生産・輸出元として認識していたにすぎないように見える。

ラスール朝期においては、エチオピアの高原地帯から特にザイラゥを経由してアデンやザビードへ金や奴隷、麝香、そしてラバが積み出されていたことが、13世紀後半の状況を反映する史料に詳しく記載されている［Nūr I: 362-364］。ワラースマゥ朝の支配域や、イスラーム勢力とキリスト教勢力が接触するところに位置したと推測されるカルジュール（アンコバール？）［Cerulli 1971: 26; Huntingford 1989: 89-90; Vallet 2010: 410, 414］において取引される商品が説明されるなかで、最高品質とされるラバについてやや詳しい記述が見られる［Nūr I: 360］。その内容は、最高品質のラバは、①スルタンの騎乗に適していると見られたこと、②それゆえにおそらくはワラースマゥ朝のスルタンが独占しており市場にはほとんど出回っていなかったこと、③スルタンから商人への下賜のみが外来者にとってはほとんど唯一の獲得手段であったこと、④1頭の価格が10の金のウーキーヤ（重量単位の一種）に相当するが市場価格は存在しないこと、の4点に集約される。エチオピアの王室において上質のラバが尊重されていたことは、やや後代の話となるが、16世紀のソロモン朝の宮廷が大量のラバを引き連れて外遊したり、女王がラバに騎乗したりしていたという記録からも想像できる［Herman 2020: 378-379; Pankhurst 2007］。このように、ワラースマゥ朝やソロモン朝の王族は、上質のラバに対して高い価値を認めていた。

　ワラースマゥ朝下から運び出すことが可能な一般のラバの価格については、もっとも高いもので30の銀のウーキーヤ、もっとも安いもので5の銀のウーキーヤであり、気質が穏やかなラバほど高額であった［Nūr I: 360, 362, 365］。ウマリーは、イファトのワラースマゥ朝の軍が1万5,000の騎兵から成っていたこと、そこではアラブ馬が用いられる一方で大半の騎兵がラバに乗っていたこと、アミールや王がラバに乗る際にはラバの臀部にグラームを設置していたことを特記する［al-'Umarī IV: 33-34］。ほかにもラバは、市井の人々によって広く荷運びや農耕に用いられていたと見られる［Pankhurst 1968; Wion 2020: 402］。

　ラバは後代に至るまでエチオピアからの輸出物の一つであったが［Pankhurst 1968］、イエメンへ到着するまでの間に、さまざまな経費が必要とされた［Nūr I: 362］。その道中においては、ラバ1頭あたりの飼料が1.25ディーナール、船の賃料が4-5ディーナール、ザビードを経由する場合はウシュル税（関税）が1.25ディーナール（アデンを経由する場合は不要）、それぞれ求められた。これらの経

費は、ラバの価値に関わらず、一律であった。ラバの取引における手数料として、エチオピアの有力者や仲介人に対して、ラバ1頭あたりそれぞれに2ディルハム（銀貨）と1ディルハムが支払われたとも言われる [Nūr I: 365]。渡海の際には、上述の船の賃料のほか、糞尿で船を汚さないための敷皮代として1ディーナールが要求された。またアデンでは、ラスール朝の政庁などのために1ディーナールの支払いが求められた。イエメンにおいてはエチオピアのラバの価値が5-8倍に達するとも言われるが [Nūr I: 360]、こうした行程を経るためであろう。

　エチオピアにおけるラバの産地について、14世紀のソロモン朝の拡張過程に関する論考は、ダモトやハドヤ、ゴッジャムをザイラゥへつながる経済的に重要な地として挙げ、特にハドヤがラバの産地であったことを説明している [Ayenachew 2020: 65-66]。またクラランス・スミスによる19世紀のインド洋におけるラバ交易に関する論考では、現在のエチオピア・エリトリアに含まれるラバの産地としてラスタやゴッジャム、ウェルディヤが挙げられており、現スーダンのセンナールに由来する白く脚が長いロバを父親としていたという [Clarence-Smith 2019: 300-301]。このうち、特にタナ湖南方のゴッジャム周辺は、現在でもラバの生育数が他地域と比して大きい一帯である [Asteraye et al. 2024; Central Statistical Agency 2022: 42-43]。これらの地域はいずれも、ラスール朝期にはキリスト教勢力の影響下に入っており、ラバの生産は主としてキリスト教徒によって担われていた [Clarence-Smith 2019: 301]。王権との関係で言えば、たとえばソロモン朝の宮廷は、支配下にあったゴッジャムから年間に3000頭のラバを徴集し、美しいラバを騎乗用に、残りを荷運び用に、それぞれ用いていたという [Wion 2020: 402]。以上をもとに推測すれば、ラスール朝史料における「エチオピア地方の内陸部」とはこれらのキリスト教勢力下にあったラバの産地を指しており、ワラースマゥ朝などのイスラーム勢力はラバを自由に入手できる状況になく、総じてキリスト教勢力の影響下にある地域から交易あるいは贈呈を通して得ていたのではないか。そのために、ワラースマゥ朝下に達するラバの質も量も限られ、最高品質のラバの持ち出しが制限されることとなったと考えられる。

　イエメンにおいてもラバは生産されていたが、エチオピア産のラバを輸入す

るなどしていたことをふまえれば、特にエチオピアの内陸部の上質のラバを珍重する論理がエチオピアとイエメンにおいて共有されていたと考えることもできよう。加えて、紅海・アデン湾を介したエチオピア産ラバ圏とでも言うべき、地域間交流の存在を想定することもできる。エチオピアとイエメンでは、こうした状況を背景として、ラバを日常的に使用したり、上質のラバを王権をまとったモノとして活用したりしていたのである。

4　エジプト・シリアとインドとラバ

　イエメンとエチオピアにおいて特別な意味を与えられたラバは、しかし、13–15世紀に著された3種類のアデン港課税品目録では課税対象として立項されておらず [al-Mujāwir; Nūr; Mulakhkhaṣ]、イエメン・インド間を交易品として横断した明確な形跡を残さなかった。この点、これらの課税品目録やアデン港税関業務に関する記事に詳しく記載される馬とは対照的である。その理由としては、先に述べたようにラバは世界中で生産されており、海上交易を介さなくても需要と供給のバランスがそれぞれの地域でとれていたことを想定できよう。さらに、ラバに対する認識が地域によって異なっていた可能性についても、検討の余地があるところである。

　インド洋の「外海」にこそ姿を見せないが、ラバは、贈呈品として紅海あるいはアデン湾を渡ってラスール朝のスルタンへ至っていた。管見の限りでは、エジプトから贈られた例が3件（1388年9月、1414年6月（メッカ経由）、1415年5-6月）、メッカを訪れたスルタン・ムジャーヒドがシャリーフから贈られた例が1件（1342年12月–1343年1月）、史料上に見られ、いずれも馬とともに贈呈されていた [al-'Uqūd II: 65-66, 167-168; Ta'rīkh: 47, 92, 95]。他方、ラスール朝のスルタンが北東アフリカのサワーキンに対して毎年50頭のラバを送っている、という記述も存在する [Nūr I: 502]。

　加えて、エジプトやシリアを治めたマムルーク朝下においては、高貴なラバがウラマーや宰相などのうち長たる者のために選抜されること [Ṣubḥ II: 34-35]、スルタンの厩舎より馬やラクダとともにラバが下賜されること [al-Maqrīzī III: 242-243]、アレッポの代官が馬やラクダ、ラバ、奴隷をスルタンのもとへ送る

義務を課されていたり、シリア方面からの贈呈品にラバが含まれたりすること [al-Maqrīzī IV: 181]、上エジプトに由来するラバをマムルーク朝が徴集したこと [al-Maqrīzī II: 347] が記録されている。マムルーク朝では駄獣への騎乗の制限も見られ、マムルーク以外が馬やラクダに騎乗することや、非ムスリムが街中でロバに乗ることが禁じられていたという [Stillman 1979: 471]。既述のように、ラバの父親であるロバをナイル川上流域に求めていたとすれば、エチオピアのラバの例に見られたように、現スーダンのセンナール付近がその故郷であった可能性もあろう。

　一方で、この時期のインドについて考えてみると、北方ではトゥグルク朝 (1320-1413 年) をはじめとしたイスラームを奉じるデリー・スルタン朝 (1206-1526 年) が、南方ではイスラームを奉じるバフマニー朝 (1347-1527 年) やヒンドゥー教を奉じるヴィジャヤナガル王国 (1336-1649 年) が、また各地にさまざまな小規模の独立勢力が、展開していた [和田 2022]。ラスール朝は、インドに複数の政権が存在することを把握しており、地理的にはインド西海岸をデリー・スルタン朝の支配域と南北グジャラート、南北コンカン、マラバール、スーリヤーン (コロマンデル) に分けて理解し、点在するムスリム・コミュニティの裁判官や説教師に対して織物や染料となるアカネを贈っていたものの [Nūr I: 515-520]、諸政権の支配域や内陸部の状況についてはさほどの関心を払っていなかった [Vallet 2010: 561-582]。

　インドにおいてもラバが広く活用されていたことは、たとえばヴィジャヤナガル王国における駄獣としてのラバの使用例から窺い知れる [Jyothi 2019]。しかし 14 世紀に活躍したエジプトのウマリーは、インドではラバやロバへの騎乗が比較的好まれないと述べている [al-'Umarī III: 48]。また、19 世紀以降の話ではあるが、イギリス帝国の政策もあってパンジャーブではラバの生産が盛んであった反面、グジャラートやデッカ高原のヒンドゥー教徒の間ではラバの生産が好まれなかったとも言われる [Clarence-Smith 2019: 304]。一方で、14 世紀のトゥグルク朝下でラバが贈呈品・下賜品として用いられていたことを、イブン・バットゥータは記録している [イブン・バットゥータ V: 58, 86]。イエメンやエチオピアと同様に、ラバが支配域内において実用的にも支配秩序の象徴としても用いられ得たことを、これらの事例は示唆する。

ところが、インド・イエメン間では、既述のようにラバが取引された形跡は見られず、贈呈品の往来においてもラバが登場することはない。その内訳がわかるものを取り上げれば、1366 年から 1368 年にかけてスィンドとカンバーヤあるいは「インドの王」からコショウの苗木が [al-'Uqūd II: 117-118; Ta'rīkh: 30]、1369 年 3-4 月にカリカットから珍しい樹木や鳥、ジャスミン、バラが [al-'Uqūd II: 120; Ta'rīkh 31]、1391 年 3-4 月にベンガルから鳥や象、衣類が [Ta'rīkh: 52]、1398 年 5 月にセイロンから象やマンゴスチン、書物が [al-'Uqūd II: 244]、それぞれイエメンへ至っていた。他方で、イエメンのラスール朝からインドの諸勢力へラバが贈呈品として贈られた形跡も史料中にはなく、既述したようにアデン港に至った商人やナーホダーへ下賜されたラバがインド洋を渡った可能性がある程度である。

　以上に鑑みれば、ラバを贈呈品・下賜品として用いる習慣は、イエメンとエチオピアだけではなく、エジプトやシリア、紅海周縁部、そしてインドのイスラーム王権下においても共通して存在した。ラバ自体は広く生産されていたものの、地域ごとに特色があり、かつ、上質のラバであれば、贈呈品・下賜品として適切であると認識されていた。しかしながら、ラバがインド洋の「外海」を越えることは交易品・贈呈品としてはほとんどなく、紅海・アデン湾周縁部とインド周縁部の間はラバの横断の点において遮断されていたように見える。その理由として、ラバが身体能力的にインド洋の航海に耐えられなかったことも考えられるが、19 世紀から 20 世紀にかけて、イギリス帝国が軍事目的でラバの生産をインド北西部で行い、ボンベイからエジプトへ向けて船でラバを輸送していたことをふまえれば [Clarence-Smith 2019: 304; The Graphic 1882; Hevia 2018]、この可能性には首肯し難い。それよりもむしろ、ラバの生産量が限られていることもあってそれぞれの地域でラバの需給のバランスがとれていたことに加えて、インド側もイエメン側もインド・イエメン間の贈品としてラバは適さないという認識を持っていたことを推測できよう。少なくとも、紅海・アデン湾周縁部で見られた、上エジプト方面のロバに由来する可能性がある白いラバに認められた王権性は、インド洋周縁部において一律的に共有されていたわけではなかったのではないか。

おわりに

　ラバは、インド洋周縁部において広く生産され、人々の生活に密着した駄獣として活用された。そのうち上質のラバについては、贈呈品・下賜品としてほかの奢侈品とともに用いられる、王権と関わるモノであった。上質のラバが持つ王権性は紅海周縁部で共有されており、頻度こそ小さいものの、諸勢力がラバを通じて海を越えた信頼関係を構築しようとしていた形跡も史料に見られた。特にイエメンとエチオピアは、エチオピアの内陸部のラバを珍重する価値観を共有しており、両地域間ではエチオピアからイエメンへ向けてラバが輸出されるという流通が存在した。ところが、イエメン・インド間ではラバが交易品・贈呈品として往来した形跡がなく、ラバの往来はインド洋において分断されていたように見受けられる。今後インド側の史料を用いてさらに検討していく必要があるが、エチオピア産のラバの贈与圏は地域的に限られたものであり、また、イエメンとインドに成立した諸王権は上質のラバであってもイエメン・インド間の贈呈品として適切とは相互にみなしていなかった可能性がある。

　王権とネットワークが展開する世界においては、人・モノ・情報は絶えず広域的な移動を見せるわけではなく、また、一つの価値観が一律的に支配的だったわけでも、イスラームを奉ずる王権間にあってもイスラーム的な論理のみにもとづいて信頼関係が構築されていたわけでも、必ずしもない。本章で見たラバの事例は、むしろ、モノの流通やモノに対する認識が地域的なものであり、それらが幾重にも重なっていたこと、そして人々がそのことを前提として適切なモノを贈呈品・下賜品に選ぶことで信頼関係を構築していた可能性を示唆する。歴史史料において人々の論理・価値観が直接的に書かれることは稀であろうが、それらがモノに何らかのかたちで仮託されていた可能性やモノの流れに着目したフロー＝ネットワークの概念をふまえれば［cf. 山内 2023; 鈴木 2024］、モノをめぐる多角的な検討に、王権とネットワーク、そしてコネクティビティに関するさらなる研究の余地があろう。

　（付記）　エチオピアにおけるラバの生産状況や地名について、石川博樹氏（東京外国語大学）

にご助言いただいた。また MINDOWS 第 10 回研究会（国立民族学博物館、2024 年 7 月 7 日）にて本章の内容を発表し、参加者の方々より貴重なご意見をいただいた。ここに記して厚くお礼申し上げる。

参考文献

アル＝マーワルディー：アル＝マーワルディー、湯川武訳『統治の諸規則』慶應義塾大学出版会、2006.

イブン・バットゥータ：イブン・バットゥータ、家島彦一訳『大旅行記』全 8 巻、平凡社東洋文庫、1996-2002.

クルアーン：中田考監修『日亜対訳クルアーン』作品社、2014.

ブハーリー：ブハーリー、牧野信也訳『ハディース』全 6 巻、中公文庫、2001.

al-Afḍal: al-Malik al-Afḍal, *The Manuscript of al-Malik al-Afḍal al-'Abbās b. 'Alī b. Dā'ūd b. Yūsuf b. 'Umar b. 'Alī Ibn Rasūl: A Medieval Arabic Anthology from the Yemen*, D. M. Varisco and G. R. Smith（eds.）, Warminster: E. J. W. Gibb Memorial Trust, 1998.

al-Aqwāl: al-Malik al-Mujāhid, *al-Aqwāl al-Kāfiya wa al-Fuṣūl al-Shāfiya*, Y. W. al-Jabūrī（ed.）, Bayrūt: Dār al-Gharb al-Islāmīya, 1987.

Bahjat: Ibn 'Abd al-Majīd, *Bahjat al-Zaman fī Ta'rīkh al-Yaman*, 'A. M. al-Ḥibshī（ed.）, Ṣan'ā': Dār al-Ḥikma al-Yamanīya, 1988.

al-Hamdānī: al-Hamdānī, *Kitāb Ṣifat Jazīrat al-'Arab*（*Islamic Geography* 88-89）, D. H. Müller（ed.）, 2 vols., Leiden: E. J. Brill, 1993（1884）.

Khurdādhbih: Ibn Khurdādhbih, *Kitāb al-Masālik wa'l-Mamālik*（*Bibliotheca Geographorum Arabicorum* 6）, M. J. de Goeje（ed.）, Leiden: Brill, 1889.

al-Maqrīzī: al-Maqrīzī, *al-Sulūk li-Ma'rifat Duwar al-Mulūk*, M. 'A. 'Aṭā（ed.）, 8 vols., Bayrūt: Dār al-Kutub al-'Ilmīya, 2018.

al-Mujāwir: Ibn al-Mujāwir, *Ṣifat Bilād al-Yaman wa Makka wa Ba'ḍ al-Ḥijāz al-musammāt Ta'rīkh al-Mustabṣir*, O. Löfgren（ed.）, Leiden: E. J. Brill, 1951.

Mulakhkhaṣ: al-Ḥusaynī, *Mulakhkhaṣ al-Fitan*（*A Medieval Administrative and Fiscal Treatise from the Yemen: The Rasulid Mulakhkhaṣ al-Fiṭan by al-Ḥasan b. 'Alī al-Ḥusaynī*（*Journal of Semitic Studies Supplement* 20））, G. R. Smith（ed.）, Oxford: Oxford University Press, 2006.

Nūr: anon., *Nūr al-Ma'ārif fī Nuẓum wa Qawānīn wa A'rāf al-Yaman fī al-'Ahd al-Muẓaffarī al-Wārif*, M. 'A. Jāzim（ed.）, 2 vols., Ṣan'ā': Centre français d'archéologie et de sciences sociales, 2003-05.

Ṣubḥ: al-Qalqashandī, *Ṣubḥ al-A'shā Sinā'at al-Inshā'*, M. Ḥ. Shams al-Dīn（ed.）, 15 vols., Bayrūt: Dār al-Kutub al-'Ilmīya, 1987-89.

al-Sulūk: al-Janadī, *al-Sulūk fī Ṭabaqāt al-'Ulamā' wa al-Mulūk*, M. 'A. al-Akwa'（ed.）, 2 vols., Ṣan'ā': Maktabat al-Irshād, 1993-95.

Ta'rīkh: anon., *Ta'rīkh al-Yaman fī al-Dawla al-Rasūlīya*, H. Yajima（ed.）, Tokyo: Institute for the Study of Languages and Cultures of Asia and Africa, 1976.

al-'Umarī: Ibn Faḍl Allāh al-'Umarī, *Masālik al-Abṣār fī Mamālik al-Amṣār*, K. S. al-Jabūrī (ed.), 27 vols., Bayrūt: Dār al-Kutub al-'Ilmīya, 2010.

al-'Uqūd: al-Khazrajī, *al-'Uqūd al-Lu'lu'īyā fī Ta'rīkh al-Dawla al-Rasūlīya*, M. B. 'Asal (ed.), 2 vols., Bayrūt: Dār al-Ādāb, 1983(1911-14).

鈴木英明 2024「インド洋海域を捉え直す――ネットワーク論再考」『社会経済史学』89/4: 9-28.

馬場多聞 2017『宮廷食材・ネットワーク・王権――イエメン・ラスール朝と13世紀の世界』九州大学出版会

――― 2020「13世紀のアデン港課税品目録における東アフリカの輸出品」『立命館史学』40: 73-97.

――― 2021「中世イエメンにおける奴隷」近藤洋平編『アラビア半島の歴史・文化・社会』東京大学中東地域研究センター

家島彦一 2006『海域から見た歴史――インド洋と地中海を結ぶ交流史』名古屋大学出版会

山内晋次 2023「中華の秩序とミカン」『唐代史研究』26: 83-108.

和田郁子 2022「インド洋海域史から見た南インド」荒川正晴ほか編『岩波講座 世界歴史04』岩波書店

Alkhateeb-Shehada, Housini. 2008 "Donkeys and Mules in Arabic Veterinary Sources from the Mamlūk Period (7th-10th/13th-16th Century)," *Al-Masāq* 20(2): 207-214.

―――. 2012 *Mamluks and Animals: Veterinary Medicine in Medieval Islam*, Leiden: Brill.

Asteraye, Girma Birhan et al. 2024 "Population, Distribution, Biomass, and Economic Value of Equids in Ethiopia," *PLoS ONE* 19(3): e02953888.

Ayenachew, Deresse. 2020 "Territorial Expansion and Administrative Evolution under the "Solomonic" Dynasty," S. Kelly (ed.), *A Companion to Medieval Ethiopia and Eritrea*, Leiden and Boston: Brill.

Bulakh, Maria and Leonid Kogan. 2016 *The Arabic-Ethiopic Glossary by al-Malik al-Afḍal: An Annotated Edition with a Linguistic Introduction and a Lexical Index*, Leiden and Boston: Brill.

Central Statistical Agency. 2022 *[The] Federal Democratic Republic of Ethiopian Statistics Service Agricultural Sample Survey 2021/22 [2014 E.C.] Volume II: Report on Livestock and Livestock Characteristics (Private Peasant Holdings)*, Addis Ababa: Central Statistical Agency.

Cerulli, Enrico. 1971 *L'islam di ieri e di oggi*, Rome: Instituto per l'Oriente.

Chekroun, Amélie and Betrand Hirsch. 2020 "The Sultanates of Medieval Ethiopia," S. Kelly (ed.), *A Companion to Medieval Ethiopia and Eritrea*, Leiden and Boston: Brill.

Clarence-Smith, William Gervase. 2019 "Mules in the Indian Ocean World: Breeding and Trade in the Long Nineteenth Century, 1780s to 1918," A. Schottenhammer (ed.), *Early Global Interconnectivity across the Indian Ocean World, Volume II: Exchange of Ideas, Religions, and Technologies*, London: Palgrave Macmillan.

―――. 2020 "The Donkey Trade of the Indian Ocean World in the Long Nineteenth Century,"

M. Chaiklin, Ph. Gooding and G. Campbell (eds.), *Animal Trade Histories in the Indian Ocean World*, London: Palgrave Macmillan.

Golden, Peter Benjamin (ed.). 2000 *The King's Dictionary: The Rasūlid Hexaglot*, Leiden, Boston and Köln: Brill.

The Graphic. 1882 "Shipment of Mules, Prince's Dock, Bombay (Mumbay)," *The Graphic: An Illustrated Weekly Newspaper* 26: no. 669.

Herman, Margaux. 2020 "Towards a History of Women in Medieval Ethiopia," S. Kelly (ed.), *A Companion to Medieval Ethiopia and Eritrea*, Leiden and Boston: Brill.

Hevia, James Louis. 2018 *Animal Labor & Colonial Warfare*, Chicago: The University of Chicago Press.

Huart, Clément and Charles Pellat. 1963 "Duldul," *The Encyclopaedia of Islam*, Second Edition.

Hughes, Thomas Patrick. 1986 *Dictionary of Islam: Being a Cyclopaedia of the Doctrines, Rites, Ceremonies, and Customs, together with the Technical and Theological Terms of the Muhammadan Religion*, New Delhi: Cosmo Publications.

Huntingford, George Wynn Brereton. 1989 *The Historical Geography of Ethiopia: From the First Century AD to 1704*, Oxford: The Oxford University Press.

Jyothi, R. 2019 "The Trade and Trade-Guilds in Vijayanagar Empire," *International Journal of Research in Economics and Social Sciences* 9(6): 26-30.

Leighton, Albert C. 1967 "The Mule as a Cultural Invention," *Technology and Culture* 8(1): 45-52.

Mahoney, Daniel. 2017 "The Role of Horses in the Politics of Late Medieval South Arabia," *Arabian Humanities* 8: doi:10.4000/cy.3287

Marashi, Taryn. 2021 "More than Beast: Muhammad's She-Mule Duldul and her Role in Early Islamic History," *International Journal of Middle East Studies* 53: 639-654.

Pankhurst, Richard Keir Pathick. 1968 *Economic History of Ethiopia 1800-1935*, Addis Ababa: Haile Sellassie I University Press.

―――. 2007 "Mule(s)," S. Uhlig (ed.), *Encylopaedia Aethiopica* 3, Wiesbaden: Harrassowitz Verlag.

Pellat, Charles. 1959 "Baghl," *The Encyclopaedia of Islam*, Second Edition.

Stillman, Norman Arthur. 1979 *The Jews of Arab Lands: A History and Source Book*, Philadelphia: Jewish Publication Society of America.

Tamrat, Taddesse. 1972 *Church and State in Ethiopia 1270-1517*, Oxford: Clarendon Press.

Vallet, Éric. 2010 *L'Arabie marchande: État et commerce sous les sultans rasūlides du Yémen (626-858/1229-1454)*, Paris: Publications de la Sorbonne.

Varisco, Daniel Martin. 1994 *Medieval Agriculture and Islamic Science: The Almanac of Yemeni Sultan*, Seattle: University of Washington Press.

Wion, Anaïs. 2020 "Medieval Ethiopian Economies: Subsistence, Global Trade and the Administration of Wealth," S. Kelly (ed.), *A Companion to Medieval Ethiopia and Eritrea*, Leiden and Boston: Brill.

第3章 近世南アジア支配層の宗教横断的なつながり
——ムガル帝国とマイスール王

太田信宏

はじめに——ムガル皇帝とヒンドゥー王権

近世ユーラシアの三大ムスリム帝国のひとつに数えられるムガル帝国は、16世紀後半の第3代皇帝アクバルによる再建以来、着実に版図拡大を続け、17世紀後半の第6代皇帝アウラングゼーブの時代には南アジアのほぼ全域をその覇権下におさめた。ヒンドゥーが多数を占める南アジアを支配したムガル皇帝は、イランなど域外から移住してきたものを含むムスリムのみならず、現地のヒンドゥーを支配機構のさまざまな役職に登用した。北西インドのラージャスターン地方のラージプート諸侯は、先行するデリー・スルタン朝期、スルタンのもとで自立的な領域支配が認められていたが、その状況はムガル帝国のもとでも基本的に変わることはなかった。ラージプート諸侯は、父祖伝来の領土に対する世襲的支配が認められた一方、ムガル皇帝から官位（マンサブ）を与えられた文武の役人（マンサブダール）として帝国統治に参画し、帝国領の一定地域からの徴税権（ジャーギール）を与えられた。有力ラージプート諸侯の一部とムガル皇室との縁組は、両者の政治的紐帯を象徴するものであった。ラージプート諸侯をはじめとするヒンドゥーに対してムガル皇帝が採った融和的な態度・政策は、アウラングゼーブのもとでのその転換——近年、転換があったことを懐疑的に再検証する研究が多い——とともに、これまでの研究で多く論じられてきている。その一方で、ヒンドゥーの側が、ムガル皇帝との関係や帝国的秩序のなかでの自らの位置をどのように認識していたのかについては、後に紹介するように重要な先行研究がいくつかあるものの、ヒンドゥーの地域的、

階層的な多様性も考えると充分に検討されているとは言い難い。本章では、17世紀末のアウラングゼーブ時代、ムガル帝国がマラーター王国と激しく戦いながら支配を拡大させていった南インドにおいて有力であったマイスール王国とムガル帝国との関係に注目する。王家を含む支配層の大部分をヒンドゥーが構成する同王国はカンナダ語圏（現カルナータカ州に相当）南部を中心に強勢を誇り、以下で紹介するように、親ムガル路線を採用して同じヒンドゥーであるマラーター勢力と戦った。同王国の支配層の間で、ムガル皇帝とその権威・地位はどのように認識されていたのかを、同王国の史資料から検討する。ムスリムだけでなくヒンドゥーを含むさまざまな人々からなるムガル帝国支配層の結びつきのあり方を再考する手掛かりとしたい。

1　ムガル・マラーター抗争とマイスール王国

　最初に、マイスール王国とムガル帝国との関係を整理する。なお、両国間関係の「史実」を伝える信憑性の高い史料は多くない。特に、マイスール王国側の史料は、後に紹介、検討するように「虚構」の要素を含む。王国指導層の認識や世界観を探るうえでは重要な史料と言えるが、事実関係の解明という点では心もとないと言わざるを得ない。ここでは、ムガル帝国側のペルシア語史料や当時、南インドで布教活動を行っていたイエズス会の報告書などを史料として用いた先行研究にも依拠し、両国間関係の史実を可能な範囲で再構成するが、そこには確定しきれない推測の要素も含まれていることを断っておきたい[1]。

　マイスール王国とムガル帝国との関係を理解するうえで欠かせないのが、マラーター勢力の南インドへの進出である。初代マラーター王シヴァージー（在位 1674-80 年）の父シャーハジーは、デカン・ムスリム王国のひとつであるビジャープル王国の部将として、17 世紀中頃の数次にわたる南インド（カルナータカ）遠征で活躍し、遠征によって同王国領となったベンガルール（現カルナー

---

1)　アウラングゼーブ時代のムガル帝国、マラーター王国、マイスール王国の政治的・軍事的動静や相互の関係については、いずれも 20 世紀前半のものであるが、Sarkar［1930-52］、Sardesai ［1986］、Rao［1943］が基本的な文献である。マラーター勢力とマイスール王国との関係については、Muddachari［1969］がある。

タカ州の州都）と周辺を領地として与えられた。この遠征から自国領を護ることに成功したマイスール王国は、遠征が終了すると新たにビジャープル王国領となった地域への攻勢を強め、シャーハジーをはじめとするビジャープル王国の現地支配者と戦った。シャーハジーの没後、男子でシヴァージーの異母弟にあたるエーコージー（ヴァンコージー）が南インドにおける父の領地を継承し、ビジャープル王国の混乱と衰退をついて自立化を進める。1670 年代中頃、タミル地方のタンジャーヴールを獲得すると、同地を都としてシヴァージーのマラーター王国とは異なる独自の王国建設に着手した。マイスール王国ではチッカ・デーヴァ・ラージャ（在位 1673-1704 年）が集権化による国力増強を進める一方、多方向で勢力拡大を図り、タンジャーヴールのマラーター王国との対立が激化した。一方、シヴァージーも 1670 年代後半、南インドに遠征してタミル地方北部の要衝の地シェンジを獲得し、同地に総督を派遣して支配地域を拡大させるとともに、マイスール王国に対する共同戦線をタンジャーヴールのエーコージーと形成した。

　マイスール王国とマラーター勢力との軍事的衝突は、1680 年代前半のティルチラーパッリの攻防でひとつの頂点を迎える。ティルチラーパッリはタンジャーヴールにほど近いタミル地方中部の要衝で、かねてマドゥライの自立的地域政権（ナーヤカ）の支配下にあったが、同政権の混乱と弱体化を見たマイスール王国の将軍クマーライヤが大軍を率いて同地を包囲した。マイスール王国の勢力伸長を警戒するマラーター勢力も出兵し、ティルチラーパッリをめぐってマイスール軍とマラーター軍が対峙した。そうしたなか、父シヴァージーの跡を継いだ第 2 代マラーター王サンバージー（在位 1680-89 年）が 1682 年に南インド遠征を行い、ティルチラーパッリ周辺のマラーター軍に合流した[2]。状況の不利を察したマイスール王チッカ・デーヴァ・ラージャは、デカン地方へ

---

2)　サンバージーは最初、マイスール王国領に北方から進攻してマイスール軍と戦ったが、期待した戦果を挙げられず、ティルチラーパッリに転戦したとされる [Muddachari 1969]。サンバージーの 1682 年の南インド遠征は、イエズス会士の報告に記述が見られ、マイスール王国側の史料でも、年代は特定されていないが、サンバージーとの戦いとその勝利が言及されている。マラーター王国側の史料には記録がないようで、サルデーサーイの古典的なマラーター王国通史 [Sardesai 1986] は言及していないが、ゴーカレーは遠征そのものがあったことは否定していない [Gokhale 1978: 245-248]。

の親征を開始していたアウラングゼーブのもとに使者を派遣し支援を要請した
とされるが［Muddachari 1969: 103］、ムガルの援軍が到着することはなく、クマ
ーライヤ率いるマイスールの遠征軍はマラーター軍によって壊滅させられた。

　ティルチラーパッリの攻防には間に合わなかったが、マイスール王国とムガ
ル帝国との協調関係は1683年から軌道に乗ったようである。かねてから、デ
カン地方でのマラーター軍との戦いに手を焼いていたアウラングゼーブにとっ
て、マラーターと対立するマイスールとの協調は利するところがあったのであ
ろう。ムガル側の史料には、1683年、マイスール王の使者が貢納とともに来
訪し、翌1684年には、ムガル軍がマイスールに向かったことが記録されてい
るという［Gokhale 1978: 248-249］。この年、ダーダージー・カークデーなどが
率いるマラーター軍がマイスール王国領に進攻し王都シュリーランガパッタナ
に迫ったが、王都にほど近いマンディヤ周辺でムガルとマイスールの連合軍に
撃破された。この戦いに言及するムガル側の通信文中、マイスール王は「シュ
リーランガパッタナのザミーンダールであるジャガデーヴ・ラーオ」として言
及されているという［Gokhale 1978: 249］。マンディヤ近郊でのマラーター軍に
対する勝利は、マイスール側の史料でも、「史実」とは異なる点が多いものの
言及されている。この点については、のちに詳しく検討する。

　1686年、アウラングゼーブはデカン・ムスリム諸王国の併合を決意してビ
ジャープルを包囲したが、その包囲軍にはマイスール軍も参加したという
［Muddachari 1969: 105］[3]。翌1687年にはムガル軍が南インドに進攻し、デカ
ン・ムスリム諸王国領やタンジャーヴール・マラーター王国領の一部を占領し
た。このムガル軍遠征にもマイスール軍が協力したと推定され、おそらくその
代償として、ベンガルールと周辺地域がムガル遠征軍を率いたカースィム・カ
ーンによってマイスール王国に「売却」された［Muddachari 1969: 112］。シャー
ハジー以来の南インドにおけるマラーター勢力の重要拠点であったベンガルー
ルの獲得は、マイスール王国にとって親ムガル路線政策の最大の成果であっ
た[4]。

3）　その間、サンバージーがマイスール王国領に進攻したとイエズス会士の報告書に記されている
　　というが［Muddachari 1969: 106］、このサンバージーの南インド遠征もマラーター側の史料に
　　は記録がないようである。

60 —— 第I部　国家体系とイスラーム共同体

1689 年、ムガル軍がサンバージーを捕らえて処刑すると、サンバージーの跡を継いだラージャーラーム（在位 1689-1700 年）がタミル地方のシェンジに逃れ、ムガルとマラーターの抗争の中心は南インドに移った。シェンジをめぐる両軍の攻防は長期化したが、ここでもマイスール軍はムガル側で参戦したようである［Gommans 2002: 192］。1698 年、シェンジがついに陥落するが、ムガルとマラーターの戦いはデカンに再び場所を移して続き、1700 年から、アウラングゼーブ自ら率いるムガル軍がマハーラーシュトラ地方のマラーター王国の主要城塞を次々と攻略した。一方、ムガルとマイスールとの関係には、シェンジ陥落を契機として変化が生じた可能性がある。ムッダーチャーリは、シェンジ陥落後間もなく、ムガル軍とマイスール軍が戦ったとするが、はっきりとしたことはわからない［Muddachari 1969］。1704 年までにマラーター王国の主要城塞を攻略したムガル軍は、1705 年には別の反抗的な在地支配者の城塞を攻めたが、その後にはさらにマイスール王国に遠征する計画があったことを、インドに長期滞在し、ムガル帝国の権力中枢にも近かったマヌッチが自らの回顧録に記している［Manucci 1981: 92-93, 109, 224-228］。1704 年に没したチッカ・デーヴァ・ラージャの跡を継いだ新王（カンティーラヴァ・ナラサ・ラージャ 2 世、在位 1704-14 年）に、王位継承に不適格とされるはずの重い聴覚障害があることを口実とした遠征は、1707 年にアウラングゼーブが没したこともあり実施には移されなかった。マヌッチが伝える計画が実際にあったのかも確実なことはわからない。マイスール王国に関するマヌッチの記述には明白な誤情報も含まれていて、マヌッチの回顧録全体に当てはまることだが、その信憑性は万全ではない。しかし、マイスール王国内の動静を伝える記述は、その内容の真偽は別として、同王国に対する関心や警戒がムガル遠征軍の軍営内外で高まっていた証左であるとは言えよう。遠征の計画、あるいは、噂があったことは確かであるように思われる。そして、マヌッチの記述を信じるならば、その計画はマイスール側にも伝わっていたことになる。

　4）　マイスール王国によるベンガルール獲得の経緯は諸説あるが、ムッダーチャーリが記しているように、ムガル側に相当額の金銭を渡してベンガルール支配を認められたというのが最も妥当な推測に思われる。史料資料には売買を意味する語彙が用いられているが、実際にどのような名目でマイスール王によるベンガルール支配が承認されたのかはよくわからない。

アウラングゼーブ没後、ムガル帝権は急速に弱体化し、高官が領内各地で自立化した。こうした継承国家として、デカン・南インドでも、ニザームやアルコットのナワーブなどがそれぞれ政権を樹立した。これらの継承国家は、ムガル帝国の国制を基本的に引き継ぎ、マイスール王国からの貢納（ペーシュカーシュ）を要求して、時に軍事力を用いて強制的に徴収した。ニザーム政権の文書には、マイスール王——「ラージャー・ジャガデーヴ」と記載されている——からの貢納が書きとめられているという [Nayeem 1985: 53, 205-207]。

2　マイスール王権の政治的言説におけるムガル皇帝の表象

　前節では 17 世紀末を中心にマイスール王国とムガル帝国との間の関係を通時的に辿った。南インドでのマラーター勢力の拡大を恐れるマイスール王国と、南方への版図拡大の阻害要因であるマラーター勢力を弱体化したいムガル帝国が接近することは、ある意味で自然であったとも言える。両者の関係を「客観的」に見るならば、マイスール王がムガル皇帝に対して貢納と軍役（ビジャープルとシェンジの攻防戦への出兵）を行い、ムガル皇帝は敵から攻撃されたマイスール王を支援する典型的な縦の主従関係であった。この関係は、アウラングゼーブ最晩年の数年間に部分的に亀裂が入った可能性があるが、マイスール王国が 17 世紀後半の政治的激動を乗り切り、18 世紀南インド最有力の地域政権へと発展する足掛かりとなった。マイスール王国にとって非常に重要であったと推定されるムガル帝国との関係は、マイスール王権の政治的、歴史的言説のなかでどのように描かれているのかを本節では検討する。

(1)　銅板文書中の頌徳文

　最初に銅板文書中の頌徳文を取り上げる。南インドでは、バラモンに村落が寄進される際、それを記録する銅板文書が主にサンスクリット語で作成された。銅板文書の前半には当該村落を含む領域の支配者——多くの場合、寄進者でもある——とその祖先の出自や事績が美文調の韻文で記されることが一般的で、支配者一族の地位と権威を自他に闡明にする政治的言説として機能した。マイスール王国もその例外ではなく、チッカ・デーヴァ・ラージャ時代に作成され

た銅板文書には、同王とその祖先を讃えるサンスクリット語頌徳文が記されている。目を引くのが、同王の事績としてマラーター勢力に対する軍事的勝利が大きく扱われる一方で、ムガル帝国・皇帝への言及は見られない点である。

　例えば、1686年の日付をもつ銅板文書［EC: 6, Sr-24］には、ダーダージー、ジャイタージーなどのマラーター部将を王が撃破したことが描かれている。王によるマラーター部将の撃破は、ヴィシュヌ神の化身であるラーマがカラ・ドゥシャーナの羅刹兄弟を退治した神話上の出来事に喩えられ、マラーター部将がヒンドゥー神話中の羅刹に擬えられていることも興味深い。敵を羅刹に擬えるのは、敵が非ヒンドゥーである場合にしばしば行われ、マイスール王国でもチッカ・デーヴァ・ラージャの2代前にあたるカンティーラヴァ・ナラサ・ラージャ（在位1638-59年）時代、王国領への進攻を繰り返したデカン・ムスリム王国のひとつであるビジャープル王国のムスリム将兵が羅刹に擬えられたり、ヒンドゥー社会の規範に従わない「野蛮人」という侮蔑的なニュアンスの強い「ムレーッチャ」と呼ばれたりしていた［太田 2019］。ヒンドゥーである敵の羅刹化は比較的珍しいように思われるが、チッカ・デーヴァ・ラージャ時代のマイスール王国指導層にとって、それほどマラーター勢力からの攻勢が厳しいものであったのであろう。別のデカン・ムスリム王国であるゴールコンダ王国の軍を王が撃退したことも言及されているが、ゴールコンダ王は単に「クトゥブ・シャー」と記され、羅刹に擬えられていない。また、「ムレーッチャ」の蔑称も用いられていない[5]。

　この1686年のものを含めて、チッカ・デーヴァ・ラージャ時代の銅板文書の頌徳文には、ダーダージーなどのマラーター部将を討ち取ったことだけでなく、第2代マラーター王サンバージーやタンジャーヴール・マラーター王エーコージー、王国領の北隣に位置するケラディの地域政権（ナーヤカ）に対する勝利も讃えられているが、ムガル皇帝やその軍への言及は全く見られない。

---

5)　1675年の日付をもつ銅板文書［EC: 4, Ch-11］では、デカン・ムスリム王国の人々が「ヤヴァナ yavana」と呼ばれている。「ムレーッチャ」に比べると「ヤヴァナ」は、価値判断や評価を含まない中立的な呼称と言える。

(2) 宮廷文学

　マイスール王国では主にカンナダ語による宮廷文学の創作が活発に行われた。王国史との関連では、王やその祖先の事績、行状を題材とする作品が重要であるが、それ以外の作品でも序に相当するような箇所に、著者の庇護者であったり、あるいは、著者自身であったりする王の事績を讃える詩句が連ねられることが多い。チッカ・デーヴァ・ラージャ時代は、マイスール王国におけるカンナダ語宮廷文学創作のひとつのピークであった。同王と祖先の事績、行状そのものを主な題材とする作品も創られたが、それらは同王が即位するよりも前の出来事を記すところで中断しているので、同王即位後に激化するマラーター勢力との対立も、ムガル皇帝との接触も当然、描かれることはない。一方、作品本編の内容は王国史と直接関係しないが、序に相当する箇所で同王の即位後の事績を讃える作品も複数存在する。そのひとつが、王自身が著者とされる『チッカ・デーヴァ・ラージャの陳上』（チッカ・デーヴァ・ラージャ・ビンナパ、以下、『陳上』と略記）である。

　『陳上』は、ヒンドゥー教の主神のひとりであるヴィシュヌ神に王が語り掛けるという体裁をとりながら、南インドの有力なヒンドゥー教派のひとつで王が庇護、信仰したシュリー・ヴァイシュナ派の教義・信仰を説くものだが、その冒頭部分に、韻文と散文で王の事績が讃えられている。銅板文書の頌徳文と同様に、マラーター勢力に対する勝利が大きく取り上げられ、シヴァージー、サンバージーのマラーター王2代を破ったことが記されている。シヴァージーについては、彼が略奪したとされるデリー（Ḍilli）とハイダラーバード（Bhāga-nagara）の住民が、彼をシャンバラやマーリーチャといったヒンドゥー神話中の羅刹に擬えるようすが描かれている [CiBi: 1 (v. 4)]。なお、シヴァージーはアウラングゼーブと一時的に和睦した際に、アーグラーの宮廷を訪問したが、彼の時代にマラーター軍がアーグラーやデリーを含むムガル帝国の中心域であるガンジス川流域に進攻した事実はない。サンバージーについても、デカン・ムスリム諸王国の都であるゴールコンダとビジャープラと並んでデリーも略奪したとあるが [CiBi: 1 (v. 5)]、やはりこれに相当する事実はない。マラーター軍を撃破したマイスール軍の武勇を強調するために、マラーター軍の強さが誇張されていると言えよう。ムガル帝国は、デカン・ムスリム諸王国と並んで、

マラーター軍の強さを示す「やられ役」として位置づけられているのである。

　一方、『陳上』には、ムガル帝国とマイスール王国との政治的、軍事的連携への言及も見られる。アウラングゼーブによるビジャープルとゴールコンダのデカン・ムスリム王国滅亡について、『陳上』には、両王国がサンバージーに貢納して同盟関係を築いていたので、チッカ・デーヴァ・ラージャが「デリーを支配する偉大なパードシャーと呼ばれたアウラングゼーブ（Diḷḷiyāḷva Mahāpā-duśāhanenisuva Avaraṃgaśāhanaṃ)」を呼んで滅ぼさせたとある [CiBi: 2 (v. 9), 4]。「パードシャー」は歴代ムガル皇帝が用いた称号で、「皇帝」と訳されることが多い [Sarkar 1984: 33]。アウラングゼーブが両王国を滅ぼした理由のひとつに、両王国とマラーター王国との同盟（の可能性）があり、また、すでに述べたように、ビジャープル包囲にマイスール軍も参戦したが、主導権はムガル帝国にあった。マイスール王国がムガル帝国の軍事力を用いて、仇敵マラーター王国と同盟する両王国を滅ぼしたとする記述は、マイスール軍が撃破したマラーター軍にムガル軍が及ばないという記述とあわせて、ムガル皇帝を対等以下の同盟者的存在と見なしたいマイスール王権側の「願望」を示していると言えよう。それが虚勢であるのは明らかであるが、ムガル帝国とマイスール王国との間に実際にあった同盟的な関係がその前提にあったことも確かである。

　チッカ・デーヴァ・ラージャの最有力の廷臣であり詩人でもあったティルマラーリヤ著とされる『比類のない英雄の行状記』（アプラティマ・ヴィーラ・チャリテ。以下、『行状記』と略記）は修辞学書であるが、各種修辞技法の用例として挙げられている詩篇が全て、同王を讃える内容となっている。注目されるのは、これらの詩篇にムガル軍に対するマイスール軍の勝利への言及が見られる点である。「マイスールの猛者たちと戦い、マラーターはなす術なく敗れ、ムガルも屈した (maṇidar Mogalarum)」[AViCa: 90 (III-130)] とあったり、「あのムガルとマラーターの軍勢を (Mogala Marāṭara paḍeyaṃ) 迎えて力強く退け、光り輝くチッカ・デーヴァ・ラージャ」[AViCa: 120 (III-184)]、さらには、「デリーの王の領地を揺るがす豪胆さ (Diḷḷiya Śāhana suveyaṃ jaḷḷēḷisuvārp[u])」[AViCa: 74 (III-99)] をもつチッカ・デーヴァ・ラージャなど、ムガル帝国は仇敵マラーター王国と同列に並べられ、ムガル軍に対するマイスール軍の軍事的優位が描かれている。これまでの紹介からも明らかなように宮廷文学には多くの「虚構」が

含まれる。ムガル軍に対するマイスール軍の勝利も「虚構」である可能性が高いが、ムガル帝国とマイスール王国との間の敵対がその前提になっている点は注目される。すでに述べたように、1698年のシェンジ陥落後、ムガル帝国とマイスール王国との間の友好的関係に部分的に亀裂が入った可能性がある。両者の敵対を前提とした『行状記』中の記述は、そうした状況に対応したものかもしれない。

　なお、『行状記』では、『陳上』同様、獰猛なマラーター軍の「やられ役」としてもムガル軍が登場する。「戦いの強者であるムガルをも凌ぐマラーター（bavarake Mogalar veggaḷar avarattaṇinā Marāṭar)」［AViCa: 85 (III-118)］、「マラーターにとって、……ムガルの（Mogalara）軍勢は草叢のよう〔に弱く脆弱〕なもの」［AViCa: 118 (III-180)］といった表現・文言が見られる。勿論、こうした表現の最終的な狙いは、そのようにムガル軍を蹴散らすマラーター軍でも敵わないマイスール軍の精強さを讃えることにあった。

　『行状記』に関しては、引用部分にあるように、ムガル帝国の政体や軍の呼称として「ムガル」が用いられている点も注目される。『陳上』では、ムガル帝国は、北インドのムスリム権力を象徴する都市デリーで換喩的に言及されることが多かった。「ムガル」呼称の採用が、ムガル帝国とマイスール王国との関係の変化に関係しているのかはよくわからない。「ムガル」は、「モンゴルを意味する近世ペルシア語の語彙」であるムグル／ムグールに由来し、他者の視点から見たムガル帝国の呼称として帝国成立前後から用いられていたが、ムガル帝国が自らを「ムガル」と称したことはなかったという［真下 2000］。「ムガル」という呼称の広がりと、それに付随していたであろう帝国に対するイメージや評価については、さらなる検討が必要であろう。

　本節で紹介したように、カンナダ語宮廷文学作品には銅板文書中のサンスクリット語頌徳文と異なり、ムガル帝国・皇帝が言及されている。また、マラーター王を共通の敵とするムガル皇帝とマイスール王との同盟的な関係を前提とした記述も見られた。しかし、ムガル皇帝とマイスール王の力関係は、現実のそれを逆転させて、後者が優位に立っているかのように描かれていた。両者間の敵対関係を前提とした記述でも、当然ではあるが、マイスール側の軍事的優勢が強調されていた。マイスール王が従属的な立場からムガル皇帝に協力した

66── 第I部　国家体系とイスラーム共同体

ことは、沈黙によって隠蔽されていると言えよう。

（3）　王国史書

　マイスール王国では 18 世紀以降、王国の歴史をカンナダ語の散文でまとめた文献が編述されるようになった［太田 2024］。そうした王国史書のなかでも、ムガル帝国とマイスール王国との関係が描かれている。ここでは冒頭部分が散逸し、「マイスールの王たち」という仮題がつけられている文献を取り上げる。マイスール王国は 1799 年にイギリス植民地支配下に入り、内政面では一定の自治を認められた藩王国として存続した。植民地化の前後から、先行する王国史書を参照して、新たな王国史書を編述する営みが活発化したが、「マイスールの王たち」もそうした先行文献を参照して編述された文献のひとつである[6]。同書には、マイスール王国とムガル帝国の関係について、以下のような内容の挿話が記されている［MO: 11b-12a］。

　　　チッカ・デーヴァ・ラージャ在位中、将軍クマーライヤが軍を率いて遠征し、ティルチラーパッリを包囲していた際、マラーター部将ジャヤデーヴァ・ガートゥとニンバージー・ガートゥが王国領を急襲し、王都シュリーランガパッタナに迫った。クマーライヤは男子ドッダイヤにマラーター軍撃退を命じて将軍職の権標とともに送り出し、ドッダイヤはマラーター部将を討ち取った。かねてから彼らマラーター部将を破った者に自分の娘を与えて結婚させようと約束していたデリーのパードシャーはこの報せを聞くと、チッカ・デーヴァ・ラージャに礼服（khilattu）や魚紋の旗（mahimarātabu）、礼奏用の楽器（navabattu nagāri）、宝飾品、「ラージャー・ジャガデーヴァ（Rājājagadeva）」などの称号を彫った指輪とともに、獅子王座（siṃhāsana）に着くことを認める勅令（paravāne）、さらに、ドッダイヤへの宝飾品と、彼を自分のもとに送ることを指示する勅令を送った。チッカ・デーヴァ・ラージャがドッダイヤは死んだと嘘を書いて送ると、パードシャーはドッダイヤの剣を取り寄せ、娘をこの武器と結婚させた。娘はドッダイヤの姿を描いた絵を取り寄せ、それを眺めながらデリーで生涯を閉じた。シャカ

---

6)　同書の成立経緯と先行する王国史書との関係については、別稿を予定している。

暦 1623 年ヴィクラマ年（西暦 1700/01 年）、シュリーランガパッタナでチッカ・デーヴァ・ラージャは至宝の獅子王座に登り、デリーにある政府の 18 の役所を模倣して、シュリーランガパッタナに 18 の庁を設けた。

　マラーター部将をマイスール王の将軍が討ち取ったことに始まるこの挿話には、史実が部分的、断片的に反映されているものの、虚構の要素が多く含まれている。王都シュリーランガパッタナに迫ったマラーター軍の撃退は、戦いの場に関する記述から、第 2 節で記したマラーター軍に対するムガル・マイスール連合軍の勝利が下敷きになっていると推定されるが、その時期と勝利の立役者については「史実」の改変が認められる。実際の戦いは 1684 年に起こったが、王国史書では、1682 年に完全な失敗で終わった将軍クマーライヤのタミル出兵中の出来事とされている。また、王国史書では、クマーライヤの男子ドッダイヤが父からマラーター軍撃退を託され、それを成し遂げたとされていた。クマーライヤが生まれたカラレ家[7]の系図には、将軍クマーライヤの子ども四男四女——女子 2 人はチッカ・デーヴァ・ラージャ王妃となった——が記載されているが、ドッダイヤという男子は見られない［KAV: 16b-17a］。将軍クマーライヤにはドッダイヤという男子はいなかった可能性が高い。一方、「マイスールの王たち」以外にも将軍ドッダイヤに言及するマイスール王国関連史料が存在する。そのひとつが、18 世紀前半に成立した王国史書で、同書によれば将軍ドッダイヤの在職期間はチッカ・デーヴァ・ラージャ在位期に重なる［HASA: 105b］。カラレ家の系図にも将軍ドッダイヤが、将軍クマーライヤの男子としてではなく登場するが［KAV: 19b; EC: 3, Nj-24］、18 世紀前半成立の王国史書中に記載がある同名将軍との異同は不明である。実在した「将軍ドッダイヤ」が 1684 年にマラーター軍を撃退した可能性はあるが、クマーライヤの男子ではなかったことだけは確かである。

　ムガル皇帝がマラーター部将を討ち取った者を娘と結婚させようとしたというのが虚構であることは改めて述べるまでもない。アウラングゼーブの娘のひとりゼーブンニサーについては、悲恋にまつわる伝説がよく知られ、彼女が肖

---

7)　カラレ家は、マイスール王家とともに「アラス」というカースト集団の中核を構成し、王国統治の要職を占める有力者家系のひとつであった。アラスについては、太田［2013］を参照のこと。

像画で婿を選ぶ場面を描く伝説もあるという［Sarkar 1989: 90-98］。こうした伝説が挿話の素材として利用されたのかもしれない。なお、「マイスールの王たち」が典拠として参照した先行する王国史書のひとつには皇女が全く登場せず、将軍の肖像画を皇女ではなく皇帝が眺める姿が描かれている［MDPV: 22］。肖像画は、ムガル帝国では重要な政治的、外交的交渉の道具のひとつであり、ムガル皇帝のもとにはラージプート諸侯を含む重臣の肖像画が集められた［Natif 2018: 205-260］。

　皇帝から贈られたとされている権標や称号などの一部は、実際にムガル皇帝から与えられた可能性もあるが、虚構であることがほぼ確実なものも含まれている。そのひとつが「ラージャー・ジャガデーヴァ」の称号である。直訳すると「世界の神〔である〕王」となり、称号を構成する単語は全てサンスクリット語起源で、カンナダ語を含む多くのインド地域語に取り入れられている。すでに述べたように、1684 年のマラーター軍撃破に触れる通信文や 18 世紀に入ってからニザーム政権がマイスール王国から徴収した貢納を記録する文書には、マイスール王が「ジャガデーヴ・ラーオ」、あるいは、「ラージャー・ジャガデーヴ」と記載されているという。チッカ・デーヴァ・ラージャがムガル皇帝から与えられたとされる称号にほぼ対応しているが、これが称号として授受されたものであったかは疑わしい。ラージプート諸侯のひとりであるジャイプル王ジャイ・スィングが授けられた「サワーイー」のように、ムガル皇帝が非ムスリムの従属的支配者に非ペルシア語の称号を与えることはあったが、17 世紀末のマイスール王のように、帝国全体で見れば相対的に支配領域が小規模で、ムガル帝国に臣従して間もない支配者に称号を与えたとは考え難い。また、「ジャガデーヴァ」は称号ではなく、王を含む個人の名前としてしばしば見られるものである。実際、マイスール王国領の東部から東南部を 16 世紀後半から 17 世紀前半まで支配した一族の開祖はジャガデーヴァ・ラージャといい、その子孫も同名を踏襲することがあった。このジャガデーヴァ・ラージャは、16 世紀中頃にヴィジャヤナガラ王に仕えるようになったが、それ以前にはデカン・ムスリム王国の重臣として活躍したこともあり、デカンのムスリム・エリートの間では比較的よく知られた存在であった［Sherwani 1973: 425-433, 444-445］。通信文やニザーム政権の文書でマイスール王が「ジャガデーヴ」と記載されている

第 3 章　近世南アジア支配層の宗教横断的なつながり──69

のは、かつてのジャガデーヴァ・ラージャ一族と支配領域が重なるマイスール王を、その末裔と誤解したことによるのではないかとも考えられる。ムガル帝国関係者の間でマイスール王が「ジャガデーヴ」と誤って呼ばれていることをいわば逆手に取る形で、「ラージャー・ジャガデーヴァ」の称号授受の虚構が生み出された可能性が高い。勿論、これは推測にとどまるが、通信文やニザーム政権文書の記載は、称号授受が実際にあった証拠としては決して万全ではないことを強調しておきたい。なお、「ラージャー・ジャガデーヴァ」を含め、「ジャガデーヴァ」をその一部とする称号を、マイスール王が実際に用いていたことを示す史料は、管見の限りでは存在しない。

　デリーの皇帝と接触した年代が明記されていないが、「18の庁」の設置年代が1700年頃とされているので、接触は1690年代末と想定されているように思われる。「マイスールの王たち」では、年代が明記されていないが1680年代初頭の出来事である将軍クマーライヤのタミル出兵から、マラーター軍の撃退、デリーの皇帝との接触、「18の庁」設置が一連の出来事とされていて、年代的に無理のある叙述と言わざるを得ない。マラーター軍撃退を知った皇帝主導による接触という挿話の骨格部分が虚構であることを示すと考えられる。なお、マイスール王からムガル皇帝への使者派遣は複数回行われていたと推定され、特別な機会に一度だけ行われたかのように記されている点にも王国史書の叙述の虚構性が現れているように思われる。「18の庁」とは、チッカ・デーヴァ・ラージャが行った統治改革により、中央政府として組織された18の部局を指す。この「18の庁」についてムガル帝国の政府に倣ったものと特記されているが、実際のムガル帝国の中央政府機構に「18の庁」との類似性は特に認められない。

　マイスール王国史書が描くムガル皇帝との接触には、虚構の要素が多く含まれていた。この創作された歴史が、マイスール王の地位と権威をめぐる政治的言説としてどのような意味を託されていたのかをここで考えてみたい。近世南インドの支配者一族の歴史書には、武功が政治的上位者に認められ、恩賞を獲得して自らの支配者としての地位を確立・向上させたことを述べる挿話が多く見られる。「マイスールの王たち」の挿話は、ムガル皇帝の敵であるマラーター部将を破ったことに対して、権威を象徴する礼服などの権標や称号をマイス

70—— 第Ⅰ部　国家体系とイスラーム共同体

ール王が恩賞として受け取ったという全体的な構成をもつ。この骨格部分だけ
に注目すれば、上下の権力者間の接触とそれによる下位権力者の地位の確立・
向上という南インドの史書的文献に見られる定型的な主題が表現されていると
も言える。「獅子王座」は、古典的なインドの政体論において、正式に即位し
た正統な王が用いるとされる玉座を指す。獅子王座への着座をムガル皇帝から
許されたという記述は、マイスール王権がムガル皇帝によって正式に認められ、
その地位を確立・向上させたことを含意しているのであろう。ムガル政府に倣
った「18 の庁」の設置という虚構も、ムガル皇帝の権威によってマイスール
王権の正統性を強化するためのものと解釈できる。しかしながら、「マイス
ールの王たち」の記述には、定型的な主題の根幹に関わる接触する当事者間の上
下関係を否定するような要素が見られる点が注目される。第一に、マラーター
部将を討ち取った将軍をムガル皇帝が呼び寄せようとした際、彼が死んだと
「嘘」をついて断ったとされている。「嘘」により、ムガル皇帝とマイスール王
との関係は、上下の主従的なものとは完全には言い難い、対等者間の、対立の
契機をも含むものとして表象されることになる。第二に、ムガル皇女と将軍と
の疑似的結婚である。南アジアにおける政略的結婚は、実際のムガル皇室とラ
ージプート諸王家との縁組がそうであったように、下位者（ラージプート王）の
娘が上位者（ムガル皇帝）と結婚するのが一般的なパターンである。この挿話
では、恩賞や称号を与える点で上位者であるはずのムガル皇帝が、それらを受
け取る下位のマイスール王の将軍に娘を結婚させようとする点で、上下の関係
に捻じれ、転倒があると言える。マイスール側の「嘘」により結婚は実現しな
かったが、ムガル皇帝は娘を将軍の剣と結婚させ、娘は「夫」となった将軍の
肖像画を見ながら、その後の人生を送ったとされる[8]。この疑似的な結婚は、
女性配偶者をムガルから迎えるマイスールの優位性を改めて確定させるものと
言えよう。

　ムガル皇女とその結婚という主題は、マイスール王家の族神として同王国内
の聖地メールコーテ（別名ヤーダヴァギリ）の寺院に祀られているチェルヴァ・
ナーラーヤナ神の神話を連想させる。デリーのムスリム支配者が略奪し王宮に

---

8)　花婿を象徴する剣との結婚という主題は、マイスール王国史とは関係ない南インドの詩文学や
　説話にも見られる［Rao et al. 1992: 132］。

持ち帰った同神像に魅了された支配者の娘が、寺院に戻されることになった神像の後を追いすがり、最後にはメールコーテで女神として祀られたというこの神話の類話は、シュリー・ヴァイシュナヴァ派と所縁の深い南インドの大寺院の主神を主人公として複数存在するという［Dutta 2003］。こうした神話的伝承について、「象徴的な意味で、イスラーム教徒をも〔ヒンドゥー教の〕神の宗主権に従わせる」ものであるという指摘もある［Younger 1982: 636］。マイスールの将軍とムガル皇女との結婚という伝説的歴史にも、マイスール王権にムガル皇族が従属するという主張を読み取ることが可能であろう[9]。

　「マイスールの王たち」が描く王国史のなかで、ムガル皇帝とマイスール王の接触は、後者の権威と地位が確認される重要な機会であった。マイスール王権の正統性を保証するムガル皇帝は基本的に肯定的な存在として登場する一方、ムガル皇帝に対するマイスール王の臣従を否定するような要素が叙述に織り込まれ、両者の上下関係は曖昧化された。こうした虚構的な歴史が創作された過程について具体的なことは不明だが、虚構であるからこそそこに、マイスール王国指導層がムガル皇帝とマイスール王との関係をどのように規定しようとしていたのかが直截に反映されていると言えよう[10]。

おわりに——パッチワークとしての帝国

　17世紀後半、マラーター勢力とムガル帝国の抗争が南インドに拡大するなか、マイスール王チッカ・デーヴァ・ラージャはムガル帝国と結び、かねて敵対関係にあったマラーター勢力に対抗する道を選んだ。同王時代の銅板文書中の頌徳文や宮廷文学作品では、マラーター軍との戦いが大きく取り上げられ、マラーターの将兵はヒンドゥー教的な世界観のなかで悪の権化とされる羅刹に擬え

---

9)　あるラージプート王家のデリー・スルタン朝に対する戦いを描く文学や歴史にも、王家の男子とスルタンの娘との結婚が描かれているという［Sreenivasan 2004: 103-105］。強大なムスリム権力に対するヒンドゥー王権の抵抗を題材とする語りにおいて、ムスリム支配者の娘との結婚は、戦場での勝利とは異なる形の勝利を象徴する定型的な主題であったのかもしれない。

10)　「マイスールの王たち」において、マラーター軍を撃退し、ムガル皇女と象徴的に結婚した英雄として、クマーライヤの男子であるドッダイヤという架空の人物が設定された事情はよくわからない。

72 —— 第Ⅰ部　国家体系とイスラーム共同体

られた。17世紀中頃のカンティーラヴァ・ナラサ・ラージャ時代には、マイスール王国と敵対したデカン・ムスリム王国の将兵が羅利に擬えられていたが、チッカ・デーヴァ・ラージャ時代のテキストのなかで、ムガル帝国、さらには、デカン・ムスリム諸王国の将兵が羅利に擬えられることはなかった。彼らの非ヒンドゥーとしての属性は侮蔑的な「ムレーッチャ」の語彙ではなく価値中立的な「ヤヴァナ」の語彙で表現された。羅利化の言説は敵の宗教には関わりなく、その時々の最も手強い敵に向けられるものであった。

　マラーター勢力との敵対関係を前景化したマイスール王国の政治的言説のなかで、ムガルは、マラーターには軍事的に敵わないものの、マラーターと同盟するデカン・ムスリム諸王国の討滅を任せることができる、マイスールにとっては対等以下の同盟者的存在として表象されていた。マイスール王国はムガル帝国と実際に同盟的関係にあり、ムガルの強大さと自らの従属的な立場は充分に認識していたはずであるが、そうした認識がマイスール王権のもとで作成された銅板文書や宮廷文学のテキストに反映されることはなかった。17世紀中頃から、完全に独立した宗主王としての地位を主張していたマイスール王にとって、ムガル皇帝への従属は公けには認め難かったと推測されるが、ムガル皇帝との関係について沈黙して曖昧に済ますのではなく、ムガル皇帝を自らと同等かそれ以下に置く言説を生成させた点が目を引く。そうした言説がムガルとの同盟的関係を損ないかねないものであるという認識があったようには思われない。

　このようにムガル帝国と同盟的関係にありながら、その皇帝の権威を無視、あるいは、軽視するような言説の生成は、関係をもってまだ日が浅かった17世紀末のマイスール王国で例外的に見られた事象なのだろうか。ここでラージプート王の例を参考として取り上げたい。ブーンディーのラーオ・スルジャンは、比較的早くにムガル皇帝アクバルに臣従したラージプート諸侯のひとりとして、ムガル帝国内で栄達を遂げた。彼と先祖の事績を讃える詩文学作品『スルジャナ行状記』が述作されたが、興味深いことに、同書は、ムガル帝国のマンサブダールとしての彼の活躍についてほとんど語らず、寄進や慈善を含む宗教活動に傾注する古典的なヒンドゥー王として彼を描き出しているという。同書を分析したタルボットは、そうした内容・構成に、同書の作者が抱いていた

第3章　近世南アジア支配層の宗教横断的なつながり ── 73

「スルジャンのムガル帝国への臣従という現実に対する居心地の悪さ（discom-fort）」の現れを見ている［Talbot 2012: 357］。非ムスリムの支配者がムガル皇帝の帝国的秩序に参画することに実利面にとどまらない理念的な価値を見出し、参画を積極的に正当化できるイデオロギーが充分には発達していなかったようすがうかがわれる。ムガル皇帝を蔑ろにしてしまう言説は、皇帝に仕えるマンサブダールとしての栄達を事績と見なさない『スルジャナ行状記』のようなものまで含めれば、マイスール王に限らず各地の従属的な現地支配者のもとで少なくない数が生成されたと推測される。

　ムガル帝国に関しては、非ムスリムを体制内に積極的に取り込み、「普遍的和解」（スルヒ・クッル）の理念のもとに宗教的な融和政策を推進したことがよく知られている。しかし、チャンドラは、アクバルが既存宗教の違いを超えた真理探究のために組織した「神の宗教」（ディーニ（あるいはタウヒーディ）・イラーヒー）への「入信」を、当時、最有力のラージプート諸侯のひとりであったアーンベールのマーン・スィングが拒否したことを挙げて、ムガル皇帝のもとでのムスリム・非ムスリムの統合が少なくとも理念的、イデオロギー的には不十分にとどまったことを指摘している［Chandra 1993: 101-103］。『スルジャナ行状記』から浮かび上がるムガル皇帝の非ムスリムに対するイデオロギー的、理念的な面での訴求力の弱さは、チャンドラの指摘と符合する。ムスリムと非ムスリムの要素を含むという意味で混淆的、融和的であり、ムスリムと非ムスリムがひとしく受容できるという意味で一元的なイデオロギーの発展は限定的であった可能性が高い。ムガル帝国は少なくともイデオロギー的な側面では凝集力と統制力が弱く、結果として、多様な政治的言説の並存が黙認されたと言えるかもしれない。最盛期のムガル帝国の統治について、一元的で集権的な組織がカーペットのように帝国全体を覆っていたというよりも、雑多で、相互のつながりが充分とは言えない局所的な仕組みがパッチワークのように寄せ集められていたのではないかという議論がある［Alam and Subrahmanyam 1998］。この比喩を流用するならば、帝国全体を一律に覆うカーペット的な理念・イデオロギーは薄弱で、全体を構成する諸部分がそれぞれに自己の存在を正当化する理念・イデオロギーのパッチワーク状態であったと言えるかもしれない。

　マイスール王国史書のなかで、ムガル帝権とマイスール王権の関係は敵対的

ではないが、上下の主従関係とも異なる曖昧で両義的なものとして描かれていた。マイスール王権が逆に上位に位置するという解釈を促すような要素も含まれていた。ムガル皇帝と非ムスリムの主従関係を正当化する強力な理念が不在のなかで、マイスール王権は自らの宗主王権としての地位と威信を損なうことなくムガル帝権との関係を描くことが可能であったし、必要であったとも言える[11]。

参考文献

AViCa: *Apratimavīra Caritaṃ*, 2nd and rev. (ed.), 1931, Ji. Narasiṃhācār and Ma. Ā. Rāmānujaiyyaṃgār (eds.), Maisūru.

CiBi: *Cikadēvarāya Binnapaṃ*, 1890, M. A. Ramanuja Iyengar (ed.), Maisūru: Sadvidyāmaṃdira Mudrāśāle.

EC: *Epigraphia Carnatica*, rev. (ed.), 1972–, vols. 1–, Mysore: Institute of Kannada Studies, University of Mysore.

HASA: "Historical Account of the Succession and Acquisitions of the Mysore Family to 1712 A. D. Translated from the Original Canara in 1803 by C: Luchman Bramin Interpreter to Captain C: Mackenzie Superintendant of the Mysore Survey," London: The British Library, Add. 13660, 95–113.

KAV: "Kaḷale Arasugaḷa Vaṃśāvaḷi," Maisūru: Kuveṃpu Kannaḍa Adhyayana Saṃsthe, Maisūru Viśvavidyālaya, Ms. No. K. B. 424.

MDPV: "Maisūru Dhoregaḷa Pūrvavaṃśābhyudaya Vivara," Maisūru: Kuveṃpu Kannaḍa Adhyayana Saṃsthe, Maisūru Viśvavidyālaya, Ms. No. K. A. 273.

MO: "Maisūru Oḍeyaru," Maisūru: Kuveṃpu Kannaḍa Adhyayana Saṃsthe, Maisūru Viśvavidyālaya, Ms. No. K. B. 530.

太田信宏 2013「マイソール王国におけるプラブ——近世南インド国家と領主的権力」『アジア・アフリカ言語文化研究』86: 81–113.

―― 2019「南インド宮廷文学にみるムスリム表象」『歴史評論』826: 43–55.

―― 2024「近世南インドのマイスール王国における歴史記述——ふたつの王国史書

---

11) ムガル皇帝との関係を描くマイスール王国関連史料は、地域語であるカンナダ語で書かれていた。一方、汎地域的な普遍語であり、ムガル帝国指導層も接する機会があったサンスクリット語を用いた銅板文書中の頌徳文には、ムガル皇帝への言及が見られなかった。ムガル帝国の覇権下で、ヒンドゥー支配者が独自の立場から同皇帝との関係を規定する政治的言説の生成が可能であった条件として、南アジアの言語的多様性も重要であろう。

の紹介と分析」『アジア・アフリカ言語文化研究』107: 21-50.

真下裕之 2000「16 世紀前半北インドの Muġul について」『東方学報』72: 738-720.

Alam, Muzaffar, and Sanjay Subrahmanyam. 1998 "Introduction," Muzaffar Alam and Sanjay Subrahmanyam (eds.), *The Mughal State, 1526-1750*, Delhi: Oxford University Press.

Chandra, Satish. 1993 *Mughal Religious Policies, the Rajputs and the Deccan*, New Delhi: Vikas Publishing House.

Dutta, Ranjeeta. 2003 "The Politics of Religious Identity: A Muslim Goddess in the Srivaiṣṇava Community of South India," *Studies in History* 19-2: 157-184.

Gokhale, Kamal. 1978 *Chhatrapati Sambhaji*, Poona: Navakamal Publications.

Gommans, Jos. 2002 *Mughal Warfare: Indian Frontiers and Highroads to Empire, 1500-1700*, London: Routledge.

Manucci, Niccolao. 1981 *Storia do Mogor, or, Mogul India, 1653-1708*, vol. 4, William Irvine (tr.), New Delhi: Oriental Books Reprint.

Muddachari, B. 1969 *The Mysore-Maratha Relations in the 17th Century*, Mysore: Prasārānga, University of Mysore.

Natif, Mika. 2018 *Mughal Orientalism: Artistic Encounters between Europe and Asia at the Courts of India, 1580-1630*, Leiden: Brill.

Nayeem, M. A. 1985 *Mughal Administration of Deccan under Nizamul Mulk Asaf Jah, 1720-48 A. D.*, Bombay: Jaico Publishing House.

Rao, C. Hayavadana. 1943 *History of Mysore (1399-1799 A. D.)*, vol. 1, Bangalore: The Government Press.

Rao, Velcheru Narayana, David Shulman, and Sanjay Subrahmanyam. 1992 *Symbols of Substance: Court and State in Nāyaka Period Tamilnadu*, Delhi: Oxford University Press.

Sardesai, Govind Sakharam. 1986(1946) *New History of the Marathas*, vol. 1: Shivaji and his Line 1600-1707, New Delhi: Munshiram Manoharlal Publishers.

Sarkar, Jadunath. 1930-52 *History of Aurangzib: Based on Original Sources*, vols. 4-5, 2nd ed., Bombay: Orient Longman.

―――. 1989(1933) *Studies in Aurangzib's Reign*, 3rd ed., Calcutta: Orient Longman.

Sarkar, Jagadish Narayan. 1984 *Mughal Polity*, Delhi: Idarah-i Adabiyat-i Delli.

Sherwani, H. K. (ed.), 1973 *History of Medieval Deccan, 1295-1724*, vol. 1, Hyderabad: The Government of Andhra Pradesh.

Sreenivasan, Ramya. 2004 "The 'Marriage' of 'Hindu' and 'Turak': Medieval Rajput Histories of Jalor," *The Medieval History Jounal* 7-1: 87-108.

Talbot, Cynthia. 2012 "Justifying Defeat: A Rajput Perspective on the Age of Akbar," *Journal of the Economic and Social History of the Orient* 55: 329-368.

Younger, Paul. 1982 "Ten Days of Wandering and Romance with Lord Raṅkanātaṇ: The Paṅkuṇi Festival in Śrīraṅkam Temple, South India," *Modern Asian Studies* 16-4: 623-656.

第4章 近代オスマン法学と立憲的カリフ制

藤波伸嘉

はじめに

　いわゆる「イスラム国」によるその「再興」を一つの契機に、カリフ制に対する関心は高まった。しばしば神権政の極致とされ「イスラーム的」統治に不可欠とみなされるカリフ制だが、実際には預言者ムハンマドに続く正統カリフの時代からウマイヤ朝を経てアッバース朝に至るまで、信徒の長の地位も役割も称号も決して固定的でも静態的でもなく、政治的、法的、宗教的、そして神秘主義的など、その理解や正当化をめぐりさまざまな転回が生じた[1]。やがてカリフ位を主張したオスマン朝の下でも、外敵との対峙の文脈でその普遍性を強調する立場もあれば、逆に一種の「平和共存」のため、複数の権威の存在を許容する理論が構築されもした。だが1774年のキュチュク・カイナルジャ条約が転機となる。同条約はオスマン君主が自領外となるクリミアで「政治的」権力を持つことを否定しつつ、そこへのカリフの「宗教的」権威は認めた［Veinstein 2006; 2022; Casale 2015; Buzpınar 2016: 41-57; Güngörürler 2021］。以後、「東方問題」の枠組みの下、大宰相府の実効統治から離れ新たな政体が樹立された地域では、ムスリム住民に対するカリフの「宗教的」権威と在地の「政治的」法制との関係の整理が喫緊の課題となる［Račius and Zhelyazkova 2018: part 1; Fujinami 2021］。そして、タンズィマートと称される一連の改革政治を経て1876年に発布され

1）イスラームの国家と王権の概観として、佐藤［2004］、近藤［2023］を参照。最近のカリフ研究には、亀谷［2008］、Kennedy［2016］、Yılmaz［2018］、Yücesoy［2023］、Cardoso［2023］などがある。

たオスマン帝国憲法は、「オスマンの至高なる君主権はイスラームの偉大なるカリフ位を有し」（第3条）、「皇帝陛下は、カリフ位によりイスラーム教の守護者であり、全オスマン臣民の元首にして皇帝である」（第4条）と定式化する。このように「長い19世紀」のカリフは、オスマン国制のなかに公式に位置づけられながら、帝国の内外、政治と宗教、国際法と国内法の交錯する領域で、近代法上の制度として整序されつつあった［藤波 2023a］。

　ただし、異なる由緒を持つ多様な正統性を身にまとったオスマン君主の呼称として最も広く用いられた語はペルシア語由来のトルコ語「パーディシャー」であって、「スルタン」でも「カリフ」でもない［藤波 2023b］。オスマン王権の内訳として、「スルタン」は「政治的」な王で「カリフ」は「宗教的」な長だとする通俗的な二元論は、実態に即しているとは言い難い。だが他方で、オスマン君主が「イスラーム的」な政体の長としてのカリフであること自体は衆目の一致するところだった。そこで本章では、当事者たるオスマン人が自らの国制を論ずるに際し、カリフの権限やその根拠が法的にどのように評価され、それが「政治的」領域における主権とどのような関係にあるものとして定義づけられたのかという点に着目する。

　従来こうした問題が主題的に論じられることは少なかった。その第一の要因として、近代のカリフ制を研究する者の多くがアブデュルハミト2世の治世（1876-1909年）、すなわち「ハミト期」に関心を集中させ、対外政策としての「汎イスラーム主義」やそれに対するイギリス帝国主義の道具としての「アラブ人カリフ論」は詳細に分析した一方、憲法発布後の第一次立憲政を早々に葬った専制君主たるカリフの国内法上の地位はそれほど論ずるに値するものだとは考えなかったことが挙げられよう。第二に、カリフ制の論者の多くは「イスラーム法」を重視するため、その対極と想定される近代法の視点からの議論は行なわれにくかったことも挙げられる[2]。しかし独立した主権国家たるオスマン帝国においては、近代的な法制度の整備や運用が自律的かつ主体的に行なわれたのであって［Kaynar 2021］、ムスリム法学者が国内法上の一制度としての

---

[2]　近代のカリフ制に関する最近の研究として、Ardıç［2012］、Buzpınar［2016］、Kurşun［2022］を挙げておく。カリフ制をめぐる研究動向の紹介としては、Yücesoy［2016］、Ardıç［2017］がある。

カリフ制をどう定義したかという問題は、近代法とイスラームの相互関係を考える上で、重要な論点であることを失わない。

　本章は以上の問題関心に基づき、まず20世紀転換期のオスマン人法学者によるカリフの位置づけを確認した上で、1909年の憲法改正から1924年のカリフ制廃止に至る時期のカリフ論を取り上げ、法思想と現実政治の連関を考察する。この作業を通じて、カリフ制の立憲主義的転回あるいは立憲的カリフ制の内実について、その今日的な意義も念頭に置きながら論じたい。

1　近代オスマン法学

　ハミト期は近代法の教育が整備されオスマン人法学者の育成が進んだ時代である。その主要な舞台となったのは帝都に開設された行政学院と法学校だが、そのなかで最も影響力を有した教員の一人がイブラヒム・ハック（1863-1918年）だった。国際法国内法双方に加え普遍史やオスマン史の講義も担当した彼は、宮廷の翻訳官から法務顧問に転じた人物でもあり、常設仲裁裁判所の裁判官として登録された人物でもあり、1908年の青年トルコ革命後には、内相から駐伊大使を経て官界の最高位、大宰相にまで上り詰める人物でもあった。

　その彼の教科書『行政法』によれば、「ギュルハネ勅令以降、時に応じて発布された勅令により我が国の基本組織は定められてきた」が、「我が国法」を体現するこれらの勅令は、1876年に「新たな制度を盛り込んで発布された法律の条規により」補完されたとされる。この「法律」とは憲法典にほかならず、イブラヒム・ハックはしばしばヒジュラ暦での発布年を用いた「1293年法」という表現で憲法に言及する。市民的自由の解説に際しても権力分立の説明においても、彼が依拠するのは憲法の条文である［İbrahim Hakkı 1307: 9-10, 19-52, 62-72; 1319: 47-48］。こうした講義が、議会を停会し憲法を凍結した専制君主の下で行なわれていたことに鑑みれば、その内実の革命性が理解されよう。なお、以上の議論にも示されているように、当時のオスマン人は国家の統治機構を定める根本法規や基本法をトルコ語でkanun-ı esasiと表現する一方、国家組織に関わる公法秩序全般についてはこれをhukuk-ı esasiyeと称して、両者を区別していた。前者はオスマン帝国憲法に限らず個別の憲法典全般を意味するのに対

し、後者は特定の憲法典に限定されない一国の根本規範に関わる学理一般を指す。「不磨の大典」の逐条解釈という呪縛から解放されるための知的営為として「国法学」が機能した明治以来の日本語圏の文脈も勘案し、本章では前者を「憲法」、後者を「国法」と訳している。実際、その政治的含意もあってハミト期後半には「国法」や「憲法」を冠する講座の設置は認められなかったが、イブラヒム・ハックはその「行政法」講義で、事実上の「国法」講義を行なっていたのである[3]。

　もちろんイブラヒム・ハックも統治権は君主に属し彼はカリフでもあること、イスラームは国法の源の一つであることに触れてはいる。しかし彼の法学講義においてカリフの神聖性がことさらに強調されることはない。それどころか彼の『国際法入門』では、オスマン君主の国法上の地位が、共和政における議会のそれと同列に扱われる［İbrahim Hakkı 1303: 42-44］。一方、彼がイスラームの美点として挙げるのは、その教説自体の真正性というよりはむしろ他宗教に対するその「寛容」であって、信教の自由とそれを保障すべき宗務行政の文脈で、国教たるイスラームが他の公認宗教の実践を損なうことがないという「公正と衡平」が、他の列強諸国との比較の上で自賛されている［İbrahim Hakkı 1307: 18-19, 50-62, 313］。「汎イスラーム主義」に基づきカリフ権が宣揚され、初等教育ではカリフを国民統合の儀表とする愛国心の涵養が要求されたとされる専制政治の時代にあって、法や行政を専門とする高等教育機関においては、君主の脱権威化が進み、法の支配の必要が講ぜられ、国教としてのイスラームは他の公認宗教との関係で評価されていたのである。

　イブラヒム・ハックの法思想は孤立した事象ではない。彼の授業は次世代を担う行政官、法曹、そして革命家を生み出した。彼の教え子の多く（そのうちの何人かが後に統一派、すなわち青年トルコ革命を主導した統一進歩協会の主流派を形成する）が、専制の閉塞した空気のなかでイブラヒム・ハックの自由主義的な講義が及ぼした影響の大きさを語っている[4]。実際、法学校の講義録として公

---

3)　hukuk の語の「法」の意味での用法自体が比較的新しく、トルコ語「国法」も近代法学に基づく新たな概念である。なお『行政法』の初版と第2版とのあいだには、全体の構成や論及対象の点で少なからぬ相違がある。本章では立ち入れないが、この点については Fujinami [forthcoming] を参照。ここでは基本的に初版に依拠した議論を行なっている。

80 —— 第Ⅰ部　国家体系とイスラーム共同体

刊されトルコ語による初の本格的な国際法学書として親しまれたハサン・フェフミ（1836-1910 年）『国際法概説』が密告の結果として発禁処分を受けたことが示すように［藤波 2015a］、イブラヒム・ハックの講義も政治的な安全地帯で行なわれていたわけではないし、学生もそれは理解していた。だからこそ、立憲革命を主導した新世代の知識人が、専制君主に仕える法務顧問だったイブラヒム・ハックを、悪しき前代の手先としてではなく、自由主義の先駆者として評価するという事態も生じた。アブデュルハミトの専制を打破し憲法と議会を復活させた 1908 年の青年トルコ革命以降、オスマン帝国では急速に立憲主義の正統性が浸透するが、その背景には、こうした法学教育の蓄積が存在した。しかも革命後まもなく行政学院や法学校の教授陣や講義科目は一新され（法学校は大学法学部に改組される）、新設された国法その他の講義を担当した新世代の法学者たちは、前世代の達成をふまえつつ、国民主権と立憲主義の正統性を前提とする新たな法思想を公にしていく。カリフ制の立憲主義的転回もそこから生じた。以下、新時代のオスマン人法学者の議論を紹介すべく、1875 年前後生まれ、すなわち青年トルコ運動の中心的世代に属した 3 人の講義録を検討していきたい。

　一人目はアフメト・シュアユプ（1876-1910 年）である。一般には文芸や社会学の分野での活躍で知られる彼だが、イブラヒム・ハックの愛弟子としてのシュアユプは師の授業を代講し、やがて自ら法学校の正規の教員となる。社会学に傾倒したシュアユプは、人間本性に発する宗教は一片の法令で改廃できるものではないと説く一方で、社会の進歩を重視し国家機構や法律の整備を求める。そこで彼は進歩のための諸宗教の善用を求め、その実践としての宗務行政を論じた。その彼にとって、イスラームを国教とするのも元首たる皇　帝がカリフを兼ねるのも、何ら信教の自由には反しない。彼によれば、「特に権威ある地位にある人々[5]」すなわちカリフの地位は「協議、民の合　意、条件付きの忠誠の誓い」に基づいており、その行為の是非善悪は国民が判断し得る以上、その外交上の有益さに鑑みて、カリフ制は保持すべきなのだった。こうした功

4）　例えば Tengirşenk［1981: 84-85］、Menteşe［1986: 140-142］、Cavid Bey［2015: 522-523］などを参照。

5）　「特に権威ある地位にある人々」の概念については、Türcan［2012］を参照。

利主義的なカリフ論を示すシュアユプはさらに、イスラームに聖職者は存在しないため国家によるイスラーム統制が教義上の問題を引き起こすことはないとして、シェイヒュルイスラーム（聖法解釈の最高権威にして内閣の一員でもあった）に対する議会の統制も支持していた [Şuayıp 1325: 433-435, 450-452; 1329: 48-58]。

　二人目はババンザーデ・イスマイル・ハック（1876-1913 年）である。クルディスタンの名望家出身であり、バグダード選出の代議院議員となり、やがて短期ながら公教育相にもなる彼は、近代法の観点から最も体系的にカリフ制を論じた人物である [藤波 2015b]。その彼は行政学院の講義録『国法』で、民と法学者が是認する限り、イスラームはあらゆる統治形態と両立可能だと説く [Babanzade 1329: 72]。王侯の権利と同様に、国民代表による立法も最終的には神の意志による以上、後者が前者を制限することは可能である。もはや神授王権を信ずる者はおらず、「民衆の主権は良かれ悪しかれ原則であると考えられて」いる今日、君主は国家の一機関に過ぎず、故に主権的な国民が君主の地位を定めるのであって、その逆ではない [Babanzade 1329: 138-141, 464-470]。イスマイル・ハックによれば、国民主権は 1908 年の革命を通じて実力で獲得されたのであり、代議院は 1909 年の憲法改正に際して事実上の制憲議会として振る舞った。1909 年改正憲法は事実上、主権的な国民と君主とのあいだの協約である。以上を前提として彼は、カリフ制は国民主権と君主位との両立を西欧の事例以上に円滑化する制度だと主張する。現君主メフメト 5 世（在位 1909-18 年）即位時に国民代表たる代議院議員が自発的に忠誠の誓いを行なったことがその例証とされるが、この際、忠誠の誓いとはすなわち「憲法の枠内での拘束的委任」だと捉え直される [Babanzade 1329: 46-50]。イスマイル・ハックはさらに、正統カリフの時代の忠誠の誓いも「選挙と委任」、一種の「普通選挙」にほかならないと説いた上で、カリフ制はイスラームに本質的に内在するのではなく、現世的な必要に応じて後から創出された制度だと主張する [Babanzade 1329: 70-86]。そしてイスマイル・ハックにとり、オスマン君主がカリフを兼ねるのは何ら特殊ではなく、聖俗両権を兼ねる西欧の諸君主と同列で論じられる事象なのだった [Babanzade 1329: 546-547]。

　三人目はジェラーレッティン・アーリフ（1875-1928 年）である。上記の二人とは異なり、彼は政治的には統一派から距離を置いたが、行政学院や法学校で

仏英米憲法小史や国法を講じた彼の法思想が、統一派寄りの法学者のそれと大きく異なるわけではない。ジェラーレッティン・アーリフも 1909 年改正憲法以降のオスマン帝国は議会制であり、忠誠の誓いは主権的な国民とカリフとの協約だと考える [Celalettin Arif 1325a: 47-48; 1325b: 3-16]。ただしこの際、国家の諸機能の分立を通じた抑制的な権力行使を求める彼は、国家の諸機関の協同を重視し、それ故に例えば、立法に際しても君主と議会の協同という側面を重視する [Celalettin Arif 1325a: 84-87, 125-134][6]。というのも、個人の権利や社会の連帯の帰結として国家形成を位置づけるジェラーレッティン・アーリフからすれば、理論的には法や権利を護る場合にのみ国家は正統性を有するが、現実には国家はしばしば専制化するからである。しかもこの点で民主政も神権政も大差がない。前者において単なる多数派が国民の意志を僭称するとすれば、後者において君主は神の意志を僭称する [Celalettin Arif 1325a: 4-33, 145-149]。したがって、議会の暴走を防ぎ法秩序の安定に資する制度だという点に、国民主権に基づく立憲君主としてのカリフの意義はある。

このように国民主権と立憲主義の正統性を前提とする 1908 年以降のオスマン人法学者は、オスマン朝カリフのみならず、正統カリフの地位や役割も近代法の視座から再解釈した。その結果、イスラームは国家の宗務行政の対象となり、国家の一機関としての君主の権限は国民の主権的な意志に従属し、カリフの権威は、国民の権利や利益を損なわない限りで、その政治的ないし社会的な有用性の故に評価される。こうしたなか、彼らがその実現に関与し、また議論の前提ともした 1909 年改正憲法は、「オスマンの至高なる君主権はイスラームの偉大なるカリフ位を有」するとしつつ、「皇帝陛下は、即位時に帝国議会において、議会が開会していない場合には［開会後］最初の会議で、尊き聖法及び憲法の規定の尊重並びに祖国及び国民に対する忠誠を宣誓する」と定めていた（修正第 3 条）。カリフ位を有する君主を国民主権の下位に置いた上で憲法への忠誠を求める立憲的カリフ制は、この条文に凝縮されていると言えるだろう。

---

6) なおジェラーレッティン・アーリフの 1909 年改正憲法評価は初版から第 3 版にかけて微妙に変化している。本章では立ち入れないが、この点については［藤波 2025］を参照。ここでは基本的に初版に依拠した議論を行なっている。

2 立憲君主の再イスラーム化？

1909 年の憲法改正は国民主権の名の下に議会の権限を大幅に拡張した。だが青年トルコ知識人の多大な期待を受けて 1910 年 1 月に組閣したイブラヒム・ハックが翌 11 年 9 月の伊土戦争勃発を受けて退陣すると、その責任を問う反統一派の勢いが増すなか、守勢に回った統一派は起死回生の策として議会解散を考える。だが憲法の修正第 35 条は議会解散に極めて厳しい制約を課していたため、統一派は 1911 年末に再度の憲法改正を提案した。統一派を代表する形で議会や新聞で論陣を張ったイスマイル・ハックによれば、革命直後の多幸感のなかで拙速に行なわれ立法府に過大な権力を与えた 1909 年の憲法改正は一人の専制君主に代えて 300 人の議員の専制をもたらすだけに終わったが、君主の議会解散権は権力均衡に資すのであって、したがって国民主権にも有用なのだとされる [*Tanin* no. 1179: 1; MMZC i/4/32: 672-680; i/4/33: 691-695]。この言にも明らかなように、元来ここにカリフ制の問題はなく、元公教育相イスマイル・ハック、元財務相ジャーヴィト（1875-1926 年）、ワクフ相ウルギュプリュ・ハイリ（1866-1922 年）など、イブラヒム・ハックの教え子にしてその閣僚だった人々が、憲法改正や権力均衡という国法上の課題に関して、カリフ制が実質的な意味を持つと考えていた形跡はない [Cavid Bey 2014: 206-221; Ürgüplü 2015: 36-64]。しかし後継として統一派が担いだ老練の大宰相サイト・パシャ（1838-1914 年）は、憲法改正の必要を説くに当たり、「三億のムスリムの代表」たるカリフの権限が一議員に劣るようでよいのかと反統一派議員を挑発する [MMZC i/4/31: 650]。この発言を機にカリフ論が活性化した。

反統一派側はカリフを政争の具とすることを批判する。ある議員は、アブデュルハミトもカリフだったことに触れ、安易な君主大権の拡張に警鐘を鳴らした [MMZC i/4/35: 747]。著名なイスラーム主義雑誌の編集主幹にして代議院議員でもあったウラマー、ムスタファ・サブリ（1869-1954 年）も、事の本質は立法執行両権の関係であるにもかかわらず不用意にカリフに言及したとして、統一派の不誠実を論難した。彼は、1909 年改正憲法は聖法に適合的だし、憲法上、皇帝は立法執行両権を分有しているのであって、過度の君主大権はかえっ

84—— 第Ⅰ部　国家体系とイスラーム共同体

て権力均衡を損ない、国民の利益に反すると説く［MMZC i/4/36: 775-784; i/4/37: 785-792］。ただし恐らくはムスリム大衆を刺激することを恐れて、彼はカリフ制そのものを論ずることには消極的だった。まさにその点を突いたのが、統一派に属する司法官僚にしてサロニカ法学校でフィクフすなわち「イスラーム法学」を講じてもいた人物、オメル・リュトフィ（1864-1934年）である。小冊子『イスラームの観点におけるカリフ制』で彼は、ムスタファ・サブリはウラマーでありながらカリフ制というムスリムにとって最重要の事柄の検討を回避したと非難する。そこでオメル・リュトフィは「特に権威ある地位にある人々」すなわちカリフの聖法上の地位について長々と論ずるが、その主張は国法学者たちのカリフ論の劣化版に過ぎず、彼の議論は、カリフは議会解散権を有するべきだがそれを抑制的に行使することが望まれるという、いささか凡庸な結論に留まっている［Salman 1330］。

　実は1909年の憲法改正は、聖法と議会制定法の両立を明文で謳い（修正第3、10、118条）、シェイヒュルイスラームの地位を向上させるなど（修正第7、29条）、憲法とイスラームの調和を強く意識していた［藤波 2015c］。その背景に、憲法改正に先立って生じた「イスラーム的」反革命、「三月三十一日事件」の影を見るのも的外れではないだろう。聖法を求める「無知」な「大衆」が「西洋かぶれ」の立憲派を標的とするのを目の当たりにした4か月後、憲法改正に際して「聖法に則した立憲政」を標榜するのは、立憲政支持を続けた高位ウラマーが、新体制から疎外されたムスリム大衆や低位ウラマーを宣撫するための手段の一つでもあった［Gunasti 2016］。実際、1909年の憲法改正が君主大権の制限や議会権限の拡張を進めたのは先述の通りであって、表面的な国制の「再イスラーム化」は、必ずしも立憲主義の後退やイスラーム主義の伸長を意味しない。それはこのかんのカリフ論の展開からも明らかである。君主大権の拡張を批判するウラマーも彼を相手取って「イスラームの観点」からカリフ権の拡張を求めるフィクフ教員も、共通して立憲主義的な権力均衡を議論の主眼としており、「イスラーム的」な言説による正統性の確保は従の位置を占める。そしてサイト・パシャ内閣による議会解散後、統一派が大多数を占めた新議会における再度の憲法改正審議では、もはやカリフ制が争点となることはない[7]。以上を要するに、カリフへの言及が政争の具の域を超えることはなかった一方で、カリ

フの権威は「宗教的」領域に限定されるという理解も決して一般的ではなく、カリフは議会解散権を持つという主張自体は何ら異様なものとは思われていなかった。換言すれば、カリフ制は「政治的」な権力か「宗教的」な権威かという択一的な議論は、当時の発想には即さない。さらに言い方を変えれば、「政治的」領域における皇^{パーディシャー}帝の権限行使をカリフとしての行為から峻別するという発想は、当時のオスマン人には乏しかった。

　こうした点は、啓蒙的ないし教育的な見地から行なわれたカリフ論にも共通する。例えば、ババンザーデ・イスマイル・ハックの父、ムスタファ・ジフニ（1850?-1929 年）が『イスラームにおけるカリフ制』と題する小冊子で行なうのは、立憲主義はイスラームに適合することの確認である［Mustafa Zihni 1327］。行政学院、法学校、ガラタサライ校の教員を歴任したメフメト・フェフミ（1864-1943 年）も、行政学院の講義録『イスラーム法哲学』で、「尊き聖法に適合する形で定められた立憲政の意義を知り、議会における代表たる議員たちの堅忍と成功を祈願する」よう国民に求める［Ülgener 1329: 67-68］。彼によれば、「イスラームの観点において政府が立憲政であることは疑いない。なぜならムスリムは元首を自ら選任し、カリフが国民に対してではなく、国民がカリフに対して主権を持つからである」［Ülgener 1329: 51］。一貫してウラマーとしての道を歩んだフェフミだが、こと立憲君主としてのカリフに関する限り、彼の主張は国法学者の議論とほとんど異なるところがない。青年トルコ革命前後には「イスラーム的」教育機関にも近代法の授業が導入されており、「近代的」法学者と「イスラーム的」ウラマーとの隔たりは、教育上も実務上も、それほど大きくなくなっていた［秋葉 2012; Akiba 2021］。立憲主義とイスラームの両立の是非自体が争点となったハミト期以前とは異なって、立憲政に基づくイスラームの近代化ないし文明化は 20 世紀転換期のオスマン帝国に定着した基本的価値観だったのであり［新井 2013: 54-82］、カリフ制の立憲主義的転回は、高等教育を受けた知識人のあいだで広汎な支持を得ていた。だが、「選挙と委任」の結果として国家の一機関に据えられたカリフを主権的な国民の意志に従属させる政体は、「決まった系譜から選ばれた特定の元首を持つのではなく、国民の

---

7)　例えばババンザーデ・イスマイル・ハックの議論を参照［MMZC ii/1/18: 314-322; ii/1/19: 340-341; ii/1/43: 836-837; ii/1/44: 868-870; ii/1/45: 879-882］。

なかから多数決により選出された人物を元首として一時的に長に任命する」統治形態と、どれほど異なるだろうか。これはフェフミの「共和政」定義である [Ülgener 1329: 50]。イスラームはいかなる統治形態とも両立可能だと説き、国民主権はもはや原則だと考えるイスマイル・ハックが、フランスの憲法学者エスマンを引用して、「共和政は国民主権の実践的で自然な帰結である」と宣言したことも考えあわせれば [Babanzade 1329: 469]、1908 年以降のカリフ制の立憲主義的転回は、理論上そして恐らくは事実上も、「カリフのいる共和政」をもたらしていたと言えるだろう。

3　立憲的カリフ制から共和政としてのカリフ制へ

だが主権的な国民がその意志によりカリフを国家の一機関として選任しているに過ぎないのなら、その論理的な帰結として、それが不要だと考えれば、国民はカリフを選任しなくてもよいことになる。実際、カリフ制廃止はこうした法思想の帰結である。第一次世界大戦敗北後のアナトリアで、独立維持と権利擁護の旗印の下に成立した大国民議会は、「主権は無条件に国民に属する。統治形態は人民がその運命を自ら実際に決定する原則に基づく」と謳った上で、「国民の唯一にして真の代表」をもって自ら任じた（1921 年基本組織法第 1、2 条）。その大国民議会は、1922 年 11 月に「売国的」な君主メフメト 6 世（在位 1918-22 年）を亡命に追いやった際には、「精神的」制度としてのカリフ制を存置した。だがまもなく大国民議会はカリフ制は元来「政治的」制度だったと主張し [粕谷 1994]、1924 年 3 月には、「カリフ制は元来統治や共和政の意味と概念のなかに含まれているので、カリフ制は廃止される」と宣言した（カリフ制廃止に関する法律第 1 条）。このような立場の正当化を行なったのが、かつて法学校でフィクフを講じ、オスマン帝国議会代議院議員でもあった人物、セイイト（1873-1925 年）だった [Erdem 1996; Guida 2008; Ardıç 2012: 241-309]。1911 年の彼は、議会内会派統一進歩党総裁としてババンザーデ・イスマイル・ハックと協力して君主大権再拡張を説いたが [Tanin no. 1211: 1; no. 1214: 1]、1924 年の彼はカリフ制廃止の理論家となる。大国民議会でセイイトは、「カリフ制は一種の代表であり、国民とカリフとのあいだで結ばれた委任にほかならない。国民が

委任者、カリフがその受任者である。カリフを選び忠誠の誓いを行なうのは、委任と代表の要件を満たすためである」とした上で、「もし国民が忠誠の誓いに際してカリフの代表権すなわち統治権を条件付きとした場合、その種のカリフ制は立憲政を意味する。オスマン立憲政のような場合である」と説いていた[Seyyit 1340: 33-34, 40]。換言すれば、その大権拡張から制度自体の廃止まで、カリフに対する議会多数派の見解は移り変わったが、現実政治の文脈におけるその含意はともかく、理論上はカリフ制をめぐる判断の根拠は常に主権的な国民の意志と利益に置かれており、そのことに当事者は自覚的だった。そしてその背景には、近代オスマン法学によるカリフ制の立憲主義的転回がある。大国民議会議長からトルコ共和国の初代大統領に転じたムスタファ・ケマル（1881-1938 年）がババンザーデ・イスマイル・ハック『国法』の熱心な読者だったことも想起されるべきだろう [Atatürk 2001: 193-326; Toprak 2023: 110-111]。

　とはいえ、カリフ制の廃止が近代オスマン法学の唯一にして必然の帰結だったわけではない。主権的な国民の意志と利益に適うとして、その存置を求める者は当然に存在した。かつて 1909 年改正憲法はイスラームに適合すると説いたムスタファ・サブリはやがて反ケマルのシェイヒュルイスラームとして著名となり、彼がアラビア語で著したカリフ論は、21 世紀のイスラーム復興の文脈で引用されることが増えた。だが彼が非難したのはあくまでケマルの独裁やセイイトの日和見主義的な変心であり、彼自身が立憲主義や議会制そのものを否定しているわけではない [Hassan 2016: 236-244]。また、かつて行政学院教員としても代議院議員としてもババンザーデ・イスマイル・ハックの同僚だったリュトフィ・フィクリ（1872-1934 年）は、カリフを戴く立憲政の方が共和政以上に安定的な統治形態だと訴え続けた。彼がカリフ制存置を求めたのはあくまで権力均衡や対外政策の観点からであり、聖法に基づく信仰実践としてではない。立憲主義的転回を経たカリフ制の意義は必ずしも「イスラーム的」なところにのみ存するのではなかった。だが現実政治の場ではカリフ制廃止はケマルによる政敵の排除や一党支配の形成と表裏一体に進み、カリフなき共和国において権力の均衡は失われる。新来のロシア・ムスリムの影響下、近代オスマン法学やその達成は意識的に忘却され、それに代わるべき民族主義的「トルコ法」の樹立が進められるなか、カリフ制は「イスラーム的」な「神権政」の極

致とされ、それを求める者は「保守」や「反動」と同一視される時代が続いていく［藤波 2022］。

4　一国主義的カリフ制から対抗文明としてのカリフ制へ

　イブラヒム・ハック以来の近代オスマン法学は、国民主権と立憲主義に基づき、オスマン君主の神聖性を掘り崩した。カリフは何よりも自国の元首として扱われ、その権威は、主権的な国民の意志や利益の下位に置かれる。第一次世界大戦勃発時、カリフの名において宣言された聖戦がオスマン帝国の戦争目的達成のための手段にほかならなかったのはその表れであり［Aksakal 2011］、敗戦後に提起されたカリフの「ヴァチカン化」、すなわち特定の国家国民から切り離された国際的に中立なカリフ制の構想がオスマン人の支持を得られなかったのもその反映である［Satan 2013: 73-81］。同様に、「ヒラーファト運動」以来のインド人ムスリムによるカリフ制存置の要望も、国外からの不当な内政干渉と位置づけられることで、かえって大国民議会によるカリフ制廃止の引き金となる［Özcan 1997: 235-249］。このように主権国家オスマン帝国のムスリムには、カリフ制の一国主義的な理解が浸透していた。だが西欧諸国の植民地支配下に置かれたムスリムの場合は事情が異なる。主権を否認され、公法的な領域から疎外され、私法的な領域における「イスラーム法」実践のみが許された彼らにとり［秋葉 2016］、カリフとは、西洋近代の帝国主義に抗する「イスラーム的」指導者として映る。

　そして、主権的な国民の一員から事実上の植民地住民へと転落した点で特徴的なのがオスマン旧領のアラブ人ムスリムであり、カリフ制の命運もそれと連動する。戦間期のアラブ諸地域を指導した政治家の多くが1908年の革命を主導した青年トルコ運動の中核世代に属しており、そのなかには、帝都イスタンブルで高等教育を受けた者も少なくない。彼らが国民主権と立憲主義の正統性を内面化していたのはトルコ系の同窓生の場合と同様であって、彼らは、純粋に「イスラーム的」な統治形態を構想するには、「文明化」し過ぎていた［Dakhli 2009; Provence 2017］。「イスラーム的」統治の理論家として名高いラシード・リダー（1865-1935年）すら、大宰相府の実効統治から離れたエジプト副王領を拠

点としていたにもかかわらず、オスマン「本土」に現存した立憲的カリフ制を支持していた［Mertoğlu 2005］。大戦終結後の流動的な政情のなかで彼が志向したのもシリアにおける立憲君主政の樹立であって［Thompson 2015］、彼がオスマン朝に代わる新たなカリフ制の樹立を求めたのは、これらが全て葬り去られつつあるなかでの次善の策としてである。その有力な候補の一人がメッカの太守、ハーシム家のフサイン（1854-1931年）だったが、オスマン近代への敵意とないまぜとなった彼の野心と専制志向、そして何よりも、イギリス帝国主義の手先に成り下がってまで彼が始動した正統なカリフに対する叛乱とそれがもたらした惨禍の記憶は、立憲主義に慣れ親しんだ「文明的」アラブ知識人の支持を減退させるに充分だった［Teitelbaum 2016］。

　カリフ位を窺う王侯が互いに対立する一方で、委任統治の名による英仏の植民地主義が域内を覆うと、カリフ制の立憲主義的転回の前提条件たる主権と独立を欠きつつ、その獲得のためには自らの「文明」性を証明することを課せられたアラブ人ムスリムのあいだで、立憲的カリフ制に代わる新たな「イスラーム的」統治の樹立が現実味を帯びることはなくなる。「文明」の有無が独立主権国家と委任統治領との差を分ける建前とされるなか、国際連盟が奉ずる「文明国基準」においてイスラームがほとんど「野蛮」の表象となっていたことに鑑みれば、それは必然的な成り行きであった［Pedersen 2015］。戦間期以降、西洋近代への対抗文明としての社会主義の威信が高まり、第二次世界大戦後にはアラブ社会主義を掲げる政権が各地で樹立されるが、やがて冷戦の展開とともにそれらが権威主義化を深めると、カリフ制は、西洋近代とは異質な対抗文明の象徴として、改めてイスラーム主義者が鼓吹する対象となる［新井 2013: 34-35; Zelin 2015; Sayyid 2022］。「イスラム国」によるカリフ制「再興」は、その成れの果てである。

おわりに

　近代のカリフ制はしばしばアブデュルハミト2世の「汎イスラーム主義」と同一視される。だが、彼の専制政治を批判するオスマン人は、それと対極のあるべきカリフ像として、立憲君主政を提示していた。カリフ制の立憲主義的転

回は、多くのウラマーも含め、国民主権と立憲主義を前提とし、それがイスラームに適合することを自明視するオスマン人が共有した法思想だった。彼らが戴いたメフメト5世は「立憲君主 padişah-ı meşruti」をもって自ら任じたし、最後の皇　帝メフメト6世の専制志向は、それを是としない立憲主義者の「下から」の抵抗に直面した [Tanör 2009]。そこから生まれた大国民議会が選出した最後のカリフ、アブデュルメジト2世（在位1922-24年）は、世界各地のムスリムと同等以上に、トルコ国民の主権的な意志に自らの地位を結びつけていた [Satan 2011: 155-158]。以上に鑑みれば、たといそれが存在した期間は短くとも、立憲的カリフ制は、カリフ制の歴史の最終局面として正当に認知されるべきものだろう。カリフ制の廃止もその延長線上にある。「カリフ制は元来統治や共和政の意味と概念のなかに含まれている」という大国民議会の主張は一見して奇妙に映るかもしれないが、それは、イスラームの初期に展開された政治的なカリフ論から必ずしも遠く隔たっているわけではない。セイイトが「ウマイヤ朝カリフもアッバース朝カリフも、実際にはカリフではなく、スルタンにして王　だった。彼らをカリフと称するのは人々の慣習に基づく」と述べるように [Seyyit 1340: 23]、それは当事者たるオスマン人の理解でもあった。実際、かつてのカリフ制をどう評価するかは、後世の人々が現存する政体をどう定義しようとしたかを映す鏡でもある。近代のオスマン人が、国民主権と立憲主義に基づく一国主義的なカリフ制の再定義を図ったのに対し、「スルタン制」と「カリフ制」の複合体としてオスマン王権を定式化した西欧の東洋学者のカリフ論には、彼ら自身の西洋中心主義や植民地主義が刻印されていた [Yücesoy 2023: 10-23]。したがって、キリスト教の聖俗二元論に則して西欧人が思い描いた「スルタン＝カリフ制」を前提に、カリフ制はオスマン王権の「宗教的」部分だと無条件に考えるのは、単に歴史的実態に反するのみならず、外在的評価を内在的発展に優越させる主客転倒した立場のように思われる。だが、20世紀初頭の立憲主義的転回の後まもなくその制度自体が廃止されたことにより、そのような通俗的理解が修正される機会が失われたまま、「イスラーム的」神権政たるカリフ制という虚像が独り歩きしているのが実態と言えるだろう。

　冷戦終結後、欧米諸国にイスラーム嫌悪という亡霊が徘徊するなか、西洋近代とイスラームとの共約不可能を説く擬似学問的な主張も人口に膾炙した。他

方で、無反省な西洋中心主義の跋扈に反発するイスラーム主義者は、その憤懣の矛先として、しばしば「人権」や「平等」などの「普遍的」価値を槍玉に挙げる。両者の一種の共犯関係の下、主権国家体系とイスラームとの両立不可能は自明の前提のように論じられることが多い。だが 20 世紀転換期のオスマン人法学者は自国の法を常に西欧諸国のそれと比較して論じていたし、聖俗両権を兼ねる君主を戴く点で、オスマンはイギリスやロシアと異なるところはないと考えていた。彼らは、カリフは主権的な国民の意志に基づきその利益のために設置された国家の一機関だと考え、そうした国家が立憲主義的な憲法を持つのは「文明」の必然だと論じていた。ここには、神聖不可侵の君主を戴く国体の護持を国民の生命や利益の上位に位置づけるような発想はない[8]。

　西欧列強の帝国主義が世界を覆い、各地の信仰や敬神の形態が西方キリスト教を頂点に置く「宗教」の位階制として再編されるなか［アサド 2006; 増澤 2015］、近代オスマン法学やそれに基づく立憲的カリフ制は、非西欧の諸民族がいかに自生的な秩序や価値を維持しつつ主権国家体系に適応しようとしたかを示す一事例であった。イスラームが「宗教」であるか否か、カリフ制が「神権政」であるか否か、イスラームは西欧由来の「普遍的」価値と両立可能か否かといった問いは、そうした問い自体の存立基盤がはらむ問題性に遡って問い直されるべきものであろう。立憲的カリフ制は、このような問題を考える上で好個の視座を提供する。

参考文献

Atatürk 2001: *Atatürk'ün Okuduğu Kitaplar*, vol. 8, Ankara: Anıtkabir Derneği Yayınları.

Babanzade 1329(1913/14): Babanzade İsmail Hakkı, *Hukuk-ı Esasiye*, 2nd ed., Kostantiniye: Müşterekü'l-Menfaa Osmanlı Matbaası.

Cavid Bey 2014: *Meşrutiyet Ruznâmesi*, vol. 1, Ankara: Türk Tarih Kurumu.

―――. 2015: *Meşrutiyet Ruznâmesi*, vol. 3, Ankara: Türk Tarih Kurumu.

Celalettin Arif 1325a(1909/10): *Hukuk-ı Esasiye: Birinci Sınıfa Mahsustur*, Dersaadet: Ahmet Saki Bey Matbaası.

---

8)　日本とオスマン帝国の比較憲法制定史として、新井［2015］も参照。

———. 1325b(1909/10): *Hukuk-ı Esasiye: İkinci Sınıf Dersleri*, Dersaadet: Ahmet Saki Bey Matbaası.

İbrahim Hakkı 1303(1886): *Medhal-i Hukuk-ı Beyneddüvel*, İstanbul: Karabet ve Kasbar Matbaası.

———. 1307(1890): *Hukuk-ı İdare*, vol. 1, İstanbul: Karabet Matbaası.

———. 1319(1901): *Mukaddime-i İlm-i Hukuk*, İstanbul: Karabet Matbaası.

Menteşe 1986: *Osmanlı Mebusan Meclisi Reisi Halil Menteşe'nin Anıları*, İstanbul: Hürriyet Vakfı Yayınları.

MMZC: Meclis-i Mebusan Zabıt Ceridesi, i/4/31–33, 35–37; ii/1/18–19, 43–45(1911–12).

Mustafa Zihni 1327: *İslam'da Hilafet*, Kostantiniye: Matbaa-i Ebüzziya.

Salman 1330(1912): Ömer Lütfi, *Nazar-ı İslam'da Makam-ı Hilafet*, Selanik: Asır Matbaası.

Seyyit 1340(1924): *Türkiye Büyük Millet Meclisi'nin 3 Mart 1340 Tarihinde Münakit İkinci İçtimaında Hilafetin Mahiyet-i Şeriyesi Hakkında Adliye Vekili Seyyit Bey Tarafından İrad Olunan Nutuk*, Ankara: Türkiye Büyük Millet Meclisi Matbaası.

Şuayıp 1325(1909): Ahmet Şuayıp, "Hürriyet-i Mezhebiye: Hilafet ve Saltanat; İmtiyazat-ı Mezhebiye," *Ulum-ı İktisadiye ve İçtimaiye Mecmuası* 4: 433–498.

———. 1329(1911): *Hukuk-ı İdare, Kısm-ı Sani*, İstanbul: Matbaa-i Hukukiye.

Tanin, no. 1179(15 Dec. 1911); no. 1211(16 Jan. 1912); no. 1214(19 Jan. 1912).

Tengirşenk, Yusuf Kemal 1981: *Vatan Hizmetinde*, Ankara: Kültür Bakanlığı.

Ülgener 1329: Mehmet Fehmi, *Hikmet-i Hukuk-ı İslamiye*, İstanbul: Matbaa-i Kütüphane-i Cihan.

Ürgüplü 2015: Şeyhülislam Ürgüplü Mustafa Hayri Efendi, *Meşrutiyet, Büyük Harp ve Mütareke Günlükleri (1909-1922)*, İstanbul: Türkiye İş Bankası Kültür Yayınları.

秋葉淳 2012「オスマン帝国の制定法裁判所制度——ウラマーの役割を中心に」鈴木董編『オスマン帝国史の諸相』東京大学東洋文化研究所
―――― 2016「帝国とシャリーア——植民地イスラーム法制の比較と連関」宇山智彦編『ユーラシア近代帝国と現代世界』ミネルヴァ書房
アサド、タラル 2006(2003)『世俗の形成——キリスト教、イスラム、近代』中村圭志訳、みすず書房
新井政美 2013『イスラムと近代化——共和国トルコの苦闘』講談社
―――― 2015『憲法誕生——明治日本とオスマン帝国 二つの近代』河出書房新社
粕谷元 1994「トルコにおけるカリフ制論議とラーイクリッキ——1922-1924年」『日本中東学会年報』9: 93-116.
亀谷学 2008「ウマイヤ朝期におけるカリフの称号——銘文・碑文・パピルス文書からの再検討」『日本中東学会年報』24/1: 17-43.
近藤信彰 2023「イスラームで国をつくる——宗教・国家・共同体」黒木英充・後藤絵美編『イスラーム信頼学へのいざない』東京大学出版会
佐藤次高 2004『イスラームの国家と王権』岩波書店
藤波伸嘉 2015a「ハサン・フェフミ・パシャとオスマン国際法学の形成」『東洋史研究』

74/1: 1–42.

―― 2015b「ババンザーデ・イスマイル・ハックのオスマン国制論――主権、国法学、カリフ制」『史学雑誌』124, no. 8: 1–38.

―― 2015c「オスマン帝国憲法修正条文――翻訳と解題」『国際関係学研究』41: 13–26.

―― 2022「オスマン帝国の解体」永原陽子・吉澤誠一郎ほか編『二つの大戦と帝国主義 I　20 世紀前半（岩波講座世界歴史第 20 巻）』岩波書店

―― 2023a「オスマン憲法史序説」『史潮』新 93: 39–61.

―― 2023b「バシレウスからスルタンへ？――ギリシア正教徒とオスマン君主号」佐川英治編『君主号と歴史世界』山川出版社

―― 2025「オスマンからトルコへ、機能の分立から権力の集中へ――ジェラーレッティン・アーリフ、政治家と法学者のあいだ」歴史学研究会編『「主権国家」再考』岩波書店（刊行予定）

増澤知子 2015(2005)『世界宗教の発明――ヨーロッパ普遍主義と多元主義の言説』秋山淑子・中村圭志訳、みすず書房

Akiba, Jun. 2021 "Muallimhane-i Nüvvab'dan Mekteb-i Kuzat'a: Osmanlı Kadı Okulunun Yarım Yüzyıllık Serüveni," Ahmet Hamdi Furat（ed.）, *Sahn-ı Semân'dan Dârülfünûn'a: XIX. Yüzyıl Osmanlı'da İlim ve Fikir Dünyası. Âlimler, Müesseseler ve Fikrî Eserler, XIX. Yüzyıl*, İstanbul: Zeytinburnu Belediyesi.

Aksakal, Mustafa. 2011 "'Holy War Made in Germany'? Ottoman Origins of the 1914 Jihad," *War In History* 18/2: 184–199.

Ardıç, Nurullah. 2012 *Islam and the Politics of Secularism: The Caliphate and Middle Eastern Modernization in the Early 20th Century*, London: Routledge.

―――. 2017 "Osmanlı'dan Cumhuriyet'e Hilafet Tartışmaları: Eleştirel Bir Değerlendirme," *Türkiye Araştırmaları Literatür Dergisi* 15/29: 301–328.

Buzpınar, Tufan. 2016 *Hilafet ve Saltanat: II. Abdülhamid Döneminde Halifelik ve Araplar*, İstanbul: Alfa.

Cardoso, Elsa. 2023 "'Syria Rises to Receive the Caliph': Umayyad Caliphal Titles from Cordoba to Damascus," *Der Islam* 100/2: 422–442.

Casale, Giancarlo. 2015 "Tordesillas and the Ottoman Caliphate: Early Modern Frontiers and the Renaissance of an Ancient Islamic Institution," *Journal of Early Modern History* 19: 485–511.

Dakhli, Leyla. 2009 *Une génération d'intellectuels arabes: Syrie et Liban（1908-1940）*, Paris: Karthala.

Erdem, Sami. 1996 "Cumhuriyet'e Geçiş Sürecinde Hilafet Teorisine Alternatif Yaklaşımlar: Seyyid Bey Örneği（1922-1924）," *Dîvân: İlmî Araştırmalar* 1/2: 119–146.

Fujinami, Nobuyoshi. 2021 "Defining Religion in a State that wasn't: Autonomous Crete and the Question of Post-Ottoman Millet System," *Journal of Church and State* 63, no. 2: 256–277.

―――. forthcoming. "A Constitutional Reading of Despotism: İbrahim Hakkı on Ottoman Administrative Law," *International Journal of Turkish Studies*.

Guida, Michelangelo. 2008 "Seyyid Bey and the Abolition of the Caliphate," *Middle Eastern Studies* 44/2: 275–289.

Gunasti, Susan. 2016 "The Late Ottoman Ulema's Constitutionalism," *Islamic Law and Society* 23, no. 1–2: 89–119.

Güngörürler, Selim. 2021. "Islamic Discourse in Ottoman-Safavid Peacetime Diplomacy after 1049/1639," Tijana Krstić and Derin Terzioğlu (eds.), *Historicizing Sunni Islam in the Ottoman Empire, c. 1450–c. 1750*, Leiden: Brill.

Hassan, Mona. 2016 *Longing for the Lost Caliphate: A Transregional History*, Princeton: Princeton University Press.

Kaynar, Erdal. 2021 "La question du légalisme dans l'histoire ottomane et turque," Samim Akgönül (ed.), *La modernité turque. Adaptations et constructions dans le processus de modernisation ottoman et turc*, Istanbul: Isis.

Kennedy, Hugh. 2016 *The Caliphate*, London: Pelican.

Kurşun, Zekeriya. 2022 *Osmanlı Arapları: Hilafet-Siyaset-Milliyet (1798–1918)*, İstanbul: VakıfBank Kültür Yayınları.

Mertoğlu, Suat. 2005 "Reşid Rıza'da Hilafet Düşüncesi: Bir Kronoloji ve Tahlil Denemesi," İsmail Kara (ed.), *Hilafet Risâleleri*, vol. 5, İstanbul: Klasik.

Özcan, Azmi. 1997 *Pan-İslamizm: Osmanlı Devleti, Hindistan Müslümanları ve İngiltere (1877–1924)*, Ankara: Türkiye Diyanet Vakfı.

Pedersen, Susan. 2015 *The Guardians: The League of Nations and the Crisis of Empire*, Oxford: Oxford University Press.

Provence, Michael. 2017 *The Last Ottoman Generation and the Making of the Modern Middle East*, Cambridge: Cambridge University Press.

Račius, Egdūnas and Zhelyazkova, Antonina (eds.) 2018 *Islamic Leadership in the European Lands of the Former Ottoman and Russian Empires: Legacy, Challenges and Change*, Leiden: Brill.

Satan, Ali. 2011 *Son Halife Abdülmecid Efendi: Saltanatsız Hilafet ve Halifesiz Cumhuriyet Günlerinde*, İstanbul: Ufuk.

———. 2013 *Türk ve İngiliz Belgelerinde Halifeliğin Kaldırılması*, 2nd ed., İstanbul: Ufuk.

Sayyid, S. 2022 *Recalling the Caliphate: Decolonization and World Order*, 2nd ed., London: Hurst.

Tanör, Bülent. 2009 *Türkiye'de Kongre İktidarları (1918–1920)*, 3rd ed., İstanbul: Yapı Kredi Yayınları.

Teitelbaum, Joshua. 2016 "The Man Who Would Be Caliph: Sharīfian Propaganda in World War I," Erik-Jan Zürcher (ed.), *Jihad and Islam in World War I: Studies on the Ottoman Jihad at the Centenary of Snouck Hurgronje's 'Holy War Made in Germany'*, Leiden: Leiden University Press.

Thompson, Elizabeth F. 2015 "Rashid Rida and the 1920 Syrian-Arab Constitution: How the French Mandate Undermined Islamic Liberalism," Cyrus Schayegh and Andrew Arsan (eds.),

The Routledge Handbook of the History of the Middle East Mandates, Abingdon: Routledge.

Toprak, Zafer. 2023 *Atatürk: Kurucu Felsefenin Evrimi*, İstanbul: Türkiye İş Bankası Kültür Yayınları.

Türcan, Talip. 2012 "Ülü'l-emr," *Türkiye Diyanet Vakfı İslâm Ansiklopedisi* 42: 295-297.

Veinstein, Gille. 2006 "La question du califat ottoman," Pierre-Jean Luizard (ed.), *Le choc colonial et l'islam: les politiques religieuses des puissances coloniales en terres d'islam*, Paris: La Découverte.

―――. 2022 "Califat," François Georgeon et al. (eds.), *Dictionnaire de l'Empire Ottoman*, vol. 1, Paris: CNRS.

Yılmaz, Hüseyin. 2018 *Caliphate Redefined: The Mystical Turn in Ottoman Political Thought*, Princeton: Princeton University Press.

Yücesoy, Hayrettin. 2016 "Caliph and Caliphate up to 1517," *Encyclopaedia of Islam, THREE*.

―――. 2023 *Disenchanting the Caliphate: The Secular Discipline of Power in Abbasid Political Thought*, New York: Columbia University Press.

Zelin, Aaron Y. 2015 "From the Archduke to the Caliph: The Islamist Evolution That Led to 'The Islamic State'," T. G. Fraser (ed.), *The First World War and Its Aftermath: The Shaping of the Middle East*, London: Gingko Library.

第 **II** 部

オスマン的秩序から
近代国家体系へ

第5章 オスマン帝国のアフドナーメと国家体系
——近世初期の対ヨーロッパ関係

堀井 優

はじめに

　イスラーム勢力圏の内外にわたる国家体系の事例として、近世初期のオスマン帝国（13世紀末-1922年）とキリスト教圏、とりわけヨーロッパとの関係を取り上げたい。

　イスラーム共同体にとって異教徒との関係は、8・9世紀に体系化されたシャリーア（イスラーム法）における原則が適用されるべき対象だった。すなわち、人間の住む世界は、一体的な「イスラームの家」と異教徒が相争う「戦争の家」からなり、前者のムスリムは、後者に対する拡大と防衛のためのジハード（和戦両様の「努力」、とりわけ聖戦）の義務を負う。聖戦の遂行や中断に関わる行動規範群は、スィヤル（一般に「イスラーム国際法」と訳される）としてシャリーアの一分野をなした［鈴木 2023: 72-76］。

　このような法学上の理念は、実際の政治と外交に影響を与えたが、むろん現実そのものではなかった。本来一体であるべきイスラーム圏では、9・10世紀にアッバース朝イスラーム帝国の領域が徐々に解体して以降、さまざまな王朝が並立し興亡するようになった。また地中海周辺のムスリム諸王朝は、11世紀から拡大するヨーロッパ諸勢力の軍事・商業活動に対応するようになった。そして、イスラーム・キリスト教諸勢力間の相互の交渉をつうじて、講和と商業のためのさまざまな規定が成立し、その多くが慣習として定着した。こうして形成された多様な規範は、14世紀から領域と対外関係を拡大させ、16世紀中葉に広域的支配を確立してヨーロッパ全体に対峙するようになったオスマン

帝国に、おそらくは継承されたと思われる[1]。

この異文化世界間の「国際法」が、古典期から中世（11-15 世紀）を経て近世（16-18 世紀）に至るまで生成・継承され、あるいは変容した過程を明らかにするうえで、時代の移行期をなす 16 世紀の規範構造を明らかにすることは重要な課題の一つと思われる[2]。ここでは、16 世紀末にオスマン帝国が幾つかのヨーロッパ諸国に与えたアフドナーメ（ahdname　盟約の書、条約の書）を手がかりに、これら諸国家間秩序の枠組みを素描してみたい。

1　アフドの広がり

13 世紀末にアナトリア西北部に現れたトルコ系ムスリムの戦士集団を起源とするオスマン朝は、14・15 世紀にアナトリア、バルカン、黒海沿岸部を手中におさめ、1516・17 年にはマムルーク朝（1250-1517 年）領シリア・エジプトを併合し、ヒジャーズのシャリーフ政権を保護下においた。さらにハンガリー、アルジェリア、イラク、イエメンにも領域を拡大し、地中海、紅海、ペルシア湾における海上権力を強化した。こうして 16 世紀中葉までに東地中海（ヨーロッパ諸語では「レヴァント」）および周辺諸地域を支配するに至ったオスマン帝国は、その広域的統合と対外的自立性を 18 世紀まで基本的に維持することになる。

オスマン帝国のキリスト教圏との関わり方は、その拡大過程を反映していた。16 世紀後半の状況を概観すると、バルカンの征服地では、キリスト教徒およびユダヤ教徒の住民に、一定の条件下で保護と自治を与えていた。バルカンの周縁では、アドリア海沿岸部の都市国家ドゥブロヴニク（ラグーザ）、およびドナ

---

1)　中世地中海のイスラーム圏および近世オスマン帝国の「商業特権（commercial privileges, imtiyā-zāt）」すなわちヨーロッパ商人の居留・活動条件については、とりあえず Wansbrough［1971］、İnalcık［1971］を参照。また、中世・近世のイスラーム・ヨーロッパ間の和平に重点をおいた考察としては Pedani Fabris［1996］を参照。

2)　16 世紀前半におけるマムルーク朝商業特権のオスマン・ヴェネツィア間条約規範への包摂については堀井［2022］、16 世紀前半・中葉のオスマン帝国とドゥブロヴニク、ヴェネツィア、フランスとの間の条約規範の構造については堀井［2011］、16 世紀後半・17 世紀前半のオスマン・ヴェネツィア間条約規範の構造およびその変容については堀井［2017］で論じた。16 世紀末を焦点とする本章は、これらの続編としての性格をもつ。

100 —— 第 II 部　オスマン的秩序から近代国家体系へ

ウ川以北のワラキア、モルドヴァ、トランシルヴァニアを属国（附庸国、貢納国）としていた。そして、モルドヴァおよびトランシルヴァニアに隣接するポーランド王国（ポーランド＝リトアニア）とは和平を継続し、また黒海北岸のムスリムの属国だったクリム・ハーン国には帝国の軍事力の一部を担わせつつ、ポーランドおよびロシア（モスクワ大公国）と対峙させた。東西ヨーロッパの接点にあったヴェネツィア共和国に対しては、その東方における「海上領（stato da mar）」の多くの部分を断続的な戦争をつうじて奪っていたが、平時には友好と貿易の相手国とした。西ヨーロッパ方面のハプスブルク勢力に対しては、ハンガリーを拠点に神聖ローマ帝国へ向けて攻勢に立ち、またアルジェリアのムスリム水軍が加わるオスマン艦隊を用いて、スペイン王国に対抗しつつ北アフリカ沿岸部における領域を広げた。その一方で、ハプスブルクに対抗したフランス王国とは友好を結び、オスマン領内での貿易を認めた。さらにイギリスに対しても、その求めに応じて友好と貿易の関係を結び、17世紀初頭にはオランダにも同様に対応した。

　要するにオスマン帝国は、その支配に服した異教徒、領域周縁のキリスト教徒の属国、そして遠近のヨーロッパ諸国と、広範囲にわたる諸関係を形成した。このようにオスマン領内からヨーロッパまで遠心的に広がる多重構造は、ヨーロッパからレヴァントへの広がりと結びついていた。なぜなら、オスマン領に包摂された地中海沿岸部は、中世後期にイタリアなどヨーロッパ商人による地中海商業の及ぶ範囲となり、近世にもヨーロッパ商業圏の一部をなしていたからである。帝都イスタンブルなど各地の諸商港では、オスマン権力の承認の下で、ヴェネツィア、フランス、イギリスなどネイション別に商人の居留集団が組織され、現地社会の一部となっていた。それゆえオスマン帝国の国内行政と対ヨーロッパ関係は、相互に連動していた。

　オスマン君主は、服属し保護下に入ったキリスト教徒の一部の集団や属国、および講和や友好を結んだヨーロッパ諸国に対して、相手方との関係を律するために、アフドナーメ（アフドの書）と呼ばれる文書を与えていた[3]。アフド（'ahd, ahd）は、聖典『クルアーン』における用法にもとづき、唯一神との信

3）　オスマン帝国がアフドナーメを付与した諸集団・諸国家については、とりあえずİnalcık［1971: 1182b-1185b］、De Groot［2003: 580-602］を参照。

仰契約のほか、異教徒との合意にもとづく誓約、盟約、条約をも意味する［Khadduri 1955: 202-205; Schacht 1986］。オスマン朝のアフドナーメは、君主が一人称で意志を表明する形式で書かれ、標準的には、神への祈願（davet）、花押（tuğra）、国璽（nişan）の定式文、君主の称号（unvan）、発布の経緯を示す「陳述（nakil, dibace）」、諸条項（maddeler）、諸条項の遵守についての「戒告（te'kid）」、日付（tarih）、発行地（mahall-i tahrir）の諸要素から構成される［Kütükoğlu 1994: 163-169］。文書の主要部分をなす諸条項では、相手方との関係を維持するために必要な、さまざまな問題について合意された諸規定が示される[4]。それらの内容は多岐にわたるが、オスマン領における相手方の人間の処遇については、シャリーアの原則が一定の枠組みを与えていた。シャリーアは、ジハードによって「イスラームの家」に包摂された「啓典の民」（ユダヤ教徒とキリスト教徒）に対して、人頭税の貢納と一定の行動制限を条件にズィンマ（dhimma　保護）を与え、彼らがズィンミー（dhimmī　被保護民）として固有の信仰と自治を維持することを認める。また、ムスリムの利益になる場合は「戦争の家」へのジハードを中断し、講和を結ぶことを認める。この一時的な和平の間は、双方が相手方の人間にアマーン（amān　安全保障）を与えるとされ、これを与えられたハルビー（ḥarbī　「戦争の家」の異教徒）は、ムスターミン（musta'min　被安全保障者）として一定期間「イスラームの家」での居留と活動を許される。このような原則は、実際にアフドナーメの関連規定に反映されたが、ムスターミンの法的地位にともなう制約は緩和される傾向にあった［Khadduri 1955: 162-201; 鈴木 2023: 76-84; 堀井 2011: 18-24］。

　オスマン帝国は、服属集団、属国、ヨーロッパ諸国にアフドナーメを与えることによって、オスマン領からヨーロッパにかけて一定の秩序を与えようとした。とりわけ 16 世紀に比較的長期にわたって友好ないし和平が持続したヨーロッパ諸国へのアフドナーメから見出される規範構造は、アフドの空間を支えた諸国家間関係を特徴づけるうえで有力な手がかりになると思われる。

---

4)　いわゆる「カピチュレーション（capitulations）」は、一般に、ヨーロッパ諸国に与えられたアフドナーメ、およびそれらで規定された商業特権を意味する。しかしアフドナーメの内容は、必ずしも商業特権に限定されない［堀井 2022: 7-8］。

2 16世紀末のアフドナーメ
——ヴェネツィア、ポーランド、フランスの場合

　16世紀にオスマン帝国と友好・和平の関係にあった主なヨーロッパ諸国として、ヴェネツィアと、その東方のポーランドおよび西方のフランスが挙げられる。ヴェネツィアは、オスマン帝国とは一時的な戦争と長期の和平を繰り返しつつ、海上領の支配とレヴァント貿易をつうじて東方と密接不可分の関係にあり、それゆえオスマン帝国とキリスト教圏との間の関係のさまざまな側面を内包する立場にあった。ポーランドは、オスマン帝国とは、ヴェネツィアと同様に領域を接しており、対ハプスブルク関係で一定の利害を共有しつつ、和平の関係にあった。両国は、15世紀末から黒海西北岸部の支配やモルドヴァへの影響力を争うようになり、期限付きの休戦を繰り返したが、1533年に合意された「恒久平和」によって、両君主のうち一方の死までは有効とする和平の原則が、17世紀初頭までの両国関係を基礎づけていた[Kołodziejczyk 2000: 109-128]。一方、フランスは、やはりヴェネツィアと同様に、オスマン帝国と海上をつうじた貿易関係にあった。オスマン帝国は、イタリア戦争（1494-1559年）でハプスブルクに対抗するフランスとの同盟を結び、その後もとりわけキプロス征服のための対ヴェネツィア戦争（1570-73年）を契機として、またスペインへの対抗上、フランスを代表的な友好・貿易相手国と見なすようになった[İnalcık and Quataert 1994: 194-195]。これら三国へのアフドナーメの比較によって、バルカン北辺から地中海にわたる空間を俯瞰しうることが期待される。

　ヴェネツィアは、近世の前半期にあたる16世紀・17世紀前半に14回にわたってアフドナーメを与えられた。そのうち形式と内容の両面で安定をみたのは、メフメト3世（在位1595-1603年）の即位に伴うアフド更新のための1595年のアフドナーメ[ASV, DT, nos. 1086, 1087; Theunissen 1998: 561-578（以下 "Ve.-Ahd. 1595" と略記）][5]である[堀井 2017; 2022: 48]。このアフドナーメは、後述するように、オスマン・ヴェネツィア双方の行政機構の広域的な結合を示唆する条文が初めて現れた点でも注目される。それゆえこの文書を基軸として、同じく16世紀末の1597年にフランス、1598年にポーランドに与えられたアフドナーメと比

較する方法をとることにしたい。

ポーランドは、ジグムント 3 世（在位 1587-1632 年）の即位をめぐる内部の混乱の後、1591 年にアフドナーメを与えられた［Kołodziejczyk 2000: 125, 284-288 (doc. 23), facs. VIII a-c]。その後まもなく、オスマン・ハプスブルク戦争（1593-1606 年）の開始と、ワラキア公の対オスマン朝蜂起を契機として、モルドヴァ支配をめぐってオスマン・ポーランド間に対立が生じたが、1595 年に休戦が成立し、1597 年に前回とほぼ同内容のアフドナーメが与えられ［Kołodziejczyk 2000: 126-127, 303-307 (doc. 27), facs. IX a-d]、さらに一部の条項が修正・追加された 1598 年のアフドナーメが与えられた［Kołodziejczyk 2000: 127, 313-319 (doc. 28), facs. X a-d（以下 "Po.-Ahd. 1598" と略記)]6)。一方、フランスへの一連のアフドナーメのうち、現在確認しうる最古のものは、1569 年に与えられた、商人の居留・活動条件を主な内容とするアフドナーメである［İnalcık 1971: 1183b-1184a; BN, Turc, no. 130: ff. 2r.-8r.]。その内容を継承しつつ、一部の条項が修正・追加されたアフドナーメが 1581 年に与えられた［BN, Turc, no. 130: ff. 9r.-16v.]。さらにアンリ 4 世（在位 1589-1610 年）の治世に、前回と同じ内容にくわえ、多くの条

---

5) このアフドナーメの二つの文書［ASV, DT, nos. 1086, 1087］を典拠として示す場合は、それぞれの該当箇所の行番号をスラッシュで分けて表記する。条項については、便宜的に付した番号で表記する。各条項の該当箇所は次のとおり：第 1 条（ll. 13-15/13-14）、第 2 条（ll. 15-18/14-17）、第 3 条（1）（ll. 18-21/17-20）、第 3 条（2）（ll. 21-23/20-22）、第 3 条（3）（ll. 23-24/22-23）、第 3 条（4）（ll. 24-25/23-24）、第 4 条（ll. 25-27/24-26）、第 5 条（ll. 27-28/26-27）、第 6 条（ll. 28-29/27-28）、第 7 条（ll. 29-30/28-29）、第 8 条（ll. 30-32/29-31）、第 9 条（ll. 32-37/31-37）、第 10 条（ll. 37-39/37-38）、第 11 条（ll. 39-42/38-41）、第 12 条（ll. 42-44/41-43）、第 13 条（1.44/43）、第 14 条（ll. 44-46/43-45）、第 15 条（ll. 46-47/45-46）、第 16 条（ll. 47-48/46-47）、第 17 条（ll. 49/47-48）、第 18 条（ll. 49-50/48-49）、第 19 条（1.50/49）、第 20 条（ll. 50-51/49-50）、第 21 条（ll. 51-53/50-52）、第 22 条（ll. 53-54/52-53）、第 23 条（ll. 54-55/53-54）、第 24 条（ll. 55-56/54-55）、第 25 条（ll. 56-57/55-56）、第 26 条（ll. 57-59/56-58）、第 27 条（1.59/58）、第 28 条（ll. 59-62/58-61）、第 29 条（ll. 62-65/61-65）、第 30 条（ll. 66-68/65-67）、第 31 条（ll. 68-70/67-69）。

6) このアフドナーメを典拠として示す場合は、該当箇所を行番号で表記する。条項については、便宜的に付した番号で表記する。各条項の該当箇所は次のとおり：第 1 条（ll. 13-16）、第 2 条（1.16）、第 3 条（ll. 16-19）、第 4 条（ll. 19-20）、第 5 条（ll. 20-21）、第 6 条（ll. 21-23）、第 7 条（ll. 23-24）、第 8 条（ll. 24-25）、第 9 条（ll. 25-26）、第 10 条（ll. 26-27）、第 11 条（ll. 27-30）、第 12 条（ll. 30-31）、第 13 条（1.32）、第 14 条（ll. 32-34）、第 15 条（ll. 34-35）、第 16 条（ll. 35-37）、第 17 条（ll. 37-38）、第 18 条（1.38）、第 19 条（ll. 39-40）、第 20 条（ll. 40-42）、第 21 条（ll. 42-43）、第 22 条（1.43）、第 23 条（ll. 43-44）、第 24 条（ll. 44-46）、第 25 条（ll. 46-48）、第 26 条（ll. 48-51）、第 27 条（ll. 51-54）。なおこのアフドナーメは国璽の定式文を欠く。

項が追加された 1597 年のアフドナーメが与えられた［BN, Turc, no. 130: ff. 17v.-25v.（以下 "Fr.-Ahd. 1597" と略記）］[7]。

　ヴェネツィア（1595 年）、ポーランド（1598 年）、フランス（1597 年）のいずれのアフドナーメでも、ほぼ共通したアフドの成立要件を見出せる。締結の主体のうちオスマン側は、いうまでもなく文書発行者たる君主メフメト 3 世だった。発布の経緯を示す「陳述」ではアフドナーメを与えられた側が示されており、ヴェネツィアは「ヴェネツィアのドージェ（元首）たるマリーノ＝グリマーニおよびその他のベイたち（貴族支配者層）（Venedik dojı olan Marin Griman ve sayir beyleri）」とされる。ポーランドは、「ポーランド王（Lih kıralı）」ならびにリトアニアなど幾つかの土地の大公（ulu duka）およびスウェーデンの王位継承者であることが記された後、君主ジグムント（Jigmund）の名前が示される。フランスは、ヨーロッパ君主としては例外的にオスマン君主と同じ称号を適用され、「フランス帝王アンリ（França padişahı Anrik）」とされる。これらのいずれもが、オスマン宮廷に使節を派遣し、従来どおりの友好ないし和平を求めたので[8]、オスマン君主は「帝王のアフドナーメ（ahdname-i hümayun）」を与えたとされる［Ve.-Ahd. 1595: ll. 3-13/3-12; Po.-Ahd. 1598: ll. 7-12; Fr.-Ahd. 1597: ff. 18v.-19v.］。そして文書末尾の「戒告」でオスマン君主は、相手方の態度が不変である限り、アフドの規定を遵守することを、アッラーおよび預言者ムハンマドにかけて宣誓する［Ve.-Ahd. 1595: ll. 70-73/69-72; Po.-Ahd. 1598: ll. 54-56; Fr.-Ahd. 1597: f. 25r.-v.］。

　アフドナーメの諸条項が規定する内容は、ヴェネツィア、ポーランド、フランスの間でかなりの異同がある。とはいえヴェネツィアは、前述のようにオスマン・ヨーロッパ関係の多面性を内包する立場にあったがゆえに、同国むけの諸規定を基準として、ポーランドおよびフランスのそれらと体系的に比較する

7）　このアフドナーメを典拠として示す場合は、該当箇所を手稿本のフォリオ番号で表記する。条項については、便宜的に付した番号で表記する。各条項の該当箇所は次のとおり：第 1 条（ff. 19v.-20r.）、第 2 条（f. 20r.）、第 3 条（f. 20r.-v.）、第 4 条・第 5 条（f. 20v.）、第 6 条（ff. 20v.-21r.）、第 7 条・第 8 条（f. 21r.）、第 9 条（f. 21r.-v.）、第 10 条・第 11 条（f. 21v.）、第 12 条（ff. 21v.-22r.）、第 13 条（f. 22r.）、第 14 条（f. 22r.-v.）、第 15 条（f. 22v.）、第 16 条（ff. 22v.-23r.）、第 17 条・第 18 条（f. 23r.）、第 19 条（f. 23r.-v.）、第 20 条・第 21 条・第 22 条（f. 23v.）、第 23 条（ff. 23v.-24r.）、第 24 条・第 25 条・第 26 条（f. 24r.）、第 27 条（f. 24r.-v.）、第 28 条・第 29 条（f. 24v.）、第 30 条（ff. 24v.-25r.）、第 31 条・第 32 条・第 33 条（f. 25r.）。

8）　ヴェネツィアは「友好と協約（dostluk ve muahede）」および「和平と親善（sulh ve salâh）」、ポーランドは「和平と親善」、フランスは「友好」を求めたとされる。

ことが可能である。近世前半期のヴェネツィアへの一連のアフドナーメに示されたほぼ全ての条項は、オスマン・ヴェネツィア関係の枠組みをなす「勢力関係と空間構成」と、そのなかに位置づけられる「オスマン領内の人間の処遇」すなわちヴェネツィア人の居留・活動条件の二つに分けられうる［堀井 2011; 2017; 2022: 48］。この考え方を基礎としつつ、ヴェネツィア規定を網羅し、かつほか二国のアフドナーメとの比較を可能とするような下記の分類項目を設定したい。

1　勢力関係と空間構成：陸上の領域（1-A）、海上の秩序（1-B）、越境者の取扱（1-C）。
2　オスマン領内の人間の処遇：現地社会における位置づけ（2-A）、死亡した商人の遺産管理（2-B）、個人の利害調整（2-C）、貿易管理（2-D）。

1595 年のヴェネツィアへのアフドナーメの諸条項のうち、1573 年にキプロス戦争が終結したさいの講和条件の履行に関する二つ［Ve.-Ahd. 1595: arts. 30, 31］を除く全ては、上記のいずれかに分類しうる。これらの項目にしたがって、三国のアフドナーメ規定を比較・検討してみよう。

3　勢力関係と空間構成

オスマン帝国と相手国との間の勢力関係と空間構成について、ヴェネツィアへのアフドナーメは陸上・海上の両面にわたって規定したが、ポーランドは陸上、フランスは海上についてのみ規定された。これは、各国の地理的な位置の反映といえよう。

陸上の領域（1-A）に関わる基本的規範は領域不可侵および違反者の処罰であり、ヴェネツィアはオスマン側からのみ［Ve.-Ahd. 1595: art. 1］、ポーランドは相互の不可侵［Po.-Ahd. 1598: art. 1］[9] を規定された。前者の片務性はオスマン側の相対的優位[10]、後者の双務性はより対等の勢力関係を思わせる。実際、ポーランドは、モスクワ大公国など異教徒地方（kefere vilâyeti）での将来の征服地

---

9)　ポーランドの場合、このアフドナーメの日付以降に生じた領域侵犯による損害は、違反者の処罰および補償の対象となり［Po.-Ahd. 1598: art. 6］、その一方で、その日付以前の損害は対象とならないことも規定された［Po.-Ahd. 1598: art. 9］。

や、トランシルヴァニアの境界にあり、ハプスブルクに属する三つの要塞の征服活動について、干渉されないことも規定されたから［Po.-Ahd. 1598: art. 27］、オスマン領を侵犯しない限りでの軍事活動を了承されていたことになる。

　ただしポーランドの活動は、オスマン帝国の属国との関係によって制約されていた。まず「タタール゠ハン（Tatar hanı）」すなわちクリム・ハーン国については、ポーランド王はハンに慣習的貢納（âdetler）を支払い、ハンはポーランド領に損害を及ぼさないこと［Po.-Ahd. 1598: art. 10］、また、帝国の遠征に参加するハンの軍隊はポーランド領を通過せず、もし敵に侵入されたポーランド王が要請すれば、ハンが撃退を支援することが規定された［Po.-Ahd. 1598: art. 11］。次にモルドヴァ公国については、ポーランドとの相互の不可侵および違反者の処罰 [11]［Po.-Ahd. 1598: art. 12］、そして両国の友好継続［Po.-Ahd. 1598: art. 23］が規定された。その一方で、モルドヴァ公のオスマン宮廷への服属を定めた条項［Po.-Ahd. 1598: art. 16］は、オスマン権力のモルドヴァ支配をポーランドに認めさせたことを意味する [12]。これらの規定から、ポーランドに対して、属国をつうじて自らの主導権を維持しようとしたオスマン側の意図をうかがえる。

　海上の秩序（1-B）に関わるヴェネツィアおよびフランス規定も、基本的規範を共有しつつ、かなり性格を異にしている。まず海難について、ヴェネツィアは、オスマン・ヴェネツィア双方の沿岸海域における相手方の船舶への不干渉と物品の返還を規定された［Ve.-Ahd. 1595: art. 10］。フランスは、オスマン領沿岸でのフランス船に対する食糧・必需品の援助、および保護された物品・財産の返還を規定された［Fr.-Ahd. 1597: arts. 14, 15］。前者の双務性と後者の片務性は、オスマン領と相手国の領域との間の遠近によるものと思われる。

　次にオスマン帝国および相手国の艦隊・船舶については、ヴェネツィア・フ

10）　ヴェネツィアへのアフドナーメにおける領域不可侵の規定は、1521 年までは双務的だったが、オスマン優位下で終わった戦争の講和のための 1540 年のアフドナーメで、ヴェネツィア側からの不可侵に関する条項は消えた［堀井 2022: 51］。

11）　ポーランドからの不可侵については、モルドヴァとともにタタール゠ハンも挙げられている。

12）　この条項は、モルドヴァ公 Ieremia Movila が、オスマン宮廷の命令に服従し、貢納（harac）を送れば、その地位を生涯保障され、息子に継承されることを規定する。この条項が 1598 年に設けられた経緯は、1594 年のワラキア公による対オスマン朝蜂起を契機に、ポーランドが Ieremia をモルドヴァ公に立ててオスマン帝国と対立したものの、両国間で和平が交渉された結果だった［Kołodziejczyk 2000: 126-127］。

ランスともに、相互に友好を示し、損害を及ぼさないことを規定された［Ve.-Ahd. 1595: art. 3(1); Fr.-Ahd. 1597: art. 29］[13]。とはいえヴェネツィア規定は、双務的ながら、オスマン優位の下でヴェネツィア側の行動を規制する条文を含む、念入りな内容となっている［Ve.-Ahd. 1595: arts. 3(2), 3(3), 3(4)］。また「他の地方の盗賊（harami）」に対しては、オスマン・ヴェネツィア双方が援助してはならず、可能であれば捕獲して処罰することも規定された［Ve.-Ahd. 1595: art. 4］。このような友好国と敵対者の区別による秩序維持は、フランス規定では明示されていない。しかし後述するように、フランスは、別の種類の規定で、広範な秩序維持の役割を期待されていた。

　以上の陸上・海上規定から見出せるヴェネツィアとポーランドおよびフランスとの共通点と相違点は、海陸を移動する越境者の取扱（1-C）と連動していたように思われる。まず自発的な逃亡者についての規定は、オスマン帝国と陸上の領域を接するヴェネツィアおよびポーランドの場合に見られる。ヴェネツィアは、オスマン・ヴェネツィア両国が、相手方の領域から逃亡してきた債務者、奴隷（esir）、徴税人（amil）、犯罪者等の取扱について双方とも同じ方法で取り扱うこと、例えば債務者の場合、本人が発見され、財産は所有者に返還されることを規定された［Ve.-Ahd. 1595: arts. 5, 6, 8, 12］。ポーランドの場合、ヴェネツィアと共通するのは、オスマン領からポーランド領に逃亡した債務者について同様の取扱が規定されたことである［Po.-Ahd. 1598: art. 7］。いま一つ独自のものとして、モルドヴァからポーランドに避難した後にモルドヴァに戻って騒乱（fitne）を起こして策謀（müfsidlik）をなす者を捕らえて処罰すべしという規定も見られる［Po.-Ahd. 1598: art. 13］。その具体的な事件は記されていないが、オスマン、モルドヴァ、ポーランドの三国間秩序に敵対する者への警戒感が表れているといえよう。

　越境者に関連して友好者と敵対者の区別を明確にする意図は、公用での往来に関するポーランド独自の規定からも見出される。前述の領域不可侵に続く条

13）　ヴェネツィアは、双方とも船長（reis）が出航のさいに、相手方の領域に損害を与えた場合のための保証人（kefil）を立てることも規定された［Ve.-Ahd. 1595: art. 11］。またフランスは、アルジェの海上略奪者（Cezair-i Garb korsanları）によるフランス商人の損害を回復することも規定された［Fr.-Ahd. 1597: art. 8］。

108 —— 第Ⅱ部　オスマン的秩序から近代国家体系へ

項は次のように規定する。「そして端的にいえば、[ポーランド王は] 朕の友 (dost) の友であり、朕の敵 (düşman) の敵であり、両者間で双方の人間 (adam) および使節 (elçi) が到来し [た時は] 彼ら自身および彼らの財産と所持品に損害を及ぼさないように」[Po.-Ahd. 1598: art. 2]。また、両国が友好状態にある時に来訪する使節に情報をもたらす者を、妨害しないことも規定された [Po.-Ahd. 1598: art. 15]。

　なお、自発的ではなく、捕虜・奴隷 (esir) にされてオスマン領内に連行された相手方の人間に関する規定については、オスマン領内における人間の処遇と密接に関連するので、次節で述べることにする。

　アフドナーメで規定対象となる最も標準的な人間移動は、相手方の商人・商船のオスマン領来訪、ないしオスマン帝国と相手方との間の商人の往来だった。ヴェネツィアは、商人 (bazirgânlar) の往来・来訪そのものは規制されなかったものの[14]、彼らの船がオスマン領各地の港に出入りする時は、城塞長 (dizdar) の許可を得ることを規定された [Ve.-Ahd. 1595: art. 2]。一方、ポーランドは、双方の商人が、慣習 (âdet) と法令 (kanun) にもとづく諸税 (rüsum) を支払いつつ、損害を被ることなく海上・陸上を往来できることを規定された [Po.-Ahd. 1598: art. 4][15]。ただし、黒海西北岸に位置するアッケルマンを河口とするドニエストル川からポーランド領へ行くことができるのは、「至福の門口の下僕」すなわちオスマン側の公用者と、双方の商人のみであること、そして、もし往来者が捕虜 (esir) を連れていれば、その捕虜を送還させることが規定された [Po.-Ahd. 1598: art. 20]。また、適正な税 (vergi) および関税 (gümrük) の徴収を定めた条項では、ポーランド臣民のアルメニア人およびその他の非ムスリム商人が、モルドヴァおよびオスマン領へ、荒野 (beyaban) や隠された道 (mahfi yollar) ではなく、昔から商人が通行してきた公道 (tarik-i âm) を通って来ることが規定された [Po.-Ahd. 1598: art. 24]。ポーランドおよびヴェネツィアの規定は、オス

---

14)　ヴェネツィアのガレー商船団は、「アラブ地方の諸国土 (Arabistan memleketleri)」のアレクサンドリアおよびトリポリ・ベイルートへ、従来どおり往来しうることが規定された [Ve.-Ahd. 1595: art. 28]。なお、オスマン領を来訪したヴェネツィア船の水夫 (nefti) の徴用は禁止された [Ve.-Ahd. 1595: art. 19]。

15)　ポーランド商人の駄馬 (bargir) を、オスマン側の公的飛脚 (ulak) やイェニチェリが徴用してはならないことも規定された [Po.-Ahd. 1598: art. 22]。

第5章　オスマン帝国のアフドナーメと国家体系 —— 109

マン領の境界における規制の性格が強い点で共通するといえよう。

　これら二国に対して、フランスの場合は逆の傾向を示している。フランスからの商人（tacirler）等も、妨害されずに海上・陸上をつうじてオスマン領を来訪し、慣習と法令にもとづく諸税を支払うこと［Fr.-Ahd. 1597: art. 16］、またフランス船は安全に往来し、これらへの略奪があった場合は回復と処罰がなされることが規定された［Fr.-Ahd. 1597: art. 31］。しかし、フランス人のみならず、「ヴェネツィア人とイギリス人を除き、ジェノヴァ、ポルトガル、カタルーニャの商人たち、およびシチリア、アンコーナ、フィレンツェ、ドゥブロヴニク、そして全てのフランス帝王の名と旗の下で移動する者たち」も従来どおり往来し、彼らが「安全と繁栄（emn ü felâh）をもたらす和平と親善（sulh ve salâh）に反し」なければ、オスマン側も「アフドとアマーンの諸条件」を尊重することとされた［Fr.-Ahd. 1597: art. 1］。また「フランス帝王」の要請にもとづき、「ヴェネツィア人とイギリス人を除き［オスマン領に］大使が駐在していない全てのハルビー商人集団（harbi tüccar taifesi）はフランスの旗の下で来訪」できることが認められ、この件についてイギリス大使は干渉できないこととされた［Fr.-Ahd. 1597: art. 2］。さらに、交易のためにハルビーの船に乗るフランス人が捕虜（奴隷）にされてはならないこと［Fr.-Ahd. 1597: art. 5］、また、ハルビー商人集団はフランス船で商品を輸送できること［Fr.-Ahd. 1597: art. 6］も規定された。それゆえ少なくともオスマン・フランス間の合意では、「フランス帝王」は、異教徒世界の代表的な友好国として、地中海で広範な権威を有すると考えられていた。

4　オスマン領内の人間の処遇

　オスマン領を来訪し居留する者たちの現地社会における位置づけ（2-A）は、ヴェネツィアおよびフランスと、ポーランドとの間で大きく異なっていた。まず法的地位については、ヴェネツィア人・フランス人のいずれも、人頭税（harac）免除の規定によって、彼らがムスターミンであることが示された［Ve.-Ahd. 1595: art. 20; Fr.-Ahd. 1597: art. 23］[16]。また彼らが各地で組織した居留集団については、集団を管理する役職者について規定された。ヴェネツィアの場合はイスタンブル駐在領事職であるバイロ（baylos = bailo）、フランスの場合はイス

タンブル駐在大使（elçi）および各地の商港に駐在する領事（konsolos = console, consul）がそれにあたる。なお、イスタンブル以外の各地に駐在するヴェネツィア領事についての規定はないが、彼らにはバイロ関連規定が適用されていた。これら役職者に関する規定の内容は、任命と派遣に特に制約はないこと、集団内における排他的裁判権、オスマン権力による彼らへの支援と保護を主旨とする［Ve.-Ahd. 1595: arts. 7, 13, 14, 16, 18; Fr.-Ahd. 1597: arts. 10, 11, 12, 24, 26］。ただし、ヴェネツィアのバイロの駐在期間は 3 年未満とされた。その一方でフランス大使には特別な権利が認められており、宮廷で他の諸王の使節より上席を占めること［Fr.-Ahd. 1597: art. 13］、また大使に仕える通訳たち（tercümanlar）は人頭税その他を免除されること［Fr.-Ahd. 1597: art. 9］が規定された。フランス人にはヴェネツィア規定の適用も認められていたが［Fr.-Ahd. 1597: art. 30］、それは両者に共通の居留形態ゆえと思われる。以上のヴェネツィアおよびフランスの場合とは対照的に、ポーランドからの来訪者については、彼らの法的地位に関する規定も、彼らがまとまった居留集団を組織していたことを示す規定も見出されない。

とはいえ、オスマン領内で居留者が享受する権利については、ヴェネツィア、ポーランド、フランスの三者に共通する部分が大きかった。個人の利害調整（2-C）について見ると、債務にかかる連帯責任を禁止する規定によって、その責任の範囲が定められた［Ve.-Ahd. 1595: art. 17; Po.-Ahd. 1598: art. 8; Fr.-Ahd. 1597: arts. 17, 21］。また、訴訟のさいには、イスラーム法廷で適切に審理されるための諸条件、すなわち同国人を証人に立てうること［Ve.-Ahd. 1595: art. 21］、通訳の出席を要件とすること［Ve.-Ahd. 1595: art. 15; Fr.-Ahd. 1597: art. 25］、そして「虚偽の証人（şahid-i zûr）」を立てることを禁止し、法廷業務を記録した帳簿（sicillât）および法廷が発行した証書（hüccet）に証拠能力を認めること［Po.-Ahd. 1598: art. 19; Fr.-Ahd. 1597: arts. 19, 20］[17]が規定された。

オスマン社会におけるヴェネツィア人およびフランス人と、ポーランドから

---

16)　ヴェネツィア・フランスいずれの規定も、人頭税を免除されてオスマン領に滞在しうる期間を明示していない。これは、事実上、ムスターミンの地位に伴う法的期限の緩和だったと思われる。

17)　ポーランドむけの当該条項では、同国側でも「その土地の裁判官たちに知られていること（memleket hâkimlerinin ma'lûmı）」でなければ聴訴されないとする条文が付記されている。

の来訪者との位置づけの違いは、彼らに認められた権利の内容そのものよりも、それらを維持し保護する仕組みに現れていたことが、以下の二つの種類の規定からわかる。まず、現地で死亡した商人の遺産管理（2-B）については、遺産の管理者を、ヴェネツィアはバイロ［Ve.-Ahd. 1595: art. 23］[18]、フランスは、遺言がない場合は領事とされた［Fr.-Ahd. 1597: art. 18］のに対して、ポーランドは隊商頭（kârban başı）とされた［Po.-Ahd. 1598: art. 5］[19]。次に、前述した、捕虜・奴隷（esir）にされた相手方の人間について、ヴェネツィア人の場合は「ヴェネツィアのベイたちのバイロたち、あるいは代表者たち（kaimmakamlar）、あるいは代理人たち（vekiller）」に引き渡されることが規定された［Ve.-Ahd. 1595: art. 9］[20]。またフランス人の場合は、同じフランス人に引き渡されるか［Fr.-Ahd. 1597: art. 27］、あるいは大使および領事が身元を特定した後、宮廷に送られて取扱が決定されることが規定された［Fr.-Ahd. 1597: art. 22］。一方、ポーランド規定でも、オスマン・ポーランド両国が奴隷にされた相手方の人間を解放すべきことを規定するが、オスマン領でポーランド人奴隷を引き渡されるか買い戻すとされたのは、「〔ポーランド〕王のもとから来た人間（adam）」ないし「王の人間」だった［Po.-Ahd. 1598: arts. 3, 14］。要するにオスマン領内のヴェネツィア人・フランス人に関わる問題は、捕虜の取り戻しも含めて、主に、現地に駐在する役職者（バイロ、大使、領事）の管轄とされていた。一方、ポーランド人の問題については、現地で恒常的な窓口になりうる役職者は見出されない。

　ヴェネツィアとフランスが現地駐在の役職者を置いていたことは、この両国のオスマン領にまで及ぶ東方行政と、オスマン行政との間で恒常的な接点があったことを意味する。貿易管理（2-D）に関わる規定を見ると、関税が古来の方法ないし慣習や法令にしたがって徴収されるべきことは、三国とも共通していた［Ve.-Ahd. 1595: art. 26; Po.-Ahd. 1598: art. 25; Fr.-Ahd. 1597: arts. 7, 28］。ヴェネツィ

18）　ただし、オスマン領内の街道や村落でヴェネツィア人が殺害され、もしくは失踪した場合、その相続人（varis）もしくは代理人（vekil）はシャリーアにもとづいて権利を認められることが規定された［Ve.-Ahd. 1595: art. 22］。

19）　ポーランドむけの当該条項では、同国領でオスマン側の商人が死亡した場合も同様の方法とする条文が付記されている。

20）　この条項は1521年のヴェネツィアへのアフドナーメで初めて現れ、それ以降はアフドナーメが付与されるたびに同じ内容が継承されたが、1595年に従来の主旨を維持しつつ条文が大幅に修正された［堀井 2017: 705-707］。

112 —— 第Ⅱ部　オスマン的秩序から近代国家体系へ

アの場合、高額の関税を是正するために発せられたオスマン君主の勅令（emr-i şerif）を、イスタンブル駐在バイロおよびシリアのトリポリやエジプトのアレクサンドリア等に駐在する領事が保持すべきことが規定された［Ve.-Ahd. 1595: art. 29］[21]。ここには、ヴェネツィア人の権利を保護しようとするオスマン権力と、その下で自集団の権利を維持する手段を確保していたヴェネツィア人役職者との間の結合が見られる。フランスの場合、これに該当する規定は見られないが、現地駐在の大使および領事は必然的にオスマン行政と恒常的に接触したはずだから、同様の状況を想定できるだろう。

5　内的統合と対外優位

16世紀末のヴェネツィア、ポーランド、フランスへのアフドナーメの比較から、オスマン帝国が形成したアフドの空間は、東西で特徴を異にしていたように思われる。オスマン権力は、ヴェネツィアからポーランドにかけてのバルカン北部・ヨーロッパ東部では、領域不可侵、敵対者への対抗、越境する移動の規制といった諸原則の下で、属国を含む諸国家間関係を維持しようとした。一方、ヴェネツィアからフランスにかけての地中海方面では、むしろ国家間の区別が相対化される傾向にあった。海上規定の規制的性格は、遠方ほど緩やかだった。また、これら友好国からオスマン領を来訪する商人が享受する諸権利は、現地に駐在して居留集団を管理する役職者とオスマン行政との恒常的な結合をつうじて保護された。そして「フランス帝王」は、アフド未締結のハルビー諸集団にも及ぶ広範な権威を認められていた。この東西を全体として見れば、いずれも内的統合と対外優位が組み合わされていたことを指摘できよう。オスマン君主にとって、その支配に服する属国、もしくはその行政下で保護される居留集団は、相手国との関係を主導するための要点だったように思われる。

　実際、オスマン帝国は、国内行政をつうじて相手国との関係を操作していた。

21）　この条項は、1540年のヴェネツィアへのアフドナーメで、特定の事例に対処するために初めて現れ、それ以降はアフドナーメが付与されるたびに同じ内容が継承されたが、1595年に、より一般的な規定に修正された［堀井 2017: 703-704］。この修正条文で、オスマン君主の勅令と、それを保持するバイロおよび領事との関係が初めて言及された。ヴェネツィアへのアフドナーメで "konsolos" の語が見られるのは、これが最初である。

ポーランドへのアフドナーメで見た「我らの友の友であり、我らの敵の敵である」という文言は、V. パナイテによれば、オスマン外交における慣用表現だった。この原則どおり、オスマン帝国は、ワラキア、モルドヴァ、トランシルヴァニアのいずれかで公が交替したり不在だった場合、あるいは内部の反乱や外部の脅威があった場合は、隣接する諸公、クリム・ハーン、オスマン諸州の総督や県知事に、必要に応じて軍事支援させることによって、ドナウ川・黒海周辺における地域安全保障体制（zonal security system）を組織していた［Panaite 2020］。この議論では、モルドヴァへの影響力をめぐってオスマン帝国と確執のあったポーランドは、ハプスブルクやウクライナのコサックとともに外敵とされるが、同国へのアフドナーメで見たとおり、和平の相手国としては、クリム・ハーン国やモルドヴァとともに、オスマン側の防衛体制のなかに位置づけられていたとも考えられる。

　一方、オスマン帝国が西ヨーロッパの友好国に与えたアフドナーメで規定される商人の居留・活動条件が、実際に相手国との貿易関係を秩序づけたこと、また帝国領内の諸商港でネイションごとに組織された居留集団が、オスマン財政および司法行政と日常的に関係していたことはいうまでもない［Faroqhi 2002; Eldem 2006］。このオスマン権力とヨーロッパ人諸集団との関係は、広域的な視野で理解される必要がある。例えば、すでに 16 世紀前半には、マムルーク朝領併合にともなうオスマン支配の拡大によって、東地中海における帝都イスタンブルの中心性が高まり、これに対応してヴェネツィアの伝統的なレヴァント行政もイスタンブル駐在バイロを要として再編され、両者間の行政網をつうじて、エジプトのヴェネツィア人に関する諸問題が解決されるようになった［堀井 2022: 153-154］。また前述のパナイテの 16 世紀末・17 世紀初頭のフランス領事の職務に関する論文によれば、彼らが自国のみならず条約未締結国の商人にも及ぶ保護および管轄権を有したことについて、同様の権利を求めるイギリス大使の主張に沿うオスマン君主の勅令が発せられることはあったものの、フランス領事の権利を尊重するよう州総督、県知事、裁判官といった諸官憲に命じる勅令も、アレッポ、エジプト、キオスにむけて発せられていた［Panaite 2014: 84-86］。これらの事例をオスマン側から見れば、帝国の地方統治と貿易相手国の東方行政との結合は、相手国との関係を調整する手段となりえていたように

思われる。

おわりに

　16世紀末にオスマン帝国がヨーロッパにおける友好・和平相手国に与えたアフドナーメの規範構造から、アフドの空間を支える諸国家間秩序が、帝国の内的統合と対外優位によって構成され、オスマン領内の居留集団、諸州、属国に関わる行政上の仕組みによって維持されていたことをうかがうことができる。この認識をより長期的・広域的に検証することは、イスラーム勢力圏内外の国家体系を、理念と現実の両面から明らかにしていくうえで重要な課題といえよう。

参考文献

ASV, DT: Archivio di Stato di Venezia, Documenti Turchi.

BN: Bibliothèque Nationale (Paris), Turc, no. 130.

鈴木董 2023『オスマン帝国の世界秩序と外交』名古屋大学出版会

堀井優 2011「16世紀オスマン帝国の条約体制の規範構造——ドゥブロヴニク、ヴェネツィア、フランスの場合」『東洋文化』91: 7-24.

――― 2017「16世紀後半・17世紀前半オスマン帝国-ヴェネツィア間条約規範の構造」川分圭子・玉木俊明編『商業と異文化の接触——中世後期から近代におけるヨーロッパ国際商業の生成と展開』吉田書店

――― 2022『近世東地中海の形成——マムルーク朝・オスマン帝国とヴェネツィア人』名古屋大学出版会

松井真子 2024「オスマン帝国の対ポーランド盟約書（アフドナーメ）にみる通商規定」『愛知学院大学文学部紀要』53: 1-12.

De Groot, Alexander H. 2003 "The Historical Development of the Capitulatory Regime in the Ottoman Middle East from the Fifteenth to the Nineteenth Centuries," *Oriente moderno* 22(83), no. 3: 575-604.

Eldem, Edhem. 2006 "Capitulations and Western Trade," Suraiya Faroqhi (ed.), *The Cambridge History of Turkey*, vol. 3, Cambridge: Cambridge University Press.

Faroqhi, Suraiya. 2002 "Before 1600: Ottoman Attitudes towards Merchants from Latin Christendom," *Turcica* 34: 69-104.

İnalcık, Halil. 1971 "Imtiyāzāt, ii," *The Encyclopaedia of Islam*, new editon.

İnalcık, Halil, and Donald Quataert (eds.) 1994 *An Economic and Social History of the Ottoman Empire, 1300-1914*, Cambridge: Cambridge University Press.

Khadduri, Majid. 1955 *War and Peace in the Law of Islam*, Baltimore: The Johns Hopkins Press.

Kołodziejczyk, Dariusz. 2000 *Ottoman-Polish Diplomatic Relations (15th-18th Century): An Annotated Edition of 'Ahdnames and Other Documents*, Leiden, Boston and Köln: Brill.

Kütükoğlu, Mübahat S. 1994 *Osmanlı Belgelerinin Dili (Diplomatik)*, Istanbul: Kubbealtı Akademisi Kültür ve San'at Vakfı.

Panaite, Viorel. 1994 "Trade and Merchants in the 16th Century. Ottoman-Polish Treaties," *Revue des études sud-est européennes* 32, nos. 3-4: 259-276.

―――. 2014 "French Capitulations and Consular Jurisdiction in Egypt and Aleppo in the Late Sixteenth and Early Seventeenth Centuries," Pascal W. Firges, et al. (eds.), *Well-Connected Domains: Towards an Entangled Ottoman History*, Leiden and Boston: Brill.

―――. 2019 *Ottoman Law of War and Peace: The Ottoman Empire and Its Tribute-Payers from the North of the Danube*, 2nd revised edition, Leiden and Boston: Brill.

―――. 2020 "Watching over Neighboring Provinces in the Ottoman Empire: The Case of Tributary Princes from the North of the Danube in the Sixteenth and Seventeenth Centuries," Gábor Kármán (ed.), *Tributaries and Peripheries of the Ottoman Empire*, Leiden and Boston: Brill.

Pedani Fabris, Maria Pia. 1996 *La dimora della pace: Considerazioni sulle capitolazioni tra i paesi islamici e l'Europa*, Venice: Università Ca' Foscari di Venezia.

Schacht, J. 1986 "'Ahd," *The Encyclopaedia of Islam*, new edition.

Theunissen, Hans. 1998 "Ottoman-Venetian Diplomatics: The *'Ahd-Names*. The Historical Background and the Development of a Category of a Political-Commercial Instruments together with an Annoted Edition of a Corpus of a Relevant Documents," *Electric Journal of Oriental Studies* 1, no. 2: 1-698.

Wansbrough, J. 1971 "Imtiyāzāt, i," *The Encyclopaedia of Islam*, new edition.

第6章 帝国の内と外の間

―― オスマン帝国の「附庸国」再考

黛 秋津

はじめに

　近年、オスマン帝国史において研究の進展した分野の一つが、「附庸国」に関する問題である。「附庸」(「付庸」とも書かれる) とは、一般に、付き従い属すること、を意味し、附庸国とは、主たる国 (宗主国) に付き従い、支配と保護を受けている国、いわゆる「属国」のことを指す。元々この用語は、日本を含む東アジア世界において使用されていたものだが、近代以降の日本では、時代・地域を問わず、宗主国の支配と保護を受けながら存在する国家を意味するようになり、英語の "vassal state" の訳語として用いられるようになった。オスマン帝国に関しても、主に欧米圏の研究において、自前の国家組織を維持しつつ、一定期間以上オスマン帝国の支配を受けてその帝国秩序に連なっていた "vassal state" と見なされる国家が、日本においては「附庸国」の名で呼ばれてきた。

　このオスマン帝国の附庸国については、かつての附庸国の領域、もしくはそうした附庸国に歴史的に密接に関わっていた近隣の国や地域において、主として自国史研究の観点から高い関心が示され、一定の研究蓄積が存在していた。これらの研究は、オスマン帝国の支配構造などを明らかにする上でも非常に有用であったが、総じて、特定の一国を対象とした事例研究が主流であった。一方、トルコにおいてはこの問題への関心は低く、これまでオスマン帝国内の附庸国全体を見渡し、帝国の支配構造のなかにそれらを位置づけるような研究はほとんど現れなかった。

117

しかしながら、今世紀に入って旧東欧諸国の研究者を中心とした共同研究が活発に行われるようになり、その成果が 2010 年代より次々に発表されている。特に、近世トランシルヴァニア・ハンガリー史の専門家であるガーボル・カールマーンらによる 2 冊の論集は、執筆者が中東欧諸国の研究者に限定され、研究対象も、17 世紀以前のバルカンからクリミアにかけての附庸国に限られているものの、帝国全体を視野に入れて行われた研究成果であり、オスマン帝国の附庸国に関する最新の知見が盛り込まれた重要な研究書である [Kármán and Kunčević 2013; Kármán 2020]。そのなかでは、附庸国の問題が多面的に検討され、従来のステレオタイプ的な附庸国像、さらには、オスマン帝国の秩序と支配のあり方に対する問い直しが投げかけられている。また、この 2 冊の論集以外に、個々の附庸国の事例研究についても、引き続き着実に行われている印象を受ける。

本章では、このところ議論が活発になってきた、オスマン帝国の「附庸国」について、近年の研究成果を参照しつつ論点の整理を行って、帝国における附庸国の位置づけを今一度確認し、さらにこの問題を通じて、オスマン帝国の内と外の問題について改めて考えてみたい。検討の主な対象は、ラグーザ、トランシルヴァニア、モルドヴァ、ワラキア、クリム・ハーン国（クリミア・ハン国）であるが、適宜ほかの附庸国についても言及する。なお、19 世紀以降、オスマン帝国が近代国際法に基づくヨーロッパ中心の国際秩序に取り込まれてゆくなかで、オスマン帝国政府と附庸国との関係、帝国秩序のなかの附庸国のあり方は変容することになるが、紙幅の関係もあり、本章ではそれについては扱わず、18 世紀以前の時期を検討の対象とすることにしたい。

1 「附庸国」をめぐる議論——法的側面

オスマン帝国の附庸国を考える上で、これまで最も関心を集めてきたテーマの一つは、附庸国がオスマン帝国秩序のなかでどのように位置づけられていたのか、という問題であった。

オスマン帝国がイスラームを支配理念としている以上、附庸国に対する行動もイスラーム法（シャリーア）に基づいて行われていたはずである。特に、オ

118—— 第 II 部　オスマン的秩序から近代国家体系へ

スマン政府によるキリスト教国家の附庸国支配の根拠と枠組みを成す法的な位置づけについては、先行研究のなかで度々検討がなされてきた。

　よく知られているように、イスラームにおいて、世界は「イスラームの家（ダール・アルイスラーム）」と「戦争の家（ダール・アルハルブ）」に区分される。前者は、イスラーム教徒の統治者の下、イスラーム法が十全に施行されている領域であり、後者は異教徒により統治され、イスラーム法が施行されていない領域である。では、オスマン皇帝に従うキリスト教徒の国家は、どちらに属すると見なされていたのだろうか——附庸国の位置づけの大枠に関わるこの問題は、しばしば議論の対象となってきた。その際、ある国がイスラームの家にあるか戦争の家にあるかに直接言及するような史料はほとんど存在しないため、さまざまな史料のテクストからオスマン側の認識を読み取る試みがなされてきた。

　14世紀、オスマン勢力によるアナトリアからバルカンへの進出以降、「戦争の家」にあったブルガリア、セルビア、ボスニアなどの国々は次々にオスマン支配下に入り、その附庸国となったが、一定期間従属した後に国家は解体されて帝国の直接領に編入された。これらの地域が「イスラームの家」と見なされることは明らかだが、他方、征服後に附庸国と位置づけられた後、そのまま自らの国家機構を維持し続けた国が、本章で扱う附庸国であった。そこでは統治者も住民の多くもキリスト教徒であり、オスマン帝国より自治を認められているため、イスラーム法は施行されていない。こうした領域に対して、「イスラームの家」でも「戦争の家」でもない「契約の家（ダール・アルアフド）」、あるいは「和平の家（ダール・アルスルフ）」という第三の領域の適用が議論されることもあった。この中間的なカテゴリーは、契約（和平）により、イスラーム国家に従属する異教徒の領域を示すものであり、オスマン帝国のなかで位置づけが曖昧な附庸国を理解するために有用と考えられ、近代以降しばしば用いられた [Panaite 2013: 29]。しかしながら、このカテゴリーを認めるのは、四大法学派の中でもシャーフィイー派だけであり、オスマン帝国が拠っているハナフィー学派は認めていないため、このカテゴリーを適用するのは適当ではないだろう。

　この附庸国の法的な位置づけの問題に取り組んでいるルーマニアの歴史研究

者ヴィオレル・パナイテは、オスマン史料において、附庸国の住民に対して用いられる用語に注目し、分析を行っている。例えば、ワラキアとモルドヴァの公は「貢納者 haraçgüzâr」であり、両公国は「神護の国家 Memâlik-i mahrûse」の一部であると表現される。また、その住民たちはオスマン皇帝の「臣民 re‘âyâ」であり、「庇護民 zimmî」とされる。これらの用語は、ラグーザやトランシルヴァニアについても用いられており、帝国の直接支配地に居住する非ムスリム臣民と同様であることから、パナイテは、キリスト教徒の附庸国は「イスラームの家」に属しているとの見解を示している［Panaite 2019: 321-322］。その一方で、特に18世紀以降、両公国が「自由 serbestiyet」であることが史料のなかでしばしば強調されていることを指摘し、また、有名なハナフィー学派法学者であるシャイバーニーらが、イスラームの家のなかに「和解の家 dâr al-muwâda‘a」と「庇護の家 dâr az-zimmah」というサブカテゴリーを示していることにも言及して、実質的には「イスラームの家」と「戦争の家」の中間的なカテゴリーに位置していたのではないかと推測している［Panaite 2007: 33-35］。

　確かに、イスラーム法上の附庸国の位置づけは、附庸国に対するオスマン帝国の行動の前提となるものであり、支配のあり方をゆるやかに規定するものであった点において重要であるが、その一方で、現実のさまざまな政策の実践において、「イスラームの家」か「戦争の家」かを常に意識していたわけではないだろう。

　法的側面に関して、先行研究のなかで関心を向けられたもう一つのテーマは、オスマン政府と附庸国の権利・義務関係は何によって定められたのか、という問題であった。多くの場合、両者の関係は「アフドナーメ」により規定された。形式上、二者間の対等な条約ではなく、強者のオスマン帝国が弱者である他国に対して発する体裁をとり、実際、少なくとも前近代においては、力に勝るオスマン帝国側が主導権を握ってはいたが、一応の両者の合意により定められた内容がこのアフドナーメに記載された。そして、「附庸国」とされる各国とオスマン政府との間でも、このアフドナーメは見られた。例えば、オスマン政府とラグーザとの間では、1458年にアフドナーメが出され、以後、更新の際に多少の修正が見られたものの、基本的な内容は1806年のラグーザの滅亡まで変わらなかった［Kunčević 2013: 92］。また、トランシルヴァニアとの間でも1572

120 —— 第Ⅱ部　オスマン的秩序から近代国家体系へ

年にアフドナーメが発せられ、以後更新を行いつつ、1699 年のカルロヴィッツ条約締結まで、両者の基本的な権利・義務関係を規定していた［Szabó 2013: 312］。

　ヨーロッパにおいては「カピチュレーション」の名で知られるアフドナーメは、一般に、オスマン帝国と諸外国間の条約と考えられているが、オスマン帝国は「附庸国」に対しても、アフドナーメを発していたことに留意する必要がある。

　附庸国との宗主・附庸関係を規定するものはアフドナーメだけではなかった。必要に応じて発せられるスルタンからの勅令を含む各種の命令は、それが継続し積み重ねられることにより慣例となり、宗主・附庸関係を規定することになった。例えば、ワラキアとモルドヴァについて、ルーマニアの歴史研究者の間で論争になっているのが、両公国とオスマン政府の間の関係はアフドナーメにより規定されていたのか、という問題である。ワラキアに対しても、モルドヴァに対しても、オスマン側から度々アフドナーメが発せられたとされるが、オリジナルの文書は存在せず、いくつかの写しが残っているのみである。これまでの研究により、それらの写しは 18 世紀に創作されたものである可能性が高く、今日では、オスマン帝国と両公国との関係を規定するようなアフドナーメは無かったのではないかと考えられている［Panaite 2013: 33-36; Maxim 1993: 95］。もちろん、現存するアフドナーメの写しが全て後の創作物とは限らず、実際にアフドナーメは存在していたものの、それらが全て消失してしまった可能性もあるわけであるが、もしアフドナーメが存在しなかったとすると、ワラキアとモルドヴァの場合、アフドナーメではなく、オスマン政府からの命令とそれに対する両公国の対応の蓄積のなかで慣例が成立してゆき、それにより両者の権利・義務関係が構築されたことになる。この点がラグーザやトランシルヴァニアと異なっている。

　クリム・ハーン国についても同様の議論がなされていた。19 世紀に活躍したオーストリアの東洋学者ハンマー・プルクシュタルや、ロシアの東洋学者スミルノフは、その著書のなかで、1487 年のアフドナーメによりオスマン帝国に対する関係が規定されたと記し、そうしたアフドナーメの存在が信じられてきた。しかし、トルコの歴史研究者イナルジクは 1944 年に発表した論文で、そうしたアフドナーメの存在を否定し［İnalcık 1944］、後の研究者もその見解を支

持しており、現在では、両国の関係を規定したものはアフドナーメではないという考え方が定説となっている［Królikowska 2013: 43-44］。

　ここまで、附庸国の法的側面に関する論点を 2 点紹介した。キリスト教国家の附庸国については、「戦争の家」か「イスラームの家」かの二者択一で言えば後者に属すると考えられるが、実質的には、その中間的なカテゴリーに当たると考えるのが妥当なようである。また、オスマン政府と附庸国の具体的な関係を規定するのは、諸外国との関係を規定するものでもあるアフドナーメ、すなわち条約、および、日常的にオスマン側から発せられるさまざまな命令と附庸国側の対応の積み重ねのなかで定着した慣例の二つであったが、両者がどのように組み合わさり、権利・義務関係が定まったのかについては、附庸国の間で違いが見られた。

2　宗主・附庸関係の実態

　次に、主な附庸国の宗主・附庸関係の実態面に注目する。以下、(1)貢納、(2)軍事支援、そして、これまであまり検討されてこなかったテーマであるが、(3)イスタンブルの代理人、の 3 点について見てみたい。

(1)　貢　　納

　言うまでもなく、貢納は服従を示す最も基本的な行為であり、ある国が附庸国か否かを判断するための基準となる。問題はその支払い額であり、それらは一律ではなかった。今回検討対象とした附庸国のうち、最も負担が軽かったと思われるのがラグーザとトランシルヴァニアである。ラグーザは、1440 年以降、オスマン政府に毎年貢納を行い、当初は金貨 500 枚だったものが、1480 年には 1 万 5000 枚まで引き上げられたが、その後 1 万 2500 枚に落ち着いた［Papp 2013: 397］。この金額は 18 世紀の史料にも見られ、後年まで大きく変わらなかったようであるが、この金額自体、後述するワラキアとモルドヴァの貢納額と比較すると、少ないことがわかる。また、貢納の支払いは毎年が原則であったが、18 世紀に、経済的理由から 3 年に 1 度に軽減された時期もあった［Miović 2013: 206］。トランシルヴァニアは、1541 年以降、概ね金貨 1 万-1 万 5000 枚を

毎年オスマン側に支払っていた。1657 年、公であったジョルジ・ラーコーツィ 2 世（在位 1648-60 年）がオスマン政府の許可なくポーランドに進軍したことで彼の廃位が決められ（翌年復位）、1658 年に金額は一気に金貨 4 万枚にまで引き上げられたが［Felezeu 2013: 316-317］、それでもワラキアとモルドヴァに比べれば、負担は軽かった。

　そのワラキアとモルドヴァは、オスマン政府に対し重い経済的な義務を負っていた。貢納は、ワラキアの場合、金貨で 1474 年には 1 万、1540 年代初めに約 2 万、1570 年代には 10 万枚を超えた。ワラキアと比較して人口の少ないモルドヴァの場合は、同じく金貨で 1455 年に 2000、1527 年に 1 万、1574 年に 5 万、1591 年に 6 万枚に達した［Papp 2013: 399-401］。両公国は、こうした毎年の貢納金以外にも、公式・非公式のオスマン帝国高官への贈物、一時的な税の支払いなどを負った。そして、オスマン政府が重視したのは、帝都イスタンブルへの食料の供給であり、両公国とも、市場価格よりも安い公定価格（narh）で政府に食料を供出する義務を負っていた［Maxim 1979: 1749-1758］。

　一方、クリム・ハーン国に関しては、オスマン帝国への奴隷の供給が事実上義務として課されていたが、毎年の貢納の義務は無かったことが知られており、これは附庸国としてはかなり特殊な例である［Ivanics 2013: 278］。

　このように、貢納の金額やその他の経済的な義務については、附庸国間でかなりのばらつきが見られた。ラグーザとトランシルヴァニアは、比較的負担は軽く、特に金額が 18 世紀まであまり変化のないラグーザについては、インフレを考慮に入れると、負担は徐々に軽減されていたように思われる。一方、ワラキアとモルドヴァは、貢納の金額の大きさとともに、食料供給の義務も課され、その経済的負担は附庸国のなかではかなり重かったと言うことができる。

(2)　軍事支援

　一般に、附庸国は帝国周縁部に位置し、諸外国と近接していることが多いため、オスマン政府の軍事行動に際し、派兵などの軍事的な支援を行うことも、附庸国の義務と考えられていた。

　ハプスブルク帝国やポーランドとの境界地域に位置するトランシルヴァニア、モルドヴァ、ワラキアの三国には、16・17 世紀に生じたいくつかの戦争に際し、

オスマン軍への協力が求められた。前項で見たように、貢納など経済的義務が比較的軽かったトランシルヴァニアは、軍事的な義務に関しても、オスマン軍による近隣諸国への遠征時において、オスマン帝国から大規模な派兵は求められなかったが、小規模な部隊のほか、船舶や食料などの供出を求められ、これを果たしていた［Szabó 2013: 324-327］。上で述べた「近隣諸国」のなかには、ワラキアとモルドヴァも含まれており、これらの三公国は、そのいずれかの国で反乱や騒乱などが生じた際には、そこへの派兵がオスマン政府により命じられることがあった。例えば、1614 年にトランシルヴァニア公宛に出されたアフドナーメは、三公国が相互に友好関係を維持することを求めつつ、必要な場合に派兵するように規定しており［Szabó 2013: 313-314］、実際、そのような実例が多数存在した［Panaite 2020］。トランシルヴァニアは総じて、求められる兵の規模は小さく、また、派兵地も近隣諸国に限定されていた。

　ワラキアとモルドヴァに関しても、史料には、1473 年のオスマン帝国とアク・コユンルとの戦いにワラキア軍が参加した記録が見られるが、この例外を除けば、派兵が求められたのは、やはり近隣での戦争に限られた。しかし、派兵の規模については、総じてトランシルヴァニアと比較して大きく、また、食料や必需品の要求にも応えなくてはならず、負担は重かったようである［Cristea 2013: 266-270］。

　国の規模の小さいラグーザは、17 世紀初めの時点で、わずか 350 名足らずの正規兵しかおらず、傭兵を含めても小規模な軍事力しか有していなかった。それでもオスマン側もラグーザに対して軍事協力の義務を課したが、部隊の派遣ではなく、軍事専門家の派遣や物資輸送などの分野での協力を要求した［Madunić 2013: 369］。

　軍事面に関して、附庸国のなかで最も重要な役割を果たしたのがクリム・ハーン国であった。同国は、西方の対ハプスブルク・ポーランド遠征にも、東方の対サファヴィー朝遠征にも軍を派遣し、オスマン帝国の征服活動に不可欠な存在であった。派遣される兵の規模も、総じて前述の各附庸国をかなり上回り、場合にもよるが、ある軍事史家の研究によれば、16 世紀には 3 万 -4 万、17 世紀には 4 万 -6 万人ほどの規模であったと推定されている［Penskoi 2010: 56-66］。なお、西方のハンガリー方面への遠征に際しては、軍の出発から戦地への到着

に至るまでの食料供給は、ワラキア、モルドヴァ、トランシルヴァニアの義務
とされた［Ivanics 2013: 284-285］。

　クリム・ハーン国は、必ずしも、オスマン帝国の命令によりやむなく軍を派
遣したわけではなく、自ら積極的に参加した側面もあった。なぜなら、経済活
動として略奪を一つの重要な生業とする彼らにとって、遠征への参加は経済的
利益を得る貴重な機会であったからである。特にキリスト教世界への遠征では、
遠征先で奴隷を獲得する機会でもあった［Ivanics 2013: 291］。とはいえ、クリ
ム・ハーン国も、時と場合によってはオスマン側の要請を拒絶したり、あるい
は要請よりも小規模な部隊を派遣することもあり、オスマン側の要求を回避し
ようとする試みは、クリム・ハーン国のみならず、他の附庸国でもしばしば見
られた。

　このように、附庸国に対する軍事協力については、本章で取り上げた全ての
附庸国が何らかの形でその義務を負っていたが、国により、要求される兵の規
模や協力内容に差が見られた。

(3)　イスタンブルの代理人

　各附庸国が、オスマン政府との連絡のために任命した代理人に関しては、こ
れまでに個別研究はいくつかあったものの、全体を見渡し比較するような研究
は長らく現れなかった。しかし、2013 年の論集において、編者であるカール
マーンがこれを行い、興味深い結果が示されている。

　附庸国の代理人は、必要に応じて派遣される者、そして、イスタンブルに常
駐する者の二つに分類され、国により、そのいずれか、もしくは両方を用いる
場合があった。

　トランシルヴァニアの場合は、「フォーコヴェト（fökövet）」と呼ばれるアド
ホックな使節と、「カピティハ（kapitiha）」と呼ばれる常駐の代理人を用いてい
た。前者は「大使」や「全権使節」に当たり、後者に比べ、地位の高い人物が
任命され、毎年の貢納金の納付や重要事案の交渉などの機会に派遣された。後
者の名称は、オスマン語のカプ・ケトヒュダース（kapı kethüdâsı）／ケハーヤス
（kehâyası）に由来し、イスタンブルにおける公の伝達役としてオスマン政府と
の間の窓口になっていたが、公国の代表として正式にオスマン側と交渉するよ

第 6 章　帝国の内と外の間 —— 125

うな権限は有していなかった。このような、不定期に派遣される全権使節と、常駐の代理人の両方を有するほかの事例として、1606 年のジトヴァトロク条約以降のハプスブルク帝国が挙げられる［Kármán 2013: 159-161］。一方、16 世紀以降、アフドナーメによりオスマン帝国内に常駐使節を置く権利を得たイギリス、フランス、オランダなどの国々は、アドホックな使節ではなく、常駐使節が国を代表する立場であり、ハプスブルク帝国の事例とは異なっていた。

　ワラキアとモルドヴァの場合は、トランシルヴァニアとは異なり、それぞれイスタンブルに「カプケハヤ（capuchehaia）」と呼ばれる代理人が常駐するのみであり、全権使節が不定期に送られる仕組みは存在しなかったようである。そして常駐代理人が複数名いたことも、トランシルヴァニアと違う点であり、これは、不定期に派遣される使節の代わりとして、イスタンブル常駐の代理人の一人が本国とイスタンブルの間を往来するためではないか、とカールマーンは推測している。さらに彼は、オスマン帝国の直接支配地域とされるブダ州やティミシュ州の総督も、少なくとも 17 世紀後半、イスタンブルに自らの部下を常に置いていたことを挙げて、ワラキアとモルドヴァとの類似性を示唆している［Kármán 2013: 162-163］。多くの地方総督がそのような役人をイスタンブルに置いていたか否かについては未だ明らかになっておらず、更なる研究が必要であるが、それはともかく、ワラキア・モルドヴァ両公国は、トランシルヴァニアとは異なる仕組みを有していた。

　一方、ラグーザの場合は、前述の事例とは異なり、17 世紀末まで常駐の代理人は存在しておらず、貢納金の上納時など、必要に応じて使節が派遣されるのみであった。オスマン帝国内で活躍するラグーザの商人や医師などが、非公式にオスマン支配層と接触しており、そのようなチャンネルを通じて両者の関係は維持されていた［Miović 2013: 191-192］。1688 年以降、代理人が常駐するようになるが、ラグーザ側ではその職を "console（領事）" と呼んでいたことも、他の国の常駐使節と異なる点であった。このようなアドホックな使節のみの関係は、クリム・ハーン国にも当てはまるようであるが、クリム側の代理人に関する詳細な研究はまだ現れていない。ちなみに、諸外国のなかでも、例えばポーランドやロシアなども、17 世紀後半まで同様の方法でオスマン政府と接触していた。

以上のように、各附庸国のイスタンブルにおける代理人については、(1)アドホックな使節と常駐の代理人の併用のトランシルヴァニア、(2)常駐の代理人のみのワラキアとモルドヴァ、(3)アドホックな使節のみのラグーザと、おそらくクリム・ハーン国、と多様であった。諸外国のケースを見ても、附庸国と同様に多様であり、また、ワラキアとモルドヴァのところで言及したように、少なくとも一部の地方総督もイスタンブルに連絡役を置いていたことが知られている。こうして見ると、オスマン政府との公式のコミュニケーションの仕組みにおいて、諸外国と附庸国を分けるような基準はなく、まだ明らかではないが、直接支配地である州との線引きも曖昧なようである。

　カールマーンは論文のなかで、イスタンブルにおける各国代理人の駐在地や、オスマン政府による使節・代理人の受入儀礼の比較なども試みており、前者について、諸外国の多くが、現在「新市街」と呼ばれるベイオウル地区に駐在しているのに対し、ワラキア・モルドヴァ・トランシルヴァニアの駐在地が旧市街の金角湾沿いにあることを指摘しているが [Kárman 2013: 167-172]、ラグーザはこれに当てはまらず、やはり附庸国としての類型的なまとまりや特徴を考えることは難しいようである。

　本節では、(1)貢納、(2)軍事支援、(3)イスタンブルの代理人の 3 点について、主に 17 世紀以前における各附庸国の実態について検討した。いずれの項目においても、附庸国の間でかなりのばらつきがあることが見て取れるが、総じて、ラグーザ・トランシルヴァニアと、ワラキア・モルドヴァとの間には、オスマン支配のあり方に差が見られ、また、同じ附庸国として扱われるクリム・ハーン国の位置づけは、これらの国々とは異なるようである。一方、これらのオスマン政府と附庸国の権利・義務関係には、諸外国、あるいは、オスマン帝国の直轄地との共通項も一部で見られ、いずれにしてもオスマン帝国の「附庸国」に特有の義務や権利を特定することは難しいように思われる。

3　帝国の内と外の間の「附庸国」

　これまでの検討をふまえ、クリム・ハーン国のようなイスラーム国家も、多様なキリスト教国家も含むオスマン帝国の「附庸国」を、どのように位置づけ

たらよいのだろうか。

　そもそも、オスマン帝国における「附庸国」という類型が、18世紀後半もしくは19世紀のヨーロッパで生み出され、それが定着したことは、すでに知られているところである。すなわち、ヨーロッパ諸国によるオスマン帝国への本格的な進出が始まり、帝国の分割が関心事になるなか、オスマン帝国に従属していると見なされる国家と、オスマン政府との関係を、ヨーロッパ国際法体系において、西欧中世の封建制の下での主君に仕える「臣下（vassal）」という概念で比喩的に説明したわけである。その背後には、旧来の主君（オスマン帝国）が保護する義務を果たさない場合には、新たな主君（ヨーロッパ）に仕えることになる、という意図があるように思われるが、いずれにせよ、ヨーロッパでは、自前の統治機構を有しながらオスマン帝国に従属している国が「附庸国（vassal state）」と定義されていった。そして、そのような関係は、19世紀半ばになると、清朝など、東アジアにも適用されるようになった［岡本 2014: 90-118］。オスマン帝国側の統治の認識や実態を考慮していないそのような見方が、元来オスマン帝国に存在していたものとして扱われ、今日まで継承されているわけであるが、本章で検討したように、少なくとも17世紀以前において、何が附庸国とその他の帝国領を分けるのか、そして、何が附庸国とその他の諸外国を分けるのかは明確ではない。そうなると、現在の「附庸国」というカテゴリー自体を考え直す必要が出てくるかもしれない。

　帝国の直轄地とされる州県制施行地域と附庸国との区別の曖昧さについては、ヨーロッパの研究者によって以前より指摘されていた。例えば、ポーランド史・オスマン史研究者のダリウシュ・コウォジェイチクは、オスマン帝国のイエメン支配を取り上げ、ザイド派の現地支配者が何度もオスマン支配に反旗を翻し、その度に両者の間で条約が結ばれるなど、非常に自立的であったこの領域が、なぜ帝国の直轄地として扱われ、なぜモルドヴァやラグーザが附庸国と扱われるのか、疑問を呈している［Kołodziejczyk 2013: 423］。また、16世紀アナトリア東部に成立した、クルド系やグルジア系の現地領主家系が総督・知事職を世襲し、場合によっては政府による徴税のための検地さえも行われない特殊な州や県は、その中央政府との関係において、「附庸国」と類似点が多いと考えられる。

128 ── 第II部　オスマン的秩序から近代国家体系へ

一方で、「附庸国」と諸外国との区別も難しい問題である。前節で取り上げた貢納について、クリム・ハーン国以外の附庸国はこれを支払っていたが、貢納金の支払いが、必ずしもオスマン帝国の附庸国になったことを意味するわけではなかった。例えば、短期間、戦闘を回避するため、諸外国がオスマン側に金銭を支払う例はしばしば見られ、ハプスブルク帝国やヴェネツィアもこうした支払いを行ったことが知られている。また、戦争後の和平条約により、一定期間貢納金をオスマン側に支払うよう規定されることもあり、1672 年にオスマン帝国がポーランドに勝利した後、ポーランドは一時期オスマン側に貢納金を支払っていた。このような例は、オスマン帝国側から見れば、諸外国の服従と従属ととらえられるかもしれないが、実際には、それらの国を、いわゆる「附庸国」に相当するものと認識はしていなかっただろう。反対に、ヨーロッパ諸国から見ると、貢納金の支払いは、一時的な休戦を得るための戦略的措置、もしくは戦後の賠償金の支払いと認識され、当然のことながらオスマン帝国の「附庸国」として従属したとは思っていなかったはずである。

　実は、オスマン帝国の「附庸国」とされるラグーザ自身も、そのような双方の論理を意識的に使い分けつつ、ヨーロッパ諸国に対しては、自らの独立国家としての地位を示していた。貢納以外、さしたる義務を負わず、内政への干渉も受けず、オスマン帝国の保護下で通商活動を行っていたラグーザは、オスマン側からのアフドナーメや勅令などのなかで使用される、オスマン帝国への従属を示す「忠誠（sadâkat）」「服従（itâ‘at）」「保護（emn ü emân / himâyet）」の語に対応する “fedeltà”, “obedienza”, “prottetione” の語を、主要なヨーロッパ諸国への文書のなかでも自ら用いることにより、それらの語を、どの国に対しても用いる一般的な表現に見せかけるという方法を用いることで、オスマン帝国への従属を否定して見せた。そして、西欧において貢納は、必ずしも受領者の上位主権を認めるものではなかったこともあり、ヨーロッパ諸国に対して、自らが独立した国家であることを強調していた [Kunčević 2013: 98-110]。さまざまな観点から見て、ラグーザをオスマン帝国の附庸国と見なすことにはある程度の合理性があるように思われるが、この例のように、当事国がオスマン帝国への服従を否定していた、あるいは否定するように振る舞っていた事実は、帝国の内と外を明確に区別することの難しさを示している。

また、貢納金を支払っていなかったクリム・ハーン国の位置づけも、再検討が必要なようである。コウォジェイチクは、1530 年代にクリム・ハーン国をめぐり、スレイマン 1 世や大宰相とポーランド国王との間で交わされた書簡のなかで、オスマン側は主権を持たないクリミアのハーンをオスマン・ポーランド間の条約に関与させる必要は無いと主張したのに対し、ポーランド国王はハーンを主権者と見なし、ハーンが条約を遵守する確約をオスマン側に執拗に求めた事例を紹介している [Kołodziejczyk 2013: 422-423]。要するに、ポーランド側とオスマン側では、当時のクリム・ハーン国の主権に対する考え方に差があったことになる。コウォジェイチクは、16 世紀前半のこの事例を通じて、クリム・ハーン国が附庸国であったことの自明性に疑問を呈し、その要因の一つとして、19 世紀ロシアのスミルノフの影響を挙げている。スミルノフは、19 世紀後半に、クリム・ハーン国史に関するまとまった研究を初めて上梓した著名な東洋学者であるが [Smirnov 1887]、彼はその研究のなかでクリム・ハーン国を、原始的な経済構造を有し、主権を持たず、オスマン帝国に強く依存する弱い存在として描き出した。もちろん、その背景には、「未熟な」クリム・ハーン国をロシアが支配し文明化することを正当化する意図があると思われるが、そうしたスミルノフの著作は再版され、未だにクリム・ハーン国史研究の必読書になっており、彼のクリム・ハーン国観が現在まで影響を与えているようである。確かに、ロシアの進出を受け、オスマン帝国への依存を強めた 18 世紀のクリム・ハーン国の姿はそのようなものであったかもしれないが、それをその前の時期にも当てはめるのは注意すべきであろう。17 世紀以前のクリム・ハーン国は、オスマン帝国に対してより自立的であり、両国の関係は再検討の余地がある。

　このように、「附庸国」として括られる多様な国々は、一方で、帝国の直接支配地とされる地域とも共通性を持ち、他方で、外国と見なし得る要素も含む、帝国の内と外の狭間に位置していた。ただし、本節で言及したアナトリア東部の特殊な州・県やイエメンの事例に見られるように、帝国の直轄地と見なされている領域のなかにも、実は中央の権力から自立的な州や県もあり、附庸国や直轄地という先入観を排して、改めてオスマン帝国の支配構造を検討する必要があるのではないだろうか。

おわりに——「附庸国」の創出

前節で触れたように、今日、我々がオスマン帝国の「附庸国」と見なしているのは、オスマン帝国側の規定や認識によるものではなく、近代ヨーロッパにおいてそのように見なされ定義づけられた国々であった。ヨーロッパ諸国が、オスマン政府とそれらの国や地域との関係を「宗主」と「附庸」という形で認識し、やがてヨーロッパ国際法のなかに位置づける過程については今後の研究を俟たなくてはならないが、筆者の専門との関連から推測すると、このプロセスはヨーロッパ諸国のオスマン帝国への進出が本格化する 18 世紀後半に進展したのではないかと考えられる。とりわけ、18 世紀に黒海地域に進出したロシアは、黒海周辺にあり、オスマン帝国の支配が及んでいるクリム・ハーン国、モルドヴァ、ワラキア、さらにミグレリア、イメレティアなどのグルジア（ジョージア）西部諸国について、オスマン政府とこれらの国々との間の権利・義務関係を明確化するようオスマン側に迫ったことが知られている。例えば、ワラキアとモルドヴァに関して、1768-74 年のロシア・オスマン戦争での和平交渉時において、ワラキアとモルドヴァの貴族たちが、17 世紀以前の偽のアフドナーメをロシア側交渉団に渡し、その内容を基に交渉が進められた結果、和平条約にオスマン帝国とワラキア・モルドヴァ両国間の権利・義務関係が規定されることになった [Panaite 2013: 34]。そして 1791 年にはロシアとの合意に基づき、「附庸国」ワラキアとモルドヴァに対する「法令集（カーヌーンナーメ）」がオスマン側から出され、さらに両帝国間で締結された 1829 年のアドリアノープル条約の第 5 条において、両公国が公式にオスマン帝国の「宗主権 (suzeraineté)」下にあると規定された [黛 2014: 41-43]。これに先立ち、1800 年に両帝国間で締結された。七島共和国（イオニア共和国）に関する条約の中で、オスマン帝国は同共和国の「宗主」であり、同共和国はオスマン帝国の「附庸国 (vassal)」であることが規定されている [黛 2014: 44-46]。この条約が、オスマン・ヨーロッパ諸国間で「宗主」や「附庸」に言及した初めての条約であるとは断言できないがそれ以前の主要な条約にはそのような用語は見られないことから、18 世紀末頃にその始まりを求めるのが妥当ではないかと考えられる。

第 6 章　帝国の内と外の間 —— 131

こうして、ヨーロッパによってもたらされた「宗主」と「附庸」という概念のオスマン帝国への適用により、19世紀になると、ヨーロッパ国際法の影響を受けて、オスマン帝国のなかで、政府と自治的な国家との関係は、「宗主国」と「附庸国」として再定義された。問題は、そのような19世紀的な基準が、無批判に前近代に遡って適用され、オスマン帝国による征服時からすでにそうした宗主・附庸関係が存在していたかのように見なされ続けてきたことであった。本章が依拠した近年の国際共同研究は、こうした長年にわたるバイアスを取り除いた点で、有意義なものであった。

　今後は、オスマン側の視点、「附庸国」側の視点、そしてヨーロッパ側の視点のそれぞれについて、法的認識や具体的な人的物的関係を丹念に洗い出し、それらの複雑なつながりを明らかにした上で、これまで「附庸国」と見なされてきた地域を改めて位置づける作業が必要になるだろう。

参考文献

岡本隆司編 2014『宗主権の世界史──東西アジアの近代と翻訳概念』名古屋大学出版会

黛秋津 2014「オスマン帝国における附庸国と「宗主権」の出現──ワラキアとモルドヴァを例として」岡本隆司編『宗主権の世界史』名古屋大学出版会

Ágoston, Gábor. 2003 "A Flexible Empire: Authority and its Limits on the Ottoman Frontiers," *International Journal of Turkish Studies* 9, no. 1/2, 15-31.

Cristea, Ovidiu. 2013 "The Friend of My Friend and the Enemy of My Enemy: Romanian Participation in Ottoman Campaigns," G. Kármán and L. Kunčević (eds.), *The European Tributary States of the Ottoman Empire in the Sixteenth and Seventeenth Centuries*, Leiden: Brill, 253-274.

Felezeu, Călin. 2013 *Principatul Transilvaniei în epoca suzeranității otomane: 1541-1688*, Cluj-Napoca: Bybliotek.

İnalcık, Halil. 1944 "Yeni Vesikalara Göre Kırım Hanlığının Osmanlı Tâbiliğine Girmesi ve Ahitname Meselesi," *Belleten* 8(30), 185-230.

Ivanics, Mária. 2013 "The Military Co-operation of the Crimean Khanate with the Ottoman Empire in the Sixteenth and Seventeenth Centuries," G. Kármán and L. Kunčević (eds.), *The European Tributary States of the Ottoman Empire in the Sixteenth and Seventeenth Centuries*, Leiden: Brill, 275-299.

Kármán, Gábor. 2013 "Sovereignty and Representation: Tributary States in the Seventeenth-century Diplomatic System of the Ottoman Empire," G. Kármán and L. Kunčević (eds.), *The Euro-*

pean Tributary States of the Ottoman Empire in the Sixteenth and Seventeenth Centuries, Leiden: Bril, 155-185.

Kármán, Gábor and Lovro Kunčević (eds.). 2013 *The European Tributary States of the Ottoman Empire in the Sixteenth and Seventeenth Centuries*, Leiden: Brill.

Kármán, Gábor (ed.). 2020 *Tributaries and Peripheries of the Ottoman Empire*, Leiden: Brill.

Kołodziejczyk, Dariusz. 2013 "What is Inside and What is Outside? Tributary States in Ottoman Politics," G. Kármán and L. Kunčević (eds.), *The European Tributary States of the Ottoman Empire in the Sixteenth and Seventeenth Centuries*, Leiden: Brill, 421-432.

Królikowska, Natalia. 2013 "Sovereignty and Subordination in Crimean-Ottoman Relations (Sixteenth-Eighteenth Centuries)," G. Kármán and L. Kunčević (eds.), *The European Tributary States of the Ottoman Empire in the Sixteenth and Seventeenth Centuries*, Leiden: Brill, 43-65.

Kunčević, Lovro. 2013 "Janus-faced Sovereignty: The International Status of the Ragusan Republic in the Early Modern Period," G. Kármán and L. Kunčević (eds.), *The European Tributary States of the Ottoman Empire in the Sixteenth and Seventeenth Centuries*, Leiden: Brill, 91-121.

Madunić, Domagoj. 2013 "The Defensive System of the Ragusan Republic (c. 1580-1620)," G. Kármán and L. Kunčević (eds.), *The European Tributary States of the Ottoman Empire in the Sixteenth and Seventeenth Centuries*, Leiden: Brill, 341-372.

Maxim, Mihai. 1979 "Regimul economic al dominaţiei otomane în Moldova şi Ţara românească în doua jumătate a secolului al XVI-lea," *Revista de istorie*, 32(9), 1731-1765.

————. 1993 *Ţările Române şi Înalta Poartă*, Bucureşti: Editura Enciclopedica.

Miović, Vesna. 2013 "Diplomatic Relations between the Ottoman Empire and the Republic of Dubrovnik," G. Kármán and L. Kunčević (eds.), *The European Tributary States of the Ottoman Empire in the Sixteenth and Seventeenth Centuries*, Leiden: Brill, 187-208.

Panaite, Viorel. 2007 "Wallachia and Moldavia from the Ottoman Juridical and Political Viewpoint, 1774-1829," A. Anastasopoulos and E. Kolovos (eds.), *The Ottoman Rule and the Balkans, 1760-1850: Conflict, Transformation, Adaptation*, Rethymno: Department of History and Archaeology, University of Crete, 21-44.

————. 2013 *Război, pace şi comerţ în Islam: Ţările române şi drept otoman al popoarelor*, Iasi.

————. 2019 *Ottoman Law of War and Peace: The Ottoman Empire and Its Tribute-Payers from the North of the Danobe* (second revised edition), Leiden: Brill.

————. 2020 "Watching over Neighboring Provinces in the Ottoman Empire: The Case of Tributary Princes from the North of the Danube in the Sixteenth and Seventeenth Centuries," G. Kármán (ed.), *Tributaries and Peripheries of the Ottoman Empire*, Leiden: Brill, 7-23.

Papp, Sándor. 2013 "The System of Autonomous Muslim and Christian Communities, Churches, and States in the Ottoman Empire," G. Kármán and L. Kunčević (eds.), *The European Tributary States of the Ottoman Empire in the Sixteenth and Seventeenth Centuries*, Leiden: Brill,

375-419.

Penskoi, V. V. 2010 "Voennyi potentsial Krymskogo Khanstva v kontse XV-nachale XVII v.," *Vostok (Oriens)* 20(2), 56-66.

Smirnov, Vasilii. 1887 *Krymskoe khanstvo pod verkhovenstvom Otomanskoi Porty do nachala XVIII veka*, St. Petersburg (reprint 2005).

Szabó, János B. 2013 "'Splendid Isolation'? The Military Cooperation of the Principality of Transylvania with the Ottoman Empire (1571-1688) in the Mirror of the Hungarian Historiography's Dilemmas," G. Kármán and L. Kunčević (eds.), *The European Tributary States of the Ottoman Empire in the Sixteenth and Seventeenth Centuries*, Leiden: Brill, 301-339.

第7章 アフドナーメから通商条約へ

──18世紀におけるオスマン外交文書の変容

松井真子

はじめに

　日本の開国を規定した条約として、1854年の日米和親条約や1858年の安政の五カ国条約（アメリカ、オランダ、ロシア、イギリス、フランスとの通商修好条約）はよく知られている[1]。これら以外にも、諸国間で結ばれる通商航海修好条約など、条約の名称にしばしば挿入される「親」や「友好」（例えば英語のamityやfriendshipにあてられた訳語）はいかなる意味をもつのであろうか。

　条約とは国家間の信頼関係を担保する代表的な文書である。条約という語をどこまで広義にとらえるかについては諸説あろうが、近代条約とはかなり性格を異にするにせよ古代の為政者間による信頼醸成まで遡るのは可能であろう。近現代の条約は名目的に対等な立場にある国家間で締結する取り決めをさす。国際法学者、大沼保昭の整理に依拠すれば、現在の国際社会規範の土台である国際法が出現する前、それを育んだ西ヨーロッパ国際体系が形成される前には、異なる国際体系（文明）をまたぐ「文際的」取り決めが存在した。そのうえでイスラーム国家体系や東アジアの華夷システム、およびそれとヨーロッパ国際体系間の確執が描かれたが、そこでは現在のグローバルシステムにつながる、対等な国家間関係は少数派であり、上下関係を前提とした垂直的な「帝国型」国際体系が多数派であった。18世紀の世界は、その形態はさまざまであったにせよ未だ複数の国際体系が併存した段階と捉えられている［大沼 2002: 3-21;

---

1)　近年の日本史研究における鎖国、開国論の見直しについてはとりあえず三谷ほか［2010］参照。

2005: 7-14、68-74]。そうしたなかでの「文際的」信頼醸成は、それぞれ別個の
やり方でなされていた。本章では近代西欧国際体系が成長していくまさにその
隣で、強力な武力と文化的優位性を押し出した秩序観の下でヨーロッパ諸国と
の関係を律していたオスマン帝国が、18世紀に次第にその論理を西欧諸国に
再解釈され西欧流の規範に包摂されていく過程を概観する。オスマン帝国とヨ
ーロッパ諸国との「友好」関係構築、信頼醸成の変遷を読み解いていくなかで、
近代条約の規範が西欧諸国間の関係のみでなく、オスマン帝国との関係からも
大きな影響を受けていたことが明らかとなるはずである。国際法の重要な規定
文書をなす条約、特に通商条約は西欧諸国間においても当時数世紀をかけて形
式が変化したものであり、そこには地中海世界における東西間の交渉の歴史が
反映されていた。

1　オスマン帝国のアフドナーメ

17世紀以前の帝国のアフドナーメ（盟約書）については本書第5章が取り上
げているが、18世紀の変容を理解するために必要な背景や前提条件を簡単に
まとめておきたい。アフドナーメは①通商居留勅許を付与するためのカピチュ
レーション型と②和約のための講和条約型の二つに大別される。ただしある一
つのアフドナーメがどちらの型か必ずしも明確に分類できない場合も多い（例
えば通商条項を含む講和条約型）。

①のタイプのアフドナーメは地中海世界、主にイタリア商業都市とオスマン
帝国との関係のなかで培われ、その後マムルーク朝との関係を踏襲する形で組
み込まれたフランス、さらに16世紀後半に地中海商業に本格的に参入したイ
ギリス、オランダの三国との関係で諸規定が追加されていった。アフドナーメ
の歴史はオスマン朝草創期にさかのぼり、初期のアフドナーメはビザンツ帝国、
イタリア商業都市、他のトルコ系君侯国やマムルーク朝などの間にあった慣行
に影響を受けつつ発展した。この頃のアフドナーメはイタリア語やギリシア語、
ラテン語で発出される場合も多かった。アフドナーメがオスマン語のみで発出
されるようになったのは、マムルーク朝を滅ぼしてオスマン朝がイスラーム帝
国的要素を明確化し始めた16世紀前半以降である。この頃にはヨーロッパ・

136——第Ⅱ部　オスマン的秩序から近代国家体系へ

アジア・アフリカの三大陸を支配下におく大帝国になっており、地中海沿岸のほぼ4分の3がその影響下におかれていた。そしてヨーロッパ諸国の商人が地中海を介した通商に参画するためには、オスマン帝国から安全を保障されるアフドナーメを与えられることが不可欠であった[2]。イタリア商業都市、特にヴェネツィアとの間で次第に体裁と内容を整えていったアフドナーメであるが、17世後半までにはカピチュレーションの定める通商居留勅許の内容はほぼ出そろっており、その規定の多くが20世紀まで維持された[3]。カピチュレーション型アフドナーメは、イスラーム法を基盤として、イスラーム世界の外部「戦争の家」に本来属する敵国人（ハルビー、「戦争の民」）の、イスラーム世界での処遇を定めたものであり、近代的な意味での通商条約ではない[Eldem 2006: 293]。イスラーム法は、一時的な停戦期間に来訪する者たちを、1年間安全（アマーン）を保障された被安全保障者（ムスターミン）として遇すると規定している[4]。その生命と財産の安全の保障はイスラーム側が担保するものであり、居留勅許を授与し、属人法に基づき信教の自由、領事裁判権などを認めた。オスマン帝国はこれを実利主義的に拡大解釈し、「友好」を前提条件として、本来は一時的な関係[5]を「恒久（スルタンの在位期間）」化して[6]、フランスやイギリス、オランダとの関係を維持した。そこでは仇敵ハプスブルク帝国を想定した同盟関係も意図していたと考えられている。これらヨーロッパ諸国からの「友好」の求めに応じて、本来のアフドナーメでは明記されていなかった関税

---

2) 初期のアフドナーメの発展については古文書から研究したTheunissen［1998］やその実態との関係を論じた堀井［2022］参照。またアフドナーメの背景にあったイスラーム的国際秩序やオスマン外交との関係については鈴木［2023: 7-12, 91-96］参照。

3) イギリスに対する最後のアフドナーメ（カピチュレーション）は1675年のものであり、対オランダでは1680年に発出された。フランスに対してのみ1673年のアフドナーメの後、1740年に再度更改された［松井 2019; 2021; 2022］。

4) イスラーム法上、この1年間が過ぎると人頭税を免除されるムスターミンの身分から、イスラーム世界における非ムスリムたるズィンミー（庇護民）となり、人頭税の支払いが義務づけられる。

5) シャーフィイー学派やハナフィー学派の解釈による。預言者ムハンマドがフダイビーヤの講和でメッカとの停戦期間とした10年を上限とする。

6) オスマン帝国ではアフドナーメを発出した君主の御代を意味した。原則としてアフドナーメは君主の代がかわるごとに更新される必要があった。しかし1740年対仏カピチュレーションではこれも緩和され、後代の君主にかわっても約されたため、以後カピチュレーションは発出されなかった。

に関するより詳細な通商規定が挿入・蓄積されていった。通商居留勅許は、ヨーロッパ諸国に対する絶対的優位を想定した帝国が恵与するものとして、しばしば臣下への勅許状（ベラート）に準じるニシャーン形式が採用された[7]。また内容はオスマン側が相手国から渡来する人々の諸特権を一方的に保障するもので、オスマン臣民の相手国における処遇については記されなかった。近代条約の観点からすれば明らかに片務的であるが、帝国にとってはこの不対等性こそオスマン側の優位を示すものであった。ただしオスマン帝国側は暗黙裡に自国臣民の処遇が相互的・同様に認められることを期待していたと考えられている。また諸特権はあくまで帝王の恩典として与えられるため、相手国君主からの返書も想定されていない。

　一方、講和条約型アフドナーメは、その性質上、内容的にも形式的にも、また発出手続きの観点からもより相互的なものであった。名前のとおり、通商居留勅許にはみられない講和条件（領土の割譲、賠償金の支払い、貢納額の決定[8]、戦争捕虜の取り扱い）が主たる内容であった。カピチュレーション型アフドナーメの発出請願が帝都イスタンブルないし帝王の居所エディルネ（アドリアノープル）で行われ発出されたのに対して、講和条約は前線で全権使節どうしによってまず内容が交渉された。ただし近代において条約文とされる前線で取り交わされる文書は、オスマン帝国においてはあくまで草案（テメッスク temessük）とみなされており、公式文書はそれが帝都に持ち帰られて作成されるアフドナーメであった。この点に関しては第3節にて再度触れる。

　さて本来講和を目的として発出された講和条約型アフドナーメには、停戦後の両国の関係、居留通商に関する規定が挿入されることがある。ヴェネツィアのように敵対と講和を繰り返した国には、講和条約型とカピチュレーション型のアフドナーメが交互に発出される場合もあったが、ポーランドのように、講和条約型に通商規定が組み込まれた事例もある。したがってこうした相手国と

---

7)　Theunissen［1998］参照。ただしニシャーン形式はすべてのカピチュレーションに採用されたわけではない。ヴェネツィアの事例の場合は、テウニセンの詳細かつ通時的な研究から明らかにされたように、次第にニシャーン形式が定式化する過程をみてとれるが、その後の対仏英蘭カピチュレーションでは明確にはみられない。
8)　貢納額についてはヴェネツィアの場合は、カピチュレーション型のアフドナーメにも含まれる場合があった。

138 —— 第Ⅱ部　オスマン的秩序から近代国家体系へ

の関係では、通商居留に関する諸特権は「条約」のうちで相互的に定められたと解釈できる。また第3節にて詳述するが、敵対国はほとんどの場合国境を接する隣国であり、ゆえに衝突が頻発したが、相互の往来も遠方の国より密接であり、オスマン臣民が相手国と往来し通商活動を行うことが想定された。したがって、対仏英蘭カピチュレーションでは明記されない、オスマン臣民の相手国における処遇が相互的に（相手国臣民がオスマン領で遇される如く）認められるという条項が挿入された。これはカピチュレーション型のみをみてオスマンが自国臣民の外国における処遇にほとんど注意をはらってこなかったとする見方に対して、再考を促すものである。

2　18世紀における通商居留勅許恵与国の増加──最恵国待遇の意義

　1699年オスマン帝国は1683年から続く神聖同盟諸国との戦争に敗れ、講和条約を結んだ。正確には1699年に神聖ローマ帝国（ハプスブルク帝国）やヴェネツィア、ポーランドとカルロヴィッツ条約を、ロシアとは1700年にイスタンブル条約を結び、講和が成立した。

　この1699年のカルロヴィッツ条約は、600年以上にわたるオスマン史の画期であると多くの歴史家が見なしている。カルロヴィッツ条約ではオスマン帝国がヨーロッパ諸国にたいして、初めて恒久的に領土を失ったのであり、それまでの興隆拡大期と以降の衰退縮小期を分ける画期とされてきたのである。しかし近年では、帝国が18世紀前半にヨーロッパ戦線で勝利してバルカン半島の要衝ベオグラードを奪還する点などをふまえ、1699年を衰退の始まりとする見方に異論が唱えられている。またカリスマ的な帝王がいなくなった反面、内政とくに行政機構が発展をとげ、再編された機構をもってその後200年にわたって領土を徐々に縮小させつつも永らえたことを再評価する見方もある。これまで最盛期とされる16世紀や解体過程に向かう19世紀に比して手薄であった、17世紀や18世紀に関する研究が進んできている［Faroqhi 2006; バーキー 2024］。

　アフドナーメの歴史においても、1699年カルロヴィッツ条約の意義が近年見直されている。さかのぼって1606年ツィトヴァトロク条約や1699年のカルロヴィッツ条約はオスマン側の外交姿勢の転換点と評されてきた。それは条約

文書が相互的に書かれ、オスマン側が一方的に内容を規定する形式ではなく、近代条約的に相手の対等性を認めたものと解釈されてきたからである。しかしコウォジェイチクは、この前線で交わされた文書は、オスマン側にとっては草案（テメッスク）[9] にすぎず、公式文書はあくまでそれが帝都に持ち帰られて帝王の花押付きで発出されたアフドナーメであったことに着目した。彼はこうしたアフドナーメ、特にカルロヴィッツ条約はオスマン側が大敗を喫した末の敗戦講和条約であるにもかかわらず、オスマン側優位の形式が維持されているため、外交姿勢の変化をここにみることは早急であると指摘した。ツィトヴァトロク条約の場合は 1606 年 10 月にドナウ河に流れ込む支流ツィトヴァ河畔でハプスブルク帝国とオスマン帝国の全権使節が交渉して文書が交わされた。これが条約正文とヨーロッパ史ではみなされ、オスマン側がハプスブルク君主に対等性を認めたとされる。しかしオスマン側にとってこの文書は前述のとおり草案（テメッスク）であり、公式文書は 1612 年 5 月に帝都で発出されたオスマン側優位が明白なアフドナーメであった［Kołodziejczyk 2000: 49-51］。それから約 1 世紀後の 1699 年、ドナウ河畔のカルロヴィッツでオスマン帝国、ハプスブルク帝国、ヴェネツィア、ポーランド、ロシア全権との間で停戦が交渉された。講和は相手国ごとに別個の文書をもって締結され、対ポーランドの場合は、文書は 1 月 26 日にカルロヴィッツで交わされ、1699 年 3 月にワルシャワで国王の批准がなされ、これを携えたポーランド使節にオスマン側からアフドナーメが発出されたのが 10 月であった［Kołodziejczyk 2000: 54］。

とはいえ、オスマン帝国とヨーロッパ諸国との関係を検討する際、この頃が一つの転換点となっていると考えられる変化が、その後 18 世紀を通じてヨーロッパ諸国君主にあてられたアフドナーメにみられる。

顕著な変化は、それまでイタリア商業都市やポーランド、フランス、イギリス、オランダに与えられてきた通商居留勅許の対象国が増加したことである。しかもそれらは、カピチュレーション型というよりは、講和条約型に近い手続きを経て発出された。相手国からの受諾書（批准書）も想定されており、19 世紀の欧語条約集では、そのほとんどの場合カピチュレーションではなく通商条

---

9) なお M. キュテュクオールは、アフドナーメのテメッスクは、アフドナーメが発出された後破棄される場合があったことを 1615 年の事例から示している［Kütükoğlu 1998: 282］。

140 —— 第 II 部　オスマン的秩序から近代国家体系へ

約として分類されている。ここでは、G. ノラドゥンギアン編纂による、フランス語のオスマン条約集をとりあげる [Noradounghian 1897-1903]。ノラドゥンギアンは、20世紀初頭、帝国の解体がもはや秒読み段階に入っていた頃、オスマン政府の外務大臣をつとめたアルメニア人であった。実際に外交実務にあたっていた人物が編纂した条約集であり、また条文が現存しているもののみでなく、歴史書などに言及されている取り決めについても記されているため、オスマン政府の発出した外交文書の歴史をたどるには有益である。この条約集でカピチュレーションと明記されているアフドナーメは、初期のイタリア諸都市に宛てられたものの一部および、フランス、イギリス、オランダに対して18世紀前半までに恵与されたものであり、18世紀では、対デンマークの1756年のものが通商カピチュレーション Capitulattions commerciales、1761年対プロイセンのアフドナーメがカピチュレーションあるいは通商友好条約とされているが、1740年対仏カピチュレーションを除き、ほかは通商条約（通商友好条約、通商航海条約を含む）の名称で列挙されている。この時代に通商居留勅許の諸特権は、ハプスブルク帝国（1718年、1747年、1784年）、スウェーデン（1737年）、両シチリア王国（1740年）、トスカナ大公国（1747年）、デンマーク（1756年）、プロイセン（1761年）、ロシア（1774年、1783年）、スペイン（1782年）に「通商条約」によって認められたことになっている（表1参照）。なお19世紀後半に編纂されたオスマン語条約集では、所収条約の目次でほとんどすべてがアフドナーメ・イ・ヒュマーユーン（帝王のアフドナーメ）[10] の語で表記されている [*Mu'âhedât Mecmû'ası* 1877-1881]。

　実は18世紀はヨーロッパ諸国間の通商関係においても、条約の意味が特権付与から相互性の強調へと変化した時代であった。E. キーンの研究によれば、

---

10) ムアーヘデ mu'âhede は 'ahd と同根のアラビア語で条約をさし、アラビア語の相互性の意味を付与する第3形の動名詞の形をとることで、相互性がより強調される。キュテュクオールはこの語を、19世紀半ばのタンズィマート期以降に、形式的にも従来のものから大きく変わった条約文書の様式に適用している。もっともムアーヘデの語自体のオスマン文書における使用はそれ以前からみられる。アフドナーメは、料紙を縦につなげて長い長方形の紙とし、それに記されていた。上部には神への祈禱と帝王の花押が記された。現存するものとしてはヴェネツィアに対する1540年のアフドナーメが最も長く縦に650cm 以上ある。これを巻いて渡していた。タンズィマート以降は、ヨーロッパ諸国での外交の専門化・簡素化を反映した冊子型のものに変更され、オスマン語とフランス語や英語が併記されたものとなっていった [Kütükoğlu 1998: 169-172; Theunissen 1998: 359]。

条約全般の数は 19 世紀に飛躍的に増加したが、18 世紀には実はそれ以前の 17 世紀に締結された条約数よりも数は少なかった［Keene 2012］。しかしながら、このキーンの研究をもとに 18 世紀の通商条約を研究した A. アリメントによれば、その間に通商関係に関する条約は特権付与から相互性を重視したものに変化し、さらに「国民待遇[11]」をめぐる交渉が争点となったという［Alimento 2017］。つまりヨーロッパ諸国間において通商条約は未発達であり、進化過程にあった。ヨーロッパ諸国間において条約は専ら講和のためのものであり、貿易は都市間の慣習などに従っていた。そこに条約が講和期間を維持する意義をもって台頭し、最恵国条項も進化していく（なおこの時期は通商条約が逆に国家間の貿易競争を扇動するとされたこともあった）。

18 世紀に上述の諸国に認められた通商居留勅許は、「最恵国条項」によって帝国が約したとされる。この時期はヨーロッパ諸国間の通商条約やそれに付随する「最恵国条項」の発展の時代と軌を一にする。ただしこの時期の「最恵国条項」は、現代の「第三国に現在あるいは将来にわたって認められる諸条項を均霑する」ものではなく、それまでに特定の国家に認められていた諸条項を相手国にも認めるという空間的にも時間的にも制約のあるものであった［村瀬 2001: 32］。18 世紀の間に空間的制約はアフドナーメ規定でも緩和され、特定国に認められてきた諸条項から、「友好国」に認められてきた諸条項が均霑されるという形式に徐々に変わっていった［松井 2012: 133-134］。

しかしオスマン側における、アフドナーメにみられる規定はオスマン朝の初期から対外関係のみならず、オスマン帝国行政諸般の規定においても存在した、先例尊重の特徴に由来する。旧来どおり kadîm üzere あるいは慣例どおり âdet üzere というのは、18 世紀を待つまでもなく、15 世紀頃にはすでにみられた。第 5 章が扱っているヴェネツィアに対する諸アフドナーメは、それ自体がその後のオスマン帝国の居留通商勅許の基盤となる規定を形成した。イタリア商業都市国家に続いて、このカピチュレーション体制と呼ばれるオスマン帝国の恩恵下の東地中海商業秩序に新たに参画していったフランスは、ヴェネツィアやポーランドに与えられた諸条件と同様の諸勅許を認められた。またイギリスは

11）　外国商人を自国民と同等に扱うこと。これに対して、外国人は自国民と区別はするが、他の外国人と同様に扱うという条件があり、どちらにするかが争点となった［Alimento 2017］。

ヴェネツィアやフランスやポーランドと同等の、それに続いたオランダは、ヴェネツィアやフランスやイギリスと同等の諸勅許を与えられる形で、オスマン領との往来、通商活動が認められたのであった。後代ヨーロッパ諸国が最恵国待遇と呼んだものは、この延長線上にあったと考えられる。

アリメントらが作成した、ヨーロッパ諸国が18世紀に締結した通商条約リスト［Alimento and Stapelbroek 2017: 44-75］をみると、前後の世紀に比べて少ないとされる条約のうち、オスマン帝国やその影響下にある北アフリカの首長たちとの取り決めが少なからぬ割合を占めている。しかしフランスに対する1740年カピチュレーションは含まれていない。何がカピチュレーションと18世紀の取り決めの違いであったのか。次節ではそれを交渉・手続きの側面と内容の変化の2点から整理していく。

3 18世紀におけるアフドナーメの変容

第2節で提示したように、18世紀にはオスマン帝国の通商居留勅許はヨーロッパの新たな貿易参入国に均霑されていく。それが従来のカピチュレーションと異なっている点について、以下発出過程や形式・文言の変化と内容の変化の2点から考察する。

（1） 発出過程と形式や文言の変化

近現代の条約発布手続きは、二国間条約の場合、両当事国の全権代表が交渉し、文書が取り交わされて成立する。よって条約の締結日は全権大使の間で条文が取り交わされた段階となる。その後この文書は両当事国に持ち帰られ、条約に規定のある発効日までにそれぞれの国家における承認を得る。これが批准手続きである。批准が得られず発効にいたらない条約もある。最も有名な事例は国際連盟規約がアメリカ議会の批准を得られずアメリカは連盟に参加しなかったケースであろう。もっともこの場合は多国間条約のため、批准しなかったアメリカを除く形で国際連盟は成立した。

オスマン帝国のアフドナーメは、手続きはこれに類似するが、建前としては国家の代表使節間で作成された文書は、正式な文書ではなく臣下が作成するテ

メッスク（下書ないし草案）とみなされた。それを元に、帝国支配者たる帝王パーディシャーの花押付きかつ一方的に相手国君主に宛てて書かれるアフドナーメが、オスマン優位を担保する公式文書とされた。すなわち、近現代の条約における批准書、しかもオスマン側の批准書が正式文書となる。この点を指摘したコウォジェイチクは、前述のとおり1699年カルロヴィッツ条約がオスマン側の「尊大な」文書でない点にその外交姿勢の変化を見出す従来の説に、異議をとなえたのであった。後に発出されたアフドナーメの形式は、オスマン側の敗北という結果であったにもかかわらず従来どおりオスマン側が相手国君主に下賜する形式を崩していなかったからである［Kołodziejczyk 2000: 49-56, 68-85］。

　ただし講和型アフドナーメが、カピチュレーション型に比べれば、相手側との合意が必要なため、より相互的な手続き・内容になっていたことは事実である。そして18世紀には、通商居留勅許を新たな参入国に恵与する際にも、カピチュレーションで認められる内容を、講和条約型に準じた手続きの影響を受け、相互的な交渉手続きを経て発出するにいたり、条項もまた双務的内容に変化していった。パナイテが指摘したように18世紀以前にすでに講和条約型アフドナーメによる相互的な通商条項がポーランドに認められていた［Panaite 1994; 1998］。18世紀に顕著なのは、停戦ではなく通商に特化した内容で近代条約により近い形でアフドナーメが発出されるようになった点であり、これらは欧語資料集ではカピチュレーションではなく通商条約と表記されたのである。

　講和条約に付随した例をまずとりあげると、1718年7月17日にハプスブルク帝国との間にパッサロヴィッツ講和条約が結ばれたが、この10日後、別個に通商条約も結ばれた。内容は、先行する仏英蘭に恵与された諸条項がハプスブルク帝国にも認められるというものであった。講和条約にも通商や居留、また巡礼に関する規定はあったものの、通商居留に関する規定が別個に締結された点は、ヨーロッパ諸国間における条約のあり方と軌を一にしている。また1774年ロシアとの戦争に大敗して締結されたキュチュク・カイナルジャ条約では、第11条で通商に関する規定が挿入されたが、1783年にこれに基づき別個に通商条約が締結された。

　単独で通商や居留に関するアフドナーメが発出された事例としては、1737年スウェーデン、1740年両シチリア王国、1756年デンマーク、1761年プロイ

セン、1782 年スペインとの通商条約・アフドナーメが挙げられる。

　1740 年の両シチリア王国へのアフドナーメの発出過程をみてみよう。両シチリア王国の王座についてまもないドン・カルロは、1740 年にイスタンブルに使節を派遣した。それまでナポリやシチリア島の商人がオスマン領での通商に従事するためには、16 世紀にはフランスの、17 世紀にはオランダの、18 世紀にはオーストリアの旗のもと（すなわち保護のもと）に往来しなければならず、その際当該領事館に領事館料を支払った［Demiryürek 2014: 55-56］。他国の保護に依存せず交易を行うためには通商居留勅許を帝国から得る必要があった。オスマン側史料をみると、まず両シチリア王国側からイタリア語で草案が出され、そのオスマン語訳が記録されている（4 月 7 日／イスラーム暦 1153 年ムハッレム月 10 日）。同日それが大宰相によって吟味され帝国書式のテメッスク（草案・下書）として起草された。それに基づき、9 月 25 日（イスラーム暦 1153 年レジェブ月 4 日）帝王花押入りのアフドナーメが発出され、11 月 23 日（同ラマザン月 4 日）にドン・カルロから返書（批准書タスディークナーメ）が届いたことがわかる[12]。通商居留勅許を請願するために帝都に使節を派遣して交渉する過程はカピチュレーション型に準じるが、カピチュレーション型では求められない相手国君主の返書が求められている点は講和条約型に準じる。なお欧語資料集ではこの文書は友好通商航海条約と表記され、4 月 7 日締結とされるが、オスマン側にとってそれはまだ草案の段階であり、正式なアフドナーメの発出は 9 月 5 日であろう。ただし興味深いのはアフドナーメがシチリア国王の批准書をまって発効と明記している点である［松井 2024］。こうした発出手続きがその後の 18 世紀の通商条約・アフドナーメに定着していった（その他の事例については表 1 参照）。

　なお文書の形式において、もう 1 点変化がある。カピチュレーション型アフドナーメは、アフドナーメの条項が分かれておらず、例えば 50 条以上におよぶ規定も一文で書かれるオスマン側の文書形式で書かれたが（カピチュレーションに付された条項番号は西欧側が便宜的にわりふったものでオスマン語アフドナーメ原文には記されていない）、おそらくは 1699 年以降は条項ごとに分類する形式がアフドナーメには定着していったとみられ、19 世紀の通商条約・アフドナーメは

12）　BOA: Düvel-i Ecnebi Defterleri, A {DVNSDVE d. d. 96/1: 3-41.

表 1 18 世紀におけるアフドナーメ（通商条項を含むもの）・通商条約

相手国	オスマン側の捉え方	草案テメッスク起草日	アフドナーメ発出日	欧文条約集などにおける名称。オスマン語文書資料や条約集などでは主にアフドナーメと表記されている*1。
	近代条約的捉え方	条約締結日	批准書発出日	
ハプスブルク君主国*2		1606 年 10 月*3	1612 年 5 月 (1021 年レビー I 月)	ツィトヴァトロク講和条約
ポーランド*2		1699 年 1 月 16 日 (1110 年レジェブ月 14 日)	1699 年 10 月 6-15 日 (1111 年レビー II 月中旬)*4	カルロヴィッツ講和条約
オーストリア		1718 年 7 月 27 日 (1130 年シャーバーン月 28 日)	1718 年 7 月 29 日-8 月 7 日 (1130 年ラマザン月上旬)	通商航海条約*5
スウェーデン		1737 年 1 月 21 日 (1149 年ラマザン月 21 日)	—	通商航海条約
両シチリア王国		1740 年 4 月 7 日 (1153 年ムハッレム月 10 日)	1740 年 9 月 25 日 (1153 年レジェブ月 4 日)*6	友好通商航海条約
フランス		—	1740 年 5 月 30 日*7 (1153 年レビー I 月 4 日)	カピチュレーション更改
オーストリア		1747 年 5 月 25 日 (1160 年ジェマーズィ I 月 15 日*8)	1474 年 9 月 26 日 (1160 年ラマザン月 21 日)	友好通商条約
トスカーナ大公国		1747 年 5 月 25 日 (1160 年ジェマーズィ I 月 15 日*8)	—	友好通商条約
デンマーク		1756 年 10 月 14 日 (1170 年ムハッレム月 19 日)	1757 年 7 月 28 日-8 月 6 日 (1170 年ズィルカアデ月中旬)	通商カピチュレーション
プロイセン		1761 年 3 月 22 日 (1174 年シャーバーン月 15 日)	1761 年 6 月 27 日 (1174 年ズィルカアデ月 24 日)*9	カピチュレーションあるいは友好通商条約
ロシア		1774 年 7 月 2 日 (1188 年レビー II 月 22 日)	1774 年 11 月 15-24 日 (1188 年ラマザン月中旬)	キュチュク・カイナルジャ講和条約
		1779 年 3 月 10-21 日 (1193 年サフェル月下旬)	1779 年 7 月 5 日 (1193 年ジェマーズィ II 月 20 日)	Convention Explicative（アイナル・カヴァク条約）
		1783 年 6 月 10-21 日 (1197 年レジェブ月中旬)	1783 年 9 月 13 日 (1197 年シェッヴァル月 15 日)	通商航海条約

スペイン	1782 年 9 月 14 日 (1196 年シェッヴァル月 6 日)	1783 年 4 月 23 日 (1197 年ジェマーズィ I 月 20 日)*10	講和通商条約
オーストリア	1784 年 2 月 24 日 (1198 年レビー II 月 2 日)	—	通商 senèd*11

出典) BOA, A {DVNSDVE d. d.11/1: 1–8; 29/4: 1–32; 46/1: 1–24; 49/1: 17–25; 57/1: 63–66, 269–271; 59/3: 1–23; 72/1: 11–18; 83/1, 142–190; 96/1: 1–41; Noradounghian [1897–1903] vol. 1: 270–277, 308–334; vol. 2: 81–85; Kołodziejczyk [2000: 49–51, 581–625] をもとに作成。日付は西暦（イスラーム暦）で示した。

注) *1 主にノラドゥンギアン編纂の条約集の名称を用いた。オスマン文書資料では 18 世紀後半にはアフドナーメのほかにタスディークナーメ批准書も使用された。

*2 この 2 例は 17 世紀のものであるが、近代条約における条約文書と批准書が、オスマン側では従来草案テメッスクと公式アフドナーメと捉えられていたことを示す例として挙げてある。

*3 ツィトヴァトロク講和条約についてノラドゥンギアン編纂条約集は締約日を 11 月 11 日としている。

*4 ポーランド王からの受諾書 royal confirmation/ 批准書は 1699 年 3 月 1 日と 8 月 24 日。なおカルロヴィッツの講和は同 1699 年 1 月 26 日ハプスブルク君主国やヴェネツィアとも別に結ばれている。ただし対ハプスブルクのアフドナーメ発出（批准）日は 1699 年 3 月 2 日（1110 年シャーバーン月 29 日）、ヴェネツィアに対するアフドナーメ発出は 1701 年 4 月（1112 年）。ロシアとは 1700 年にイスタンブルで講和条約が締結された。

*5 1718 年 7 月 21 日にパッサロヴィッツ講和条約を締結。通商条約はこれに付随して締結された。

*6 シチリア王からの受諾書・批准書の発出日は 1740 年 7 月 21 日。

*7 ノラドゥンギアン条約集の日付は 1740 年 5 月 28 日。

*8 オスマン語資料の日付は 1160 年ジェマーズィ I 月 17 日 BOA, A {DVNSDVE d. d.59/3: 7–8。

*9 プロイセン王の受諾書・批准書の発出日は 1761 年 6 月上旬。

*10 スペイン王の受諾書・批准書の発出日は 1782 年 12 月 24 日。

*11 senèd セネドは procès-verbal 批准交換証書に相当するオスマン語。ハーツレットは通商航海条約と表記 [Hertslet 1875: 84]。

条項ごとに記されるようになった。

またカピチュレーション型アフドナーメでは諸特権は「与えられた virildi」ないし「恵与された ihsân olundu」と記されたが、次第に「相互に批准された tarafeynden imzâ ve tasdîk olundu」規定と記されるようになっていった［Kołodziejczyk 2000: 78; 松井 2012］。

(2) 内容の変化

18 世紀の変化は手続きや形式・文言だけにとどまるものではなかった。内容の変化にも着目する必要があろう。前述のとおり、18 世紀初頭までには、イタリア商業都市やフランス・イギリス・オランダを対象としたカピチュレーション型アフドナーメによって、オスマン領における西欧からの商人に対する通商居留勅許条件はほぼ出そろっていた[13]。それは往来や通商の自由、人頭税の免除、大使や領事の特権、帝国臣民の通訳や護衛としての雇用、海洋秩序

（海賊対策と海難事故の際の救助）、関税規定（従価3％という低関税）、領事裁判、遺産相続規定、債務者以外の弁済免除、巡礼規定など多岐にわたる。現代からみれば驚くべき気前のよさで、しかもそれらは往来する被安全保障者たるフランス人やイギリス人を不当に扱わないようにという、帝国官憲に対する規制の形で示されている。これを19世紀的不平等条約の文脈から片務的というのはかなり語弊がある。帝王にとってこれら諸特権を下位とみなす西欧諸国の君主に一方的に恵与することは、帝国の優位を誇示する象徴的表現であった。ヴェネツィアに対する初期のアフドナーメやポーランドへのアフドナーメには多少の言及があるものの、対仏英蘭カピチュレーションに相手国におけるオスマン臣民の処遇は記されなかった。

　しかし18世紀においてカピチュレーション体制に新たに参入しようとする諸国にも通商居留勅許を認める際には、相互的・互恵的（双務的）な内容が含まれることが常態化していった。すなわち、さまざまな条項において、オスマン臣民の相手国における処遇も、オスマン領における相手国臣民と同様に認められるという文言が挿入されるようになったのである。ただし相手国に対する通商居留勅許が上述の対仏英蘭諸国の規定に準じた詳細な取り決めであるのに比べれば非常に大雑把な条項であって、オスマン領における相手国臣民や船舶の処遇に準じて「相手国におけるオスマン臣民や船舶も遇されるべし」という決まり文句が入れられる程度のものである。こうした条項は例えば1740年両シチリア王国との通商条約（第7、17条）、1747年ハプスブルク帝国との通商条約（第3条）、1756年デンマークとの通商条約（第12、16、17条）、1761年プロイセンとの通商条約（第6条）や1783年ロシアとの通商条約（第3、17、40、44、80条）にみられる[14]。それでも対仏英蘭カピチュレーション[15]ではほとんど規定されていないオスマン臣民の処遇が挿入されている点は注目に値しよう。18世紀以前に友好国とされたポーランドとの間では、ポーランド領におけるオスマン臣民の処遇がオスマン領におけるポーランド臣民の処遇に応じて

---

13)　18世紀のカピチュレーション型アフドナーメの最後にして唯一の事例である、1740年対仏カピチュレーションは、帝王が後代の帝王にかわってそれをも認めるという条項が入り、帝王の代ごとの更新が免除され、効力が文字どおり永続化するという大きな変化もみられたが、通商条件や居留条件などについての大枠が変化することはなく、追加条項は、規定の諸特権をより詳細に取り決めるものであった［松井 2022］。

認められるようにという規定がすでに存在していたが、それはオスマン臣民が
ポーランド領を通じてさらに広域に通商活動に従事していたことを反映してい
る。18世紀にはそれが常態化し、必ずしもオスマン臣民の活動が想定されて
いなかったデンマークやプロイセンとの通商条約にも挿入されていった。

　また18世紀の通商条約・アフドナーメでは、オスマン側の領事シェフベン
デル şehbender（ペルシア語の「港の長（シャフ＝長・バンダル＝港）」に由来）の設
置を規定した例もある。例えば1740年両シチリア王国との通商条約第7条は、
メッシーナにオスマン帝国の領事を設置するという内容である。また1872年
スペインとの通商条約第7条ではアリカントにシェフベンデルを設置するとい
う規定がある。さらに時代はくだるが、1809年イギリスとの講和条約である
ダーダネルス条約に通商規定がある。この講和条約には互恵条項が複数あり
（第3、5、7条）、第8条はイギリスの新領土マルタ島やその他必要な場所にオ
スマン領事シェフベンデルの設置を規定した[16]。西欧諸国はアフドナーメに
則って、オスマン帝国に常駐大使や領事を派遣したが、オスマン側が西欧諸国
に常駐使節をおくのは18世紀末のことである［Unat 1992］。ヴェネツィアには
トルコ館も存在したが、前述のシェフベンデル規定に依拠して実際にオスマン
側がヨーロッパに領事を設置したとすればいかなる機能を果たしたかは今後の
研究をまつ必要がある。

---

14)　各条項のオスマン語テキストについては以下の資料の該当条項を参照。BOA, A {DVNSDVE
　　d. d. 11/1: 1-8; 59/3: 15-23; 72/1: 10-18; 83/1, 175-190; 96/1: 21-30. また、前文がほぼ省略されて
　　いるテキストが多いが、次の条約集も参照。*Muʻâhedât Mecmûʻası*［1877-1881: vol. 1: 52-60;
　　83-90, 266-270; vol. 3: 135-142］. フランス語テキストについては Noradounghian［1897-1903:
　　vol. 1: 270-277, 308-334; vol. 2: 81-85］（Noradhounghian 条約集に 1747 年対ハプスブルク条約
　　は所収されていない）.

15)　カピチュレーションの歴史については İnalcık［1971］、Eldem［2006］、De Groot［2003］参照。
　　また対仏英蘭カピチュレーションの概要については松井［2019; 2021; 2022］.

16)　各条項のオスマン語テキストについては以下の資料の該当条項を参照。BOA, A {DVNSDVE
　　d. d. 11/1: 1-8; 35/1, 154-156; 72/1: 10-18; 83/1, 175-190; 96/1: 21-30 および *Muʻâhedât Mecmûʻası*
　　［1877-1881: vol. 1: 52-60; 83-90, 266-270; vol. 3: 284-319］. フランス語テキストについては
　　Noradounghian［1897-1903, vol. 1; vol. 2, 81-85］、1809 年ダーダネルス条約の英文テキストに
　　ついては Hertslet［1875: 37-40］.

おわりに

19世紀に入るとヨーロッパ諸国は、実質的な植民地支配をさらに拡大すると同時に、植民地化しないまでも、貿易関係で有利な条件となる条約を非ヨーロッパ諸国と締結し、通商拡大を目指した。そこではヨーロッパ諸国が最も進んだ文明国とされ、近代西洋法のない非ヨーロッパ地域を野蛮な二級諸国として片務的な関係を構築した。その際、新たにヨーロッパ優位を正当化する国際法概念[17]を発達させた。本章で考察した18世紀の過渡期を経て、19世紀半ばには「自由」貿易の名の下にオスマン帝国や日本を含む非ヨーロッパ諸国と締結された通商条約が、ヨーロッパが世界の貿易関係を律するための強力な武器となっていった。そのなかで、かつては恩典として恵与されたカピチュレーションの通商居留勅許は、文明化途上の非ヨーロッパ諸国が片務的に負うものとして属地主義的に再解釈された。「友好」を前提とした信頼関係に基づく勅許から、修好条約という「友好」の名の下の貿易促進・市場進出の武器とその正当化へと、「友好」や信頼の意味も大きく転換したのであった。

参考文献

BOA: Başkanlık Osmanlı Arşivi, Devlet Arşivleri Başkanlığı（トルコ：オスマン文書館、イスタンブル）

Düvel-i Ecnebi Defterleri, A {DVNSDVE d. d. 11/1: Danimarka Ahidnâme Defteri.

Düvel-i Ecnebi Defterleri, A {DVNSDVE d. d. 29/4: Fransa Ahidnâme ve Nişan Defteri.

Düvel-i Ecnebi Defterleri, A {DVNSDVE d. d. 35/1: İngiltere Nişan Defteri.

Düvel-i Ecnebi Defterleri, A {DVNSDVE d. d. 46/1: İspanya Nişan Defteri.

Düvel-i Ecnebi Defterleri, A {DVNSDVE d. d. 49/1: İsveç Ahidnâme Defteri.

Düvel-i Ecnebi Defterleri, A {DVNSDVE d. d. 57/1: Nemçelü Ahid Defteri.

Düvel-i Ecnebi Defterleri, A {DVNSDVE d. d. 59/3: Nemçelü Ahidnâme.

Düvel-i Ecnebi Defterleri, A {DVNSDVE d. d. 72/1: Prusya Ahidnâmesi Defteri.

Düvel-i Ecnebi Defterleri, A {DVNSDVE d. d. 83/1: Rusya Ahidnâme Defteri.

---

17) 例えばロリマーの文明国、野蛮国、未開国の3区分を参照［筒井 1968］。

Düvel-i Ecnebi Defterleri, A {DVNSDVE d. d. 96/1: Sicilya Ahidnâme Defteri.

Hertslet, Edward (ed.). 1875 *Treaties and Tariffs Regulating Trade between Great Britain and Foreign Nations: and extracts of Treaties between foreign Powers containing Most-Favoured-Nation Clauses applicable to Great Britain in force on the 1st January, 1875*: TURKEY, London.

Mu'âhedât Mecmû'ası. 1877-1881 (Hijri 1294-1298), 5 vols., Istanbul. (Reprinted in 2008, *Muâhedât Mecmûası*. 5 vols. Ankara: TTK.)

Noradounghian, G. (ed.). 1897-1903 *Recueil d'actes internationaux de l'Empire Ottoman*, 4 vols., Paris. (KRAUS Reprint, Nendeln/Liechtenstein).

大沼保昭編 2002『資料で読み解く国際法』第 2 版、上下巻、東信堂

―――― 2005『国際法――はじめて学ぶ人のための』東信堂

鈴木董 2023『オスマン帝国の世界秩序と外交』名古屋大学出版会

筒井若水 1968「現代国際法における文明の地位」『国際法外交雑誌』66/5: 37-70.

テズジャン、バーキー 2024『第二のオスマン帝国――近世政治進化論』前田弘毅・佐々木紳訳（原著：Baki Tezcan, *The Second Ottoman Empire: Political and Social Transformation in the Early Modern World*, Cambridge U.P. 2010.）

堀井優 2022『近世東地中海の形成――マムルーク朝・オスマン帝国とヴェネツィア人』名古屋大学出版会

松井真子 2012「オスマン帝国の『条約の書』にみる最恵国条項――18 世紀後半におけるロシアとの条約を事例として」鈴木董編著 『オスマン帝国史の諸相（東京大学東洋文化研究所研究報告)』 東洋文化研究所／山川出版社

―――― 2019「1675 年条文にみる対英カピチュレーションの構成と変容」『愛知学院大学文学部紀要』48: 19-35.

―――― 2021「1680 年対蘭カピチュレーションの概要」『人間文化』36: 151-168.

―――― 2022「1673 年と 1740 年の対仏カピチュレーション」『愛知学院大学文学部紀要』51: 123-134.

―――― 2024「1740 年オスマン＝両シチリア王国友好通商航海条約」『人間文化』39: 1-12.

三谷博ほか 2010「特集　東アジアの国際秩序と条約体制――近世から近代へ」『東アジア近代史』13: 1-146.

村瀬信也 2001『国際法の経済的基礎』有斐閣

Alimento, Antonella. 2017 "From Privilege to Equality: Commercial Treaties and the French Solutions to International Competition (1736-1770)" A. Alimento and K. Stapelbroek (eds.), *The Politics of Commercial Treaties in the Eighteenth Century: Balane of Power, Balance of Trade*, Cham: Palgrave MacMillan.

Alimento, Antonella and Koen Stapelbroek. 2017 "Trade and Treaties: Balancing the Interstate System," A. Alimento and K. Stapelbroek (eds.), *The Politics of Commercial Treaties in the Eighteenth Century: Balane of Power, Balance of Trade*, Cham: Palgrave MacMillan.

Demiryürek, Mehmet. 2014 "The Legal Foundations of the Commercial Relations between The Ottomans and Neapolitans," *bilig Türk Dünyası Sosyal Bilimler Dergisi* 69: 53‒74.

Eldem, Edhem. 2006 "Capitulations and Western Trade," S. Faroqhi (ed.), *The Cambridge History of Turkey*, vol. 3, Cambridge: Cambridge University Press.

Faroqhi, Suraiya (ed.). 2006 *The Cambridge History of Turkey*, vol. 3, Cambridge: Cambridge University Press.

De Groot, Alexander H. 2003 "The Historical Development of the Capitulatory Regime in the Ottoman Middle East from the Fifteenth to the Nineteenth Centuries," van den Boogert, Maurits H. and Kate Fleet (eds.) *The Ottoman Capitulations: Text and Context, special issue of Oriente Moderno*, new series 22(83)/3: 575‒604.

İnalcık, Halil. 1971 "Imtiyāzāt, ii. The Ottoman Empire," *The Encyclopedia of Islam*, 2nd Edition.

Keene, Edward. 2012 "The Treaty-Making Revolution of the Nineteenth Century," *International History Review* 34: 475‒500.

Kołodziejczyk, Dariuz. 2000 *Ottoman-Polish Diplomatic Relations (15th‒18th Century): An Annotated Edition of* 'Ahdnames *and Other Documents*, Leiden: Brill.

Kütükoğlu, Mübahat. 1998 *Osmanlı Belgelerinin Dili (Diplomatik)*, İstanbul: Kubbealtı Akademisi Kültür ve San'at Vakfı.

Panaite, Viorel. 1994 "Trade and Merchants in the 16th Century. Ottoman-Polish Treaties," in *Revue des études sud-est européennes* 32: 259‒276.

―――. 1998 "The Status of Trade and Merchants in the Ottoman-Polish 'Ahdnāmes (1607‒1699)," in *Archiv Orientalno Supplementa* 8: 275‒298.

Theunissen, Hans. 1998 *Ottoman-Venetian Diplomatics: The Ahd-names - The Historical Background and the Development of a Category of Political-Commercial Instruments together with an Annotated Edition of a Corpus of Relevant Documents*, based on his unpublished dissertation of 1991 with minor change published on Internet Base. *Economic Journal of Oriental Studies*.

Unat, Faik Reşit. 1992 *Osmanlı Sefirleri ve Sefaretnameleri*, Ankara.

第8章 アラビア語国際法学における国際法の基礎づけ

沖 祐太郎

はじめに

　本章は、国際法に関する最初期のアラビア語テクストにおいて、この法がどのような規範として提示されていたのかを検討するものである。本章の主題である国際法とは、今日では「国際社会の法」、あるいは「主として主権国家間の関係を規律する法」などと言われる国際社会における主要な規範の一つであり、19世紀のヨーロッパにおいて理論的・実践的に確立してきたものである。その重要な特徴は、主権国家を中心的な主体とし、基本的には国家間の合意によって相互を規律する規範を定立し、秩序維持を図ろうと試みる点である。本書各章における検討によって立ち現れてくる「イスラーム国家体系」から主権国家によって構成される主権国家体制への転換は理論的に大きな転換である。しかし、関連する先行研究においては、実証的な研究が欠如したまま「イスラーム国際法から主権国家間の法である国際法へ」といった説明を行うことが現状でも一般的である［沖 2021］。本章の課題は、この転換の過程の一端を実証的に検討しようとするものである。

　こうした問題意識のもと、本章では「国際法の基礎づけ」および「法源」に注目した検討を行う。前者は国際法がなぜ拘束力を有する法規範でありうるのか、後者は具体的な規範はどのように確認されるのかという点に焦点を当てるものである。前者は特に注目すべき点である。中国史研究者である川島は、中国における国際法の受容過程を検討するなかで、「テキスト的受容」「手続的受容」「価値解釈的受容」に区分して把握できるのではないかと仮説的に提示し

たことがある。それぞれ、国際法のテクストが翻訳され読まれる過程、国際法を外交交渉の際の道具として用いる過程、世界のなかで自国を相対化し国際法の背景にある考え方や価値についても共有する過程と理解できるものである［川島 2000］。この仮説的な区分が示唆することは、単に国際法を知ることや交渉の道具として使用することと、自らも遵守すべき規範として受容するという行為とは質的に異なるということである。イスラーム国家体系から国際法によって規律される主権国家体制への変容とは、国際法という規範を、基本的には義務として引き受けるということを含意する。しかし、一方でなぜ自分たちもこうしたヨーロッパ起源の規範を遵守しなければならないのかは、当然に生じる疑問であると考えられる。本章の検討は、あくまで国家の実行ではなく個別のテクストを対象としたものであるが、個別のテクストがこの疑問にどのように取り組んでいるのかに注目したい。

　ところで、国際法の基礎づけ、すなわち国家が国際法を遵守すべき理由についての国際法学の見解も一定ではない。20 世紀初頭以降は、オッペンハイムの著作に代表されるように国家の主権的意思の合致に国際法の拘束力の根拠を求める見解が優勢になっていくが［Oppenheim 1905］、19 世紀の学説状況は錯綜したものであった。国際法学においてもかつては、19 世紀を近世以来の自然法理論が放棄されていく「実証主義の偉大な時代」と単純に理解することが一般的であったし［Nussbaum 1954: 232-236］、近年でも一部の国際法学説を特に重視した国際法史像を提示する研究が注目を集めた［Koskenniemi 2002］。しかし、個々の国際法学のテクストを参照しその傾向を分析する実証的な研究によって、こうした理解が一面的なものであることが示されている［明石 2011; 小栗 2021; 2023］。

　ここで、あえて国際法学史の展開をまとめると以下のように概観できるだろう。まず 16 世紀から 18 世紀前半にかけては規律対象の一般性、国際法の普遍的適用の可能性を内包する「自然法」の諸理論が広く展開されていた。その後、18 世紀後半から 19 世紀にかけて、国際法の妥当範囲を欧州諸国間のみに限定し、実定的な条約や慣習に着目する「欧州国際法」観念が広がり、19 世紀中も一部存続した。19 世紀中葉には、国際法を「文明諸国間の法」として説明する理論も登場する。欧州諸国の活動範囲の拡大による欧州国際法の地理的妥

当範囲に対応するために提示されたものであるが、世界中の全ての国家に妥当する国際法という観念は否定し、文明化された欧州のキリスト教諸国、およびそこから設立された諸国の間に限定された法として捉えられるものである。そして、国家意思による承認を国際法の基礎におき、自然法を排除する「実証主義国際法理論」が多数登場する。ただし、国家意思の合致という実定的要素と正義、理性、社会の本性等の非実定的要素を混在させた「一般国際法理論」を提示する議論も少なくなかった。こうした理解はあくまでも概略的なものであって、例えばブルンチュリは「文明諸国間の法」として国際法を論じているが、その妥当範囲は欧州に限定されず、国際社会全体に適用されるものとして構想されていた。

　以上のような19世紀の国際法学の状況を前提にすると、本章の課題は近代化という変動期にある人々が、同じく変動期にある国際法をどのように捉えたかを跡づけようとするものであるということができる。

　本章で検討の対象にするのはアラビア語で出版された最初期の国際法学に関わる2冊のテクストである。両テクストについては本論で紹介するが、いずれのテクストも欧米の単一の国際法学のテクストの直訳ではなく、複数の国際法学のテクストを参照して作成された原典をアラビア語に翻訳したものである。『万国公法』としてホイートンの著作を漢訳、邦訳し、続いてさらに別の国際法学のテクストを翻訳することから国際法の受容過程が始まる中国や日本とは異なる展開である。なお、原典にあたるテクストに関しては、後述のように先行研究による一定の分析がなされているが、アラビア語版についてはこれまで未検討の状態にある。

　以下の検討では、まずは各テクスト作成の背景について簡単に確認し、当時の国際法学や現地の近代化の試みとの間にどのような関係性があったのかを検討する。そして、各テクストにおける国際法の基礎づけに注目した検討を行い、次いで国際法の法源に関わる議論を対象にした分析を行う。さらに、各テクストと国際法学との関連を把握するため、典拠とされたと考えられる国際法学のテクストとの若干の比較検討を行う。最後に以上の検討結果をまとめた後、補足的にではあるが、イスラーム国家体系、あるいはオスマン帝国の国家実行やイスラーム法学上のスィヤルへの言及などが見出せるかについて付言する。な

第8章　アラビア語国際法学における国際法の基礎づけ —— 155

お、紙幅の関係上、本章の具体的な検討は必ずしも網羅的なものではなく、例示的なものにとどまる。またイスラーム国家体系から主権国家体制への展開という過程を検討するのであれば、国家観念の転換にも着目すべきであるが、本章では触れないこととする。

1 『戦争法』の検討

(1) 『戦争法』の背景にあるコネクティビティ

本節で検討の対象とするのは、『戦争法』(*Qānūn al-Ḥarb*) というカイロで 1872 年に出版されたテクストである。エジプトがヘディーブ・イスマーイールの統治下にあった 1872 年に、当時のエジプト軍の参謀総長を務めたアメリカ人、チャールズ・ポメロイ・ストーンによってフランス語で作成され、近代アラブの文芸・思想革新運動である「ナフダ」の主要人物の一人としても著名で、当時は陸軍の翻訳局に勤めていたムハンマド・オスマーン・ジャラールによってアラビア語訳されたものである。なお、この『戦争法』はその名称、条文形式での記述にもかかわらず、国内的な拘束力を持つ法令ではない。本テクストの形成過程については別稿でも検討しているため [沖 2016]、ここではテクストの背景にあるコネクティビティに注目して紹介する。

原典であるフランス語版の背景には、現著者ストーンとリーバー、ハレック、ホイートン、ブルンチュリといった国際法学者との複層的なコネクティビティがある。まず、ストーンは南北戦争の際の北軍の司令官の一人であり、北軍の参謀総長であったハレックと直接のつながりがあり、また『戦争法』の最大の典拠であり、南北戦争の惨禍の緩和を目的とした、いわゆる「リーバー法典」も直接手にする立場にあった。リーバー法典はブルンチュリによってフランス語に翻訳されているし、両者の間では書簡のやり取りなども行われている。そして、アメリカでは南北戦争後大量に除隊した軍人の職が求められており、エジプトではフランス軍人にかわるお雇い外国人が求められていた。両者のニーズが一致したことから、『戦争法』をめぐるコネクティビティがストーンを介しエジプトに持ち込まれることとなったのである。『戦争法』の原典たるフランス語版の作成の背景にはこうした重層的なコネクティビティが存在する。

一方で、アラビア語版の翻訳を担当したオスマーンは当時のエジプトにおいて「最も文化的な人物」と評されることもある人物である［Bardenstein 2005］。リファーア・タフターウィーが校長を務めた言語学校の最初期の卒業生であり、エジプト政府のさまざまな官職を務める一方、モリエール、ラシーヌ、ベルナルダン・ド・サン＝ピエールの作品を翻訳し、自らの演劇作品も発表し、アラビア語近代演劇の創始者の一人とみなされている。オスマーンの演劇の翻訳は、エジプト社会へのアダプテーション的傾向が強いことが指摘されている。ただ、近年の研究では、オスマーンはエジプトのナショナリストではなく、オスマン・エジプト的なエリートと評価されている［Mestyan 2017］。

図1　『戦争法』アラビア語版表紙
注）　上段には、下段に書き込まれている現在の請求記号とは別色の筆記具で「故カドリー・パシャの事務所から購入し1889年11月10日に〔ダール・クトゥブに〕追加した」との書き込みがある。

　なお、オスマーンの語学学校の同窓生には、近代エジプトの代表的な法律家であるムハンマド・カドリーがいる。現在エジプト国立図書館に所蔵されているフランス語版・アラビア語版の合本版は図1のようにムハンマド・カドリーの遺品から寄贈されたものである。

(2)　『戦争法』における国際法の基礎づけ

　『戦争法』のテクストにおいて、「国際法」という観念に言及されることは何度かあるが、その定義的な記述は存在せず、基礎づけや具体的な法源に関する説明も行われていない。同書がイスマーイールの指示を受けたストーンにより作成されエジプト軍の士官層に配布されたことを考えると、同書自体が法令としての効果は有さないとはいえ、事実上の拘束力を見込むことはできたのかも

しれない。しかし、法的に、そもそもエジプト、あるいはエジプトが法的にその一部であるオスマン帝国は、なぜこうした規範に拘束されるのか、そしてエジプト軍に所属する兵士はなぜ戦時国際法の規則を遵守しなければならないのかという問いは別途存在しうる。こうした問いに、『戦争法』というテクストは何らかの回答を与えているのであろうか。

　この点を検討するにあたって、戦争法の規律内容について一般的・定義的に説明する第1条に続く第2条を参照する。

> 今日合意されている戦争法（Qānūn al-Ḥarb al-muttafaq 'alayhi）は、諸民族（al-Milal）全体に対する文明（tamaddun）の影響の結果である。その諸規則は諸実践（al-Tajārib）から得られたもので、徐々に選び取られたものである。戦争の後に通常生じる惨禍の緩和が根本的な義務とされ、違反することは禁止されている（下線による強調は沖による。以下も同様）。[Stone/Uthmān 1872: 2]

冒頭の「今日合意されている」との表現には、法的な基礎づけの可能性があり注目される。この「合意」への言及は、原典にあたるフランス語版には存在せず、単に「今日存在している戦争法は」と記述されている。訳者であるオスマーンがこの部分をアラビア語に訳すにあたって「合意」（muttafaq 'alayhi）という要素を加筆しているということになる。この加筆は、単にアラビア語の表現上、「今日存在している」という表現を言い換えたものであるとも考えられる。しかし、「国際法＝国家間の法」という国際法学的な認識を前提に、オスマーンが戦争法というものの性質を説明的に補足したと推測すると、国際法とは「国家間の合意」による法と理解されている可能性も残される。

　しかし、同じく「合意」という行為に言及がある記述を確認すると、見出されるものは必ずしも国家間の合意ではない。第42条は以下のような規定である。

> 最近の人々は、戦争は単に交戦当事者間の虐殺のためのものではなく、その目的は武力による正当な目的の達成であるという点で合意している（ittafaqa al- muta'akhkhirūn）。そのため、たとえ武装しているとしても、単なる心理的な目的、あるいは復讐心のために敵を殺害することは許されない。[Stone/Uthmān 1872: 16]

本条では、戦争の目的とそれに伴う加害行為への制限が論じられており、戦争の目的に関しては、「最近の人々」（al-muta'akhkhirūn）の「合意」があることが確認されている。この「合意」に関わる表現もフランス語版においては確認されず、単に「近代的な意味における戦争（La guerre dans sa signification moderne）は、敵の相互の虐殺を目的としたものではない」と示すのみである［Stone 1872: 27］。なお、ここでは al-muta'akhkhirūn という用語を「最近の人々」と訳出しているが、戦争の目的への見解の合意を形成しうる主体としては、実質的には不特定の人々というよりも「学者」、さらに国際法学の観点からすれば「国際法学者」と解釈しうるのではないかと考えられる。いずれにせよ、この合意という表現は、アラビア語版での補足ということになる。この補足によってアラビア語版では、少なくともその文章上は、「最近の人々の合意」があ・る・た・め・に・、復讐心等による敵の殺害は禁止であるとされている。つまり、当該規則の拘束力の根拠は国家間の合意でなく、人々、おそらくは学者の合意、もしくはその合意が示唆するもの、例えば自然法か国際社会一般に妥当する国際法に求められていると解釈することができる。この場合、学者の見解が国際法の法源と捉えられていることになろう。

　『戦争法』においてはこのほかに国家間の合意や明示的な合意である具体的な条約への言及を見出すことはできない。このテクストにおける国際法を国家間の合意による法と捉えることは困難である。なお、学者の見解を国際法の法源とみなすような『戦争法』アラビア語版の特徴は、イスラーム法の学説法としての性格と類似したもののようにも思われる。しかし、イスラーム法の性格が、『戦争法』の記述に影響を与えているとまで評価できるかどうかは、別途の検討が不可欠である。

(3)　『戦争法』における国際法の法源としての慣習の可能性

　以上の検討では、学者の見解が『戦争法』の法源と捉えられる可能性を指摘したが、上述した第 2 条では「戦争法」という規範の事実上の根拠が過去の「諸実践」、すなわち「慣習」におかれていることも確認された。そこで、同テクストにおいて「慣習」が国際法の法源である可能性について検討したい。国際法のなかでも戦争法の諸規則は特に諸国の実践によって、慣習法として発展

してきたという性格が強い。こうした事実を反映しているとするならば、『戦争法』においても国際法が慣習法と捉えられているように解釈することも可能であるように思われる。

　しかし、「慣習」に言及する『戦争法』のほかの記述を検討すると、慣習を法源とみなすことは困難であるように思われる。例えば、宣戦布告に関する第6条は、第1文において「戦争は国家による他国に対する宣戦布告によって開始することが慣習となっている」と規定する［Stone/Uthmān 1872: 3］。このテクストのみからでは、宣戦布告が国際法上の義務であるのか、すなわち宣戦布告という慣習が国際法の法源であるのかは明確ではない。しかし、フランス語版では、この慣習にあたる部分は単に「通常、戦争には宣戦布告が先行する」（Ordinairement on fait précéder la guerre par une déclaration d'hostilités）と述べるのみであり［Stone 1872: 7］、さらに19世紀後半の国際法学説、特に『戦争法』の典拠とされている諸著作の関連記述をみても宣戦布告は国際法上の義務ではないとの理解が一般的である［Halleck 1861: 350-355, Bluntschli 1868: 293-294, Bluntschli/Lardy 1870: 294-295, Wheaton 1866: 375-379］。すなわち、戦争に先行する宣戦布告は「単なる慣習」であることが確認できる。また、第130条でも「単なる慣習」としての慣習への言及が確認できる。同条は中立国が交戦国船舶に対して自国の港の使用を許可できる天災などの例外的な場合について記述したものである。こうした例外的な事由が消滅した後、中立国は交戦国船舶が滞在できる期間を指定しなければならず、「この期間は慣習では24時間である」と規定する［Stone/Uthmān 1872: 45］。同条に関してもフランス語版では単に、「通常」（ordinairement）24時間であると示すのみであって［Stone 1872: 70-71］、この期間設定が義務であるとの意図は見出せない。

　以上の例から、『戦争法』のテクストにおいて言及がある慣習とは、それ自体で法的拘束力のある規範としての慣習法を意味するものではなく、国際法の法源としての慣習とみなすことも困難なものであると考えられる。

（4）　典拠との関係での『戦争法』の評価

　以上の検討によって『戦争法』アラビア語版における国際法は、国家間の合意に基礎づけられた実証的な主権国家間の法ではなく、法源としては慣習では

なく学者の見解が重視されているように解釈しうることを指摘してきた。本来であれば、『戦争法』のその他の記述に基づく分析を加えるべきであるが、以下では『戦争法』の典拠とされたと考えられる国際法学のテクストとの関係に注目した若干の分析を行いたい。この作業によっても、戦争法における国際法の基礎づけの特徴の一端を把握することができる。

　まずは原著者であるストーンの選択によって、典拠たる国際法学のテクストの性格が反映されなかった事例を紹介する。『戦争法』全体で最も広範に典拠として参照されているのはリーバー法典であるが、同法典のなかには明確に自然法としての国際法を意味するような記述が存在する。戦争中の敵国の財産、人の保護、敵国の住民に対する犯罪の処罰についての規定を集めた第 2 節中の第 40 条は「敵対する軍隊の間には、戦争の法規及び慣例と呼ばれる自然法及び国際法の分野を除いて、いかなる法や権威的な行為規則の体系も存在しない」と規定している［Liber 1863: 12-13］。リーバー法典における国際法観は、そもそも先行研究によっては「戦争コモンロー」とも称される自然法的性格が強いものであるが［Ohlin 2016］、この第 40 条では自然法への明示的な言及が行われている。しかし、同条はそもそも『戦争法』フランス語版に採用されていない。意図的であるかは不明であるが、原著者ストーンの選択によって『戦争法』における明示的な自然法的性格の強調が避けられているのである。

　一方で、訳者であるオスマーンの選択によって、国際法の自然法的性格づけを示す表現が反映されなかった例もある。例えば、天災などの事態における中立国港における交戦国船舶の庇護に関して、第 130 条に前項で言及したが、同条の冒頭部分は以下のような記述である。

> 中立国は、嵐や敵の攻撃のため、水・食料・その他の必需品を入手する目的であれば、交戦国船舶に自らの港へと侵入し停泊することを許すことができる。しかし、彼らは、武装した兵員と水兵とを増強することはできない。また上陸し、内陸へと進むこともできない。

この記述では単に中立国の権利と交戦国の義務が述べられている。しかし、フランス語版では文頭に「歓待の規則によれば」(Par règle d'hospitalité) との記述が存在し、さらに交戦国の戦力増強等を禁じる部分に関しても「この歓待は以下のことを認めない」(cette hospitalité ne peut leur accorder de rien...) と「歓待」なる

ものへの言及がなされている［Stone 1872: 70］。つまり、フランス語版において130条の規定内容は「歓待の規則」という規範から導出されるものであることがわかる。

　もっとも、この「歓待の規則」なるものは、当時のヨーロッパの国際法学においても、さらには『戦争法』の典拠とされたテクストにおいても、その存在や内容が自明なものではない。フランス語版には「Halleck pp. 522, 523」「Wheaton p. 524 nota」との典拠情報が示されている。典拠であると推測される両者の著作を検討すると、本件の性格づけが異なることが確認される。まず、ホイートンに関しては編者であるダナが付した脚注が参照され、具体的な国家実行を紹介しつつ、こうした庇護の提供は「中立国の裁量である」（at the option of neutral）とし、歓待の規則への特段の言及は行われない［Wheaton 1866: 524］。一方で、ハレックは、交戦国船舶が中立国港にて庇護を受けることを、交戦国の「歓待を受ける権利」（the rights of hospitality）であると性格づけ、中立国に対する「人道上のコモンロー」（the common laws of humanity）による要請であると論じている［Halleck 1861: 522-523］。すなわち、庇護の付与が中立国の権利であった『戦争法』の記述とは違い、ハレックにおいては人道上のコモンローによる中立国の義務とされているのである。

　以上の典拠たるテクストの検討から、フランス語版は中立国による庇護を同国の権利とするホイートン（正確には編者であるダナ）の議論と、庇護を交戦国の人道コモンロー上の歓待の権利と位置づけるハレックの議論の歪な折衷であることがわかる。さらに、アラビア語版は、この折衷の歪さの特徴である「歓待の規則」という文言を削除することによって、結果的にはホイートンの議論に近いものとなっている。こうした選択が意図的なものであったかは定かではない。しかし、典拠からフランス語版、フランス語版からアラビア語版への段階を経ることによって、ハレックには存在し、フランス語版にも残存していた自然法的基礎づけが喪失していることには注目される。

　以上のように典拠との関係を整理すると、国際法の基礎づけや法源に関しては自然法的性格の一端を読み取ることができるが、典拠との関係を精査するとこうした性格の強調は、結果的には、避けられているように思われる。

2 『国際法』の検討

(1) テクストの背景にあるコネクティビティ

本節で検討するのは、『国際法』(*Kitāb Ḥuqūq al-Duwal*) という 1894 年にカイロで出版されたテクストである。エジプトはオラービー革命を経て、イギリスによる占領が始まり、イギリスによる事実上の保護国のような状況におかれつつも、政治的・経済的には安定していた時期であった。

同書は 1883 年にハサン・フェフミーがオスマン語で出版した『国際法概説』のアラビア語訳である。ハサン・フェフミーはその著作が「オスマン国際法学形成の画期」をなすとも評価される人物でありながら、翻訳局、商事裁判所などで官職を務め、さらに政治家としても特に外交で役割を果たした人物である [藤波 2015]。

『国際法概説』はその序文で「カルヴォ、ブルンチュリ、ヴァッテルといった著名な国際法学者」を参照したことを明示し [Fehmi 1883: 10]、本文中ではさらに多数の国際法学者の名称に言及している。また書籍全体を通しセクションナンバーをふり条文のような形式で記述するという同書の形式からはブルンチュリの著作が最も影響を与えているようにも見える。もっとも、同書について詳細に検討した藤波は、ブルンチュリの影響の大きさを指摘しつつも、「国際社会の現実に関わる本論の部分」、すなわち「干渉」や「オスマン帝国内の特権諸州の扱い」などといったテーマに関しては「オスマンの「主権」擁護を試みる書物」としての性格が強いものであったと指摘している [藤波 2015]。

オスマン語原典のアラビア語訳を行ったのは、ヤヒヤー・カドリーとナヒラ・キルファートの 2 名である。前者は、前節でも触れた近代エジプトを代表する法律家であるムハンマド・カドリーの息子である。『国際法』の訳者序文によると、カドリーは政府の官職を辞した後、自らの意思で『国際法概説』のアラビア語訳に着手し、彼自身が第 1 部「平時国際法」の翻訳を行ったようである [Fehmi 1894: 3-4]。一方で、ナヒラ・キルファートは、第 2 部「戦時国際法」の翻訳と全体の修正を担当したようであるが、同時代に多数存在し、エジプトの文芸・思想・出版の発展を支えたシリア系移民の一人である。同書以外

にも多数の著作の翻訳や執筆で知られている［al-Zirikli 1992］。

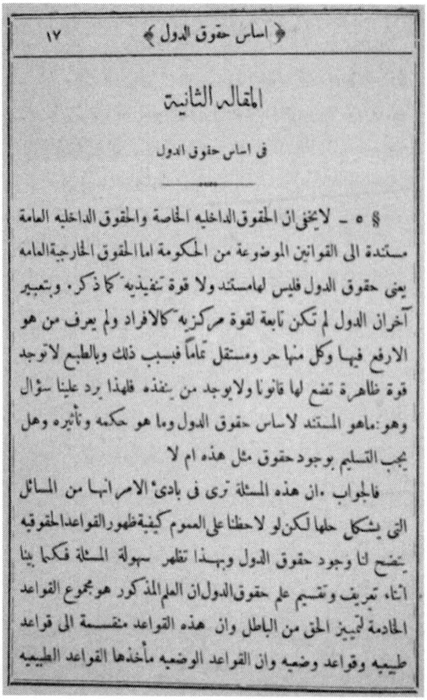

(2) 『国際法』における国際法の基礎づけ

それでは『国際法』というテクストにおいて、国際法はどのように基礎づけられているのであろうか。この点で注目に値するのが、第2章「国際法の基礎について」である。国内社会とは異なる国際社会の分権的性格を確認した後、「国際法の基礎たる原因は何か」と問いかけている（図2の上段部分）。

図2の下段以降で頁数をさいて行われている議論を総合すると、『国際法』においては、国際社会における国家間関係の存在という社会的事実と自然法の妥当とに国際法を基礎

図2 『国際法』第2章「国際法の基礎について」冒頭部分

づける役割が与えられている。まず、前者については、国際法の存在は「法的規則が生じる一般的な方法」から自ずと明らかになるとして、国内法が社会における人の共存から必然的に生じてくるのと同様、諸国家の併存と相互関係の存在が原因（mansha'）となると述べる［Fehmi 1894: 17-19］。「社会あるところ法あり」という考えが反映された記述であると理解できよう。こうした理解は、法学一般の目的について、テクストの冒頭で「法学の主題は、社会に生きる人々の間の関係で、その目的は人間集団の永続と良き秩序でのその維持である」［Fehmi 1894: 10］と述べていることとも符合する。

こうした社会的基礎づけと並行して自然法による基礎づけも確認できる。『国際法』において「自然法」（qawā'id ṭabī'iyya）は「人間の本性が神の力を知ることによって示すものであって、人間の性質によって変化するものではない」

164 —— 第II部 オスマン的秩序から近代国家体系へ

と定義づけられ、実定法については「自然法の規則から導出されるものであっ
て、実践の基礎になることが認められたものである。人間の理性と理解力との
限界から、自然法の規則による人間の完全な統合は不可能であるため、実定法
の規則（qawā'id waḍa'īyya）が必要とされる」という［Fehmi 1894: 10］。実定法を
基礎づけるものとして自然法が捉えられていることがわかる。さらに、国際法
について論じるなかでも、改めて「実定法のその源（ma'khzhā）は自然法であ
る」と述べ、「実定法、すなわち書かれた法の不在は、基本的に法が存在しな
いということを意味しない」と論じている［Fehmi 1894: 17］。自然法を実定法の
基礎とする基本的立場に基づくものであると考えられる。

　こうした二つの基礎づけの関係、さらには基礎づけの実質的な内容について
はより詳細な検討が必要である。しかし、以上の分析から、少なくとも『戦争
法』においては、国家間の合意などとは異なる非実定的な、ある種の自然法的
な基礎づけが行われていることが確認される。

(3)　『国際法』における国際法の法源

　それでは以上のような非実定的要素によって基礎づけられる国際法の原則・
規則はいかなる法源を参照することで確認できるのであろうか。『国際法』は
「国際法の基礎」に続く第 3 章において国際法の「法源」（al-maṣādir）について
詳細に論じている。法源という観念自体は、「法がそこに存在し、法学の諸規
則が示される場」と定義され、具体的な 9 つの法源についてそれぞれ頁を割い
て説明している［Fehmi 1894: 19-31］。9 つの法源とは、すなわち「条約」「法学
の主要な著作」「条約の歴史」「条約の歴史に類するような公文書等」「捕獲審
関連の法令やその決定」「国際法の問題を扱う国内法廷」「貿易関連の法と規則、
戦時の警備船への命令」「紛争解決機関の通知」「紛争解決で参照される主たる
国際法学者の見解」である。これらのうち条約を「主要な法源」、法学の主要
な著作を「最も広範な法源」と呼んでいる。この 9 つの法源は、一見すると、
条約や国内法令、国内の紛争解決機関の決定など、国家の実行が重視された実
証主義的なもののようにも見える。しかし、具体的な記述からは異なった様相
が見出される。

　まず「主要な法源」と位置づけられる条約に関する議論を確認すると以下の

ような記述が存在する。

　　条約の諸規則が、締約国間のみにおいてしか実践されていない場合、条
　約が慣習の修正の集積であるとか、かつてから遵守されていた規則を強化
　したものであるとか、国家間の重要な紛争の解決に関わるものである場合
　には、締約国間で妥当する諸規則とともに、諸国一般の関係に対して重大
　な影響を及ぼす。

　　条約の内容が、一般的に受け入れられている国際法の諸規則の一部と整
　合する場合、そして、そのような規則のいくつかとは反する場合、そのど
　ちらの場合も条約は国際法の最も重要で確固とした法源となる。そして、
　もし多数の条約のうちの一つの規則に同意が得られているのであれば、全
　ての学者は、当該規則が一般的に諸国民の思想において受容されたと判断
　することに合意している。

この記述から、条約はそれ自体では国際法とみなされていないことがわかる。
例えば単なる二国間条約や多数国間条約はそれ自体で国際法の法源ではなく、
「諸国一般の関係に対して重大な影響」を与える場合や、「一般的に受け入れら
れている国際法」あるいは国際社会全体への影響が重視されていることが確認
される。こうした記述から、国際法とは、個別の条約とは別に存在し、国際社
会一般に受け入れられた法として妥当しているものということになる。条約の
意義は、そうした法の確認、補強、修正にあるということになる。

　一方、「最も広範な法源」と位置づけられている「法学の主要な著作」（以下
では単に「学説」と呼ぶ）については、学説それ自体よりも国家との関係性で論
じられている。すなわち、国際法の法源とみなされるような学説は、知識や専
門性が卓越した者によるものでなければならないことを指摘した後、まず学者
が、自らが属する国家が関係する紛争に関連する議論を、当該紛争の発生以前
に行っていた場合、その中立性が期待できることから、注目に値すると論じる。
そして、このために多くの国家が紛争発生以前の学説に依拠する傾向にあると
指摘する。次いで、ある国家の主張が、自国民の学説によって反駁される場合
や、著名な学者たちが一致して支持する規則に反するような場合、当該国家の
主張は法的妥当性を欠くと論じる。一方で、ある学説が国家によって何らかの
形で採用された場合、その有力性は国家によって採用されない場合よりも減じ

ると指摘している [Fehmi 1894: 24]。こうした記述から読み取れることは、学説自体に、例えば理性に基づく推論によって法規則・原則を導く役割が求められているわけではないということである。むしろ、国家が個別の事態に関して行う国際法上の主張との関係で、学説が中立性を持つことや主要な学説が一致することで国家の主張の説得性を批判するような性質を有する点が重視されている。すなわち、学説の意義は、国際法の具体的な規範を確認する法源としてよりも、こうした意義を潜在的には含んでいるかもしれないが、国家の行為を外在的に評価する点に求められていると理解できよう。

(4)　典拠との関係での『国際法』の評価

　『国際法』における国際法は、国家間関係の存在という社会的事実、そして自然法に基礎づけられたものであり、国家間の合意に基礎を求める法ではなかった。こうした法の法源としては学者の見解が、国家の行為を外在的に評価するものとして、重視されているように解釈しうることを指摘してきた。以下では、『国際法』の典拠とされたと考えられる国際法学のテクストとの関係に注目した若干の分析を行いたい。この作業によっても、『国際法』における国際法観の特徴の一端を把握することができる。なお『国際法』とオスマン語原典である『国際法概説』間には、本章の検討範囲に関する限り顕著な差異は確認できない。そのため、以下の検討はもっぱら『国際法』に着目したものである。

　『国際法』はテクストの本文あるいは稀に脚注において、国際法学者の名前に言及することがある。本節が検討の対象にした範囲で明示的に言及されている国際法学者は、フィリモアとオルトランの 2 名である。フィリモアへの言及は、戦争中の通商関係に関する国内法令について説明するなかで行われている [Fehmi 1894: 28]。記述の有効性を支える役割がこの参照には与えられていると考えられるが、より注目されるのはオルトランへの言及である。それは各法源についての概説を終えた後に、別の法源の説明方法の例として現れる。

　すなわち、「フランスの著名な法学者」であるオルトランの議論として、第 1 の法源を人が正・不正を区別する基準となる「正しき理性」、第 2 の法源を「諸国の間で昔から受け入れられており、今日においても遵守されねばならない」ものである「慣習」、第 3 の法源を「条約」とする議論を紹介している。

条約は、諸国が締結し遵守を約束したのであるから当該規則に従った行為を義務づけられるとし、上述の法源としての条約とは異なる性格の議論が提示されている。さらに、オルトランは国際法の適用時には法源の順序を条約、慣習、正しき理性と反転せねばならないとしていると紹介し、この分類に理論的にも適用の観点からも賛同できると評価している［Fehmi 1894: 30-31］。

この内容自体、非常に興味深いものであるが、国際法史の観点からはオルトランへの言及自体が注目される。オルトランは1845年に『海洋に関する外交と国際法上の諸規則』というテクストを著しており、確かに「著名な法学者」ではあるが、同時代、あるいはその後の国際法学のテクストで必ず言及される論者かと言われるとそうではない。彼のテクスト自体も、基本的には海洋法を対象としたものであり、例えばブルンチュリやフィリモアなど同書で言及される他の国際法学者と比べると「著名な法学者」と呼ばれていることに若干の違和感はある。

そこで、法源に関する議論のなかで、オルトランに言及する別の国際法学のテクストを調査すると、『国際法』でもしばしばその名前は言及されるカルボーの『理論的・実践的国際法』が、このオルトランへの言及部分をはじめ、法源に関する議論全体の基本的な典拠とされたであろうことが確認される。詳細な比較検討は、紙幅の関係上、ここでは避けるが、まずオルトランに関する上の引用箇所は、オルトランに「フランスの著名な法学者」との説明がついていない点を除くと全く同様である。もっとも、カルボーにおいては、オルトランへの言及は「他の法源の説明方法」のなかの一つであり、オルトランに言及した後、ヘフター、ホイートン、ホルツェンドルフ等への言及が続いている。こうした部分は『国際法』においては削除されたということになる。

また法源全体の構成についても若干の差異がある。カルボーにおいては、「法源の多様性」「著述家の著作」「条約」「歴史」「外交的行為」「捕獲審の決定」「アメリカの捕獲審」「国内裁判所の判決」「国内法の規則」「混合法廷・仲裁の決定」「法律顧問の見解」「他の国際法の法源」の順序で論じられている［Calvo 1870: 158-167］。ここでは具体的な検討は省略するが、『国際法』の法源部分での記述と比較すると、記述の順序や内容の点からカルボーの各法源の記述が原典として用いられていることが強く推測される。もっとも、個々の法源

の記述も完全な逐語訳ではなく、加筆はほぼ確認されないものの、一部の省略等の修正は加えられている。しかし、最も注目される差異は、カルボーでは冒頭で論じられている「法源の多様性」が『国際法』では完全に削除されていることである。当該箇所で、カルボーは、英米法体系に属する国と大陸法体系に属する国とで、国内裁判所の判決と学説の意義が異なること、そのため国際法の法源の序列を決定するにあたっては、各国の国内法制度の把握が不可欠であると論じている［Calvo 1870: 158］。例えば、国際法の具体的内容を確認するための法源として、国内裁判所の裁判例や判例を参照しうるとしても、下級審の裁判例に当該国の国内法上、後の裁判例に対する先例拘束性が認められていないのであれば、法源として参照する意義はないことになる。カルボーの言及は、判例や国内法など実定的な法源が、法源としての価値を有するための実質的な基礎づけにも触れるものになっているのである。『国際法』が、こうした言及を欠くということは、法源の実定性、実証性の縮減という効果を持つように思われる。

おわりに

本章においては現在の国家間関係を基本的に規律する国際法という観念を、関連する最初期のアラビア語テクスト 2 冊がどのように捉えていたのかを、国際法の基礎づけと法源とに限定して、できる限り実証的に検討してきた。本章冒頭で指摘したように、国際法という観念自体、今日では一般的に「主権国家間の合意」を基礎におく法と捉えられているが、19 世紀の議論状況は錯綜したものであったことは、本章のような検討にとって不可欠の前提である。

本章の検討の結果、『戦争法』『国際法』の両テクストとも、単一の国際法学のテクストを翻訳したものではなく、複数の国際法学の典拠からの取捨選択、さらに『戦争法』に関しては訳者の取捨選択によって形成されたものであったことが確認された。両テクストの国際法の基礎づけや法源に対する理解は多層的なものであった。共通して確認できることは、いずれも「主権国家間の合意」に国際法を基礎づけてはいないということであった。合意に基づく法であれば実証主義的、そうでなければ自然法的というように単純に二分して理解す

るのであれば、こうした両テクストの性格は自然法的なものと評価することもできるが、法源に関わる記述も含めて検討すると、その自然法的性格は決して強調されてはいなかった。もっとも、こうした本章の検討はあくまで基本的には総論部分を対象としたものに限定されているため、具体的な原則・規則を対象とした検討によって補足されなければならない。

　ところで、以上の記述からも明らかなように、本章で検討した二つのテクストの記述には、イスラーム国家体系、あるいはオスマン帝国やエジプトの具体的な国家実行、あるいはイスラーム法上の「イスラーム国際法」などと称されることもあるスィヤルやクルアーンの章句への言及は一切見出せなかった。こうした国際法とは異なる理論との関係性は、断絶したものであったということができる。今日のアラビア語での国際法のテクストではしばしばクルアーンの章句やスィヤルに言及されることがあり、20世紀後半以降に現れる「イスラームと国際法」に関する研究とは、一線を画す特徴である［沖 2021］。

参考文献

明石欽司 2011「「国際法の完全性」（一）：その理論史と概念整理」『法學研究』84: 1-29.
沖祐太郎 2016「エジプトにおける国際法受容の一側面――フランス語版『戦争法』（カイロ、1872年）のテキスト分析を中心に」『法政研究』83: 505-534.
―― 2019「19世紀のエジプトにおけるアラビア語国際法著作」『歴史と地理　世界史の研究』258: 61-64.
―― 2021「ダール・イスラーム／ダール・ハルブをめぐる議論の国際法学における意義」『世界法年報』40: 77-102.
小栗寛史 2021「実証主義国際法学の確立過程における合意主義の系譜（一）――オッペンハイムの共通の同意理論を中心に」『岡山大學法學會雑誌』71: 1-64.
―― 2023「近代国際法学形成期末における自然国際法論――「19世紀」国際法学研究序説」『法政研究』90: 167-188.
川島真 2000「中国における万国公法の受容と適用・再考」『東アジア近代史』3: 35-55.
藤波伸嘉 2015「ハサン・フェフミ・パシャとオスマン国際法学の形成」『東洋史研究』74(1): 178-137.
Bardenstein, Carol. 2005 *Translation and Transformation in Modern Arabic Literature*, Wiesbaden: Harrassowitz Verlag.
Bluntschli, Johann Caspar. 1868 *Das moderne Völkerrecht der civilisirten Staten als Rechtsbuch*

dargestellent, Nördlingen: Beck.

―――. 1870 *Le droit international codifié*, C. Lardy trans., Paris : Guillaumin.

Calvo, Carlos. 1870, *Le droit international théorique et pratique, précédé d'un exposé historique des progrès de la science du droit des gens, tom. 1.*, Paris: A. Durand et Pedone-Lauriel.

Fehmi, Hasan. 1883 *Telhis-i Hukuk-i Düvel*, Istanbul: Matbaa-yi Osmaniye.

―――. 1894 *Kitāb Ḥuqūq al-Duwal*, Yahiyā Qadrī and Nakhla Qilfāṭ trans., Cairo: s.n.

Halleck, Henry Wager. 1861 *International Law, or, Rules Regulating the Intercourse of States in Peace and War*, San Francisco: H. H. Bancroft.

Koskenniemi, Martti. 2002 *The Gentle Civilizer of Nations: The Rise and Fall of International Law 1870-1960*, Cambridge: Cambridge University Press.

Liber, Francis. 1863 *General Order No. 100: Instructions for the Government of Armies of United States in the Field*, Washington: Government Printing Office.

Mestyan, Adam. 2017 *Arab Patriotism: The Ideology and Culture of Power in Late Ottoman Egypt*, New Jersey: Princeton University Press.

Nussbaum, Arthur. 1954 *A Concise History of the Law of Nations*, New York: Macmillan.

Ohlin, Jens David. 2016 "The Common Law of War," *William & Mary Law Review* 58: 493-533.

Oppenheim, Lassa. 1905, *International Law: A Treatise v. 1: Peace*, London: Longmans Green.

Stone, Charles Pomeroy. 1872 *La Loi de la Guerre: Codification preparée à l'usage des officiens de l'Armée Egyptiénn*, Caire : s.n.

―――. 1872 *Qānūn al-Ḥarb*, M. Uthmān trans., Cairo: s.n.

Wheaton, Henry. 1866 *Elements of International Law and Laws of War*, Dana, Richard Henry (ed.), 6th (ed.), Philadelphia: J. B. Lippincott & co.

al-Zirikli, Khail al-Dīn. 1992, "Nakhla Qilfāṭ," *al-A'lām: qāmūs tarājim li-ashhar al-rijāl wa-al-nisā' min al-'Arab wa al-musta'ribīn wa al-mustashriqīn*, vol. 8, Beirut: Dar al-Ilm li al-Malayēn.

第 **III** 部

帝国とコネクティビティ

第9章 オスマン帝国のウラマー
—— 職階制と血縁・地縁的結合

秋葉 淳

はじめに

ウラマーは、元来知識人を表す「アーリム」の複数形であり、イスラーム社会においては、7世紀末から8世紀初めにかけて、イスラームの宗教的諸学に通じた学者たちが他と区別された集団として「ウラマー」という集合名詞で捉えられるようになった［森山 2022; 湯川 2009］。もともとイスラームにおいては「平信徒」と区別された宗教上の特権をもつ「聖職者」は存在しないものとされているが、宗教的に何が正しい教えであって、ムスリムの生活はどのように律せられるべきかという知識は、学者集団であるウラマーによって体系化され、継承されたのである。

「教会組織」ももたないイスラームにおいて、ウラマーは組織化された集団ではなく、イスラームの宗教的諸学を修めたことを認められた人々が、師弟関係や学派などの人間関係を通じた緩やかなネットワークを形成していた。彼らの学者としての評価や正統性は、そうした人間関係の連鎖にもとづいていたため、膨大な数の人名を収録したウラマーの人名録が多数編纂された［森山 2022: 133-134］。

ウラマーとして認められるためには、長期にわたる学問の修業と学者たちのネットワークへの参入が必要となるため、経済力があり、父親にウラマーをもつ者が必然的に有利となり、代々ウラマーを輩出する名家が多くの地域で出現した。学者として地域社会の尊敬を集めて名望家となった彼らは、都市住民を代表する存在になりえた。とりわけ軍人政権など外来の勢力の支配下にあった

地域では、ウラマーが地元住民の代表となって、支配者と住民の間の仲介役を果たすことがよく見られた。支配者の側は、ウラマーを味方につけて支配の正統性を得るために、ウラマーを庇護し、マドラサ（学院）を建設したりカーディー（裁判官）に任命したりするなどした。ウラマーは支配者に協力する一方で、ときに地域社会の代表として住民の要望や不満を支配者側に伝えるといった役割も果たした［ラピダス 2021: 184-201; 森山 2022: 134, 137］。

　以上が歴史的なイスラーム世界における典型的なウラマー像であるとすると、オスマン帝国のウラマーは、それとは随分異なる様相を呈する。オスマン帝国において、ウラマーは国家によって中央集権的に制度化・組織化されており、これは他のイスラーム諸王朝に見られない顕著な特徴である。その制度とは、ウラマーの任官のシステムである官職階層制であり、「イルミエ制度」という術語によって知られる。

　以下では、まずイルミエ制度の概要を説明したのち、その制度がいかに一部のウラマー家系の再生産を保障するものであったかを述べる。さらに、18 世紀において一部の地域に現れたカーディーの地位をもつ集団について明らかにする。これらを通じて、厳格な職階制であるイルミエ制度において、血縁や地縁などを通じた人間関係の結びつきが重要なはたらきをしていたことを論ずる。

1　イルミエ制度

　オスマン帝国のウラマー官職階層制、イルミエ制度は、マドラサ教授職とカーディー職から構成される職階制であり、両者が連動していることに特徴がある[1]。つまり、高位の教授職からのみ高位のカーディー職（メヴレヴィエト）に昇進できるシステムになっている。このヒエラルヒーの頂点には、イスタンブルのムフティーかつ帝国全体のイスラーム法学の最高権威であるシェイヒュルイスラームが位置する。シェイヒュルイスラームの下には、カーディーの長であるルメリとアナドルのカザスケル職が置かれ、それぞれバルカン領とアジア・アフリカ領を担当した（ルメリのカザスケルが上位）。

---

1)　イルミエ制度の概要についての本節の記述は、Akiba［2024］に拠っている。そのほか、Uzunçarşılı［1965］、松尾［1996a］、Atçıl［2017］も参照。

カーディー職には2系統あり、上述の主要都市のカーディー職であるメヴレヴィエトと、「町（kasaba）のカーディー職」または「マンスブ」と呼ばれる、それ以外の中小規模の郡（カザーすなわちカーディー管轄区）のカーディー職とに分かれる。後者は、郡の場所によりルメリ（バルカン）、アナドル（アジア）、ムスル（エジプト）に分かれ、それぞれが階層化された。

　イルミエ制度は15世紀後半に基礎がつくられ、16世紀半ばに一定の完成を見て、その後さらに精緻化された。こうした制度がオスマン帝国で成立した背景としては、オスマン朝が当初イスラーム世界のフロンティアに領土を広げていったため、征服地にはムスリム人口がなく、司法や行政を任せることができるウラマーが不在であったことが挙げられる。初期においてはオスマン朝の外部出身のウラマー、あるいは、外部の先進地域にイスラーム諸学を学びにいったウラマーが登用された。こうした状況で、オスマン朝は自前のウラマーの養成を図るため、積極的にマドラサを建設し、それを国家の管理下に置いた。カーディーは行政官としての役割も担っていたので、その教育と人事を国家が把握することで、行政と司法をコントロール下に置くことを狙ったのである［Atçıl 2017; 松尾 2016］。

　オスマン朝初期においては、カザスケル職は宰相そして大宰相職へ至るルートであったが、16世紀にはそうしたキャリアパターンは廃れていく［鈴木 1993: 40-49, 109; 今澤 2021］。また、ウラマーと書記官僚とのキャリアパスも分化していき、ウラマーの職はイルミエ制度内の司法および教育職に限定されるようになる。イルミエが固有の任命や昇進のルールをもつ自己完結的な制度として発展するに従って、ウラマーは外部からの恣意的な介入を抑制することが可能になり、一定の自律性を有する組織を形成するに至った。

　ここで、イルミエ制度におけるキャリアパスを説明しておく。マドラサ教育を修了した学生がイルミエの階層制に参入するための最初の門は、ミュラーゼメトと呼ばれる任官候補資格である［松尾 1996b; 2016］。ミュラーゼメトとは、「見習い」を意味するミュラーズィムの抽象名詞であるが、それは、学業を終えた学生が地位のあるウラマーの下で見習いをしたのち、下位の教授職やカーディー職に就くという慣行に由来する。この「見習い」が制度的な資格とされると、今度はそのミュラーズィムの資格を得るためにウラマーに師事してその

第9章　オスマン帝国のウラマー ―― 177

推挙を受ける必要が生じた。16世紀後半のシェイヒュルイスラームであるエブッスウード・エフェンディは、どの官職のウラマーが何名をミュラーズィムに推薦できるかを定め、その推薦にもとづいて登録簿を作成し、登録簿の上から順次空いたポストに任命するというシステムを確立した。17世紀になるとミュラーズィム資格のための試験の実施が勅令で定められたが、即座に実施されたのかどうか明らかではない。遅くとも18世紀末にはミュラーゼメト試験が不定期ながら1年に平均1度のペースで行われていた記録がある［Taylesanizâde 2003, 1: 74, 137, 247, 373, 417］。

　ミュラーゼメトの期間を終えた者は、日給40アクチェ以下のマドラサ教授職に就任した。40アクチェのランクのマドラサ教授職に達すると、その後さらに上級のマドラサ教授職へ昇進するのか、マンスブのカーディー職の職階制に進むのかで道が分かれる。イスタンブルにある上級のマドラサの教授職を得るには、ルウース試験と呼ばれる、イスタンブル教授資格試験という関門がある。この試験は、18世紀初めまでには導入され、ミュラーズィム資格の価値が低下するに伴って、実質的にエリート・ウラマー集団に参入するための資格試験となった［Zilfi 1988: 62-63］。

　ルウースつまりイスタンブル教授資格を得た合格者は、まずイブティダーイ・ハーリジュのランクのマドラサ教授となる。その後、ハレケティ・ハーリジュ、イブティダーイ・ダーヒル等4つの階梯を上り、サフンに達する。これはメフメト2世の建設したファーティフ学院のことであり、当初はこのランクからメヴレヴィエト職へ転出できたが、18世紀には、さらに3ランク上のムースライ・スレイマニエまたはそれ以上のランクのマドラサ教授からメヴレヴィエトのカーディー職に転出可能であった。

　メヴレヴィエトにもランクがあり、マフレジュ、エルバアという位階のカーディー職を経て、ハレメイン（メッカとメディナ）、イスタンブルのカーディー職に到達すると、さらにアナドルそしてルメリのカザスケル職へと至り、最後にシェイヒュルイスラームの地位に上りつめる。ルウースを得てからシェイヒュルイスラームへと至るキャリアラインは「教授職の道」と呼ばれる。

　一方、40アクチェのランクのマドラサ教授職に達してから、教授職の道へ進まずに「カーディー職の道」を選択することも可能である。一般的にカーデ

ィー職は 150 アクチェのランクから始まる。この 150 アクチェというのは名目的な 1 日あたりの収入である。カーディーには給与が支払われるのではなく、法廷での業務から得られる手数料収入が俸給の代わりであった。それゆえ、ランクの基準である金額は、あくまでも目安に過ぎない。ただ、それでもマドラサ教授職と比べて高い収入が期待されていることがわかる。しかし、ひとたびカーディー職の道に進むと、メヴレヴィエトにつながる本流の教授職のキャリアラインに戻ることはできない。後者は威信が高く前途有望であるが、高位に達するまでに年月がかかり、当初の収入は低かった。それに対してカーディー職の道は短期的には実入りがよいが、栄達の見込みは小さかった。

　一般のカーディーの任期はルメリとアナドルで 20 カ月、ムスルで 24 カ月と定められていた。候補者が多数いるために、一度任期が切れると次の任命まで数年待つことは普通であった。任命待ちの者もカーディーの官職階層制の一員であることには変わりなく、彼らはしばしば集合的に「クザート」（kadı の複数形）と呼ばれた。

2　イルミエ制度におけるウラマー家系の再生産

　一見、整然とした能力主義的システムに見えるイルミエ制度であるが、実際には高位のウラマーの子弟を優遇する仕組みが用意されていた。イルミエ制度の最初の関門であるミュラーゼメト取得は高位のウラマーの推薦を必要としたので、当然ながらコネをもった学生に有利にはたらいた［Tezcan 2009；松尾 2016］。とはいえ、今日の大学においても著名な教授の推薦状が就職に効果を発揮することを考えれば、イルミエ制度が恐ろしく不平等だったというわけではない。16-18 世紀のミュラーズィム登録簿を利用した研究は、地方出身者が多数を占めていたことを明らかにしている［Beyazıt 2014；Cengiz 2019: 92；Demirel 2019: 124］。

　1715 年に出されたスルタン・アフメト 3 世の直筆の命令（宸筆）は、ミュラーズィムの数を制限する一方で、ウラマーの子弟（ulemazade）は誰の息子であるかを上奏すればよく、年齢や何を学んだかを書く必要はないと定めた［Zilfi 1988: 57］。この命令は、ウラマー家系への優遇を強化するものとされているが、ミュラーズィム台帳からはこの命令がいかなる効果をもったのか判然としない。

特に目立ってウラマー家系出身者や、カーディーやマドラサ教授を親にもつ者が増加したように見えないからである［Evsen 2009］。名門ウラマー家系の子弟は、ミュラーゼメトの過程そのものを飛ばしているのではないかとも疑われる。

18世紀の変化は、ミュラーズィム資格の価値低下であり、むしろ次の段階であるルウース試験がその後の昇進を左右する最大の難関となった。1754年に実施されたルウース試験では99名が受験して26名が選抜された［Zilfi 1977: 167-169］。1785年の試験では倍率がさらに上がり、199名中43名のみが合格した［Taylesanizâde 2003, 1: 112-113］。しかし、1754年の試験では2名が執り成しで合格し、さらにドゥッリーザーデとダマドザーデという名門家系出身者も資格を得た。1785年の試験では合格者43名のほか、22名のメヴァーリーザーデと呼ばれる高位のウラマーの子弟が合格リストに加えられた。セリム3世（在位1789-1807年）の命令においても、メヴァーリーザーデは試験の例外とされた［Karal 1946: 129］。このように、ウラマー子弟には試験を免除して官職が保証され、それ以外の新規参入者は厳正に選抜された。これはイルミエ制度の堕落や腐敗を示すのではなく、むしろこの制度の本来の性質を示すものと捉えるべきである。厳格に見える選抜制度は、「よそ者」をふるい落とすことに目的があり、新規参入者をできるだけ絞りつつ、ひとたび官職を得たウラマーに対してはその子弟も含めて地位を保障することが、イルミエ制度の根幹にあったのである。

メヴレヴィエト職は数が限られていたため、1年任期となっていたが、それでも候補者は次の任官まで長い期間待たねばならなかった。政府は任命待ち期間のメヴレヴィエト位のカーディーや、元カザスケル、元シェイヒュルイスラームたちの収入を保障するために、アルパルクと呼ばれる名目的なカーディー職を彼らに与えた。アルパルクを授与された者は、自ら任地に赴くことはせず、ナーイブ（代理）を派遣し、ナーイブが手に入れた手数料を収入として受け取った。バルカンやアナトリアの多くの主要な町——例えばアンカラ、ゲリボル、ヤンヤ（ギリシアのイオアニナ）といった県（サンジャク）の中心地——がすでに18世紀以前にアルパルクに指定され、18世紀には「輪番の（devriye）」メヴレヴィエトという、ムースライ・スレイマニエより下位のマドラサ教授職から転出できる（しかし主要なメヴレヴィエト職には昇進できない）傍系のメヴレヴィエ

トに位置づけられていた、アーミド（ディヤルバクル）、カイセリ、コンヤ、キュタヒヤ、マニサ、トリポリ（現レバノン領）、キオスなどのカーディー職もアルパルクに転換された。19世紀の初めには、70以上のカーディー職がアルパルクとして高位のウラマーに与えられていた［Akiba 2024: 33］。

　マドラサ教授に任期はないが、教授職の俸給は物価上昇に比して価値を低下させていたため、高位のマドラサ教授にはマイーシェトと呼ばれる名目的カーディー職が与えられた。1800年前後の史料によると、アナドルから216、ルメリから39のカーディーのポストがマイーシェトに指定されていた。この合計数はカーディー職の約2分の1に相当する。アナドルの216のマイーシェトの約40％はマドラサ教授に与えられ、28％はマドラサ教授の位をもたない、ウラマーまたは何らかの名家の子弟が受給者となっていた（教授かつ名家の子弟は19％）。マイーシェトには、兄弟間での折半や父親からの継承の例もあり、ウラマーの家系を保護するという役割があったと見られる［Akiba 2024: 33-34］。

　以上のようなマドラサ教授職の資格授与における高位ウラマー子弟の優遇と、資格取得後の身分保障が、ウラマー家系の再生産を制度的に保障していた。その結果として、18世紀におけるシェイヒュルイスラーム職が11の名門家系によって占められるという状況が生まれたのである［Zilfi 1988］。イルミエ制度において高位のウラマーやウラマー家系に配分されていた財源は、カーディー職からの収入であった。このように、イルミエ制度は特権と財源の配分を（ある程度）自律的に行うシステムであり、イルミエ制度に属するウラマーは「身分集団」としての性格を帯びていると言えるのである。

　他方で、イルミエ制度が「よそ者」に対して厳格な選抜を加えるとはいっても、新規参入者に門戸が常に開かれていたことはイルミエ制度の特徴でもある。一般のカーディー職だけでなく、イスタンブルの教授職にも多数の地方出身者や非ウラマー家系出身者が毎年参入した。そのなかで高い地位に達した者が、子や孫の代に地位を継承することができたのである。

3　ナーイブ任命の普及

　アルパルクとマイーシェトの増加は、多くの法廷にナーイブが代理として任

命されるようになったことを意味する。この慣行は「町」のカーディー職にも及び、一般のカーディーもまたナーイブに任務を委任するようになった（メヴレヴィエトは原則的に本人が赴任した）。19 世紀初めまでには、ヴィディン、マナストゥル（ビトラ）、スィヴァス、カスタモヌ、アダナ、トラブゾンといった主要な町のカーディー職もナーイブに請け負われることが普通になった。アルパルクとマイーシェトの拡大は、カーディーの職階制のポスト数を減少させたため、この職階制のメンバーつまりクザートに、長い任命待ちの期間に別の収入源を探すことを余儀なくさせた。そしてその「副業」が定期的な収入を生むものである限り、任官のチャンスが回ってきても自分では赴任せずにナーイブに委任して二重の収入を得た方が得だったのである。また、病気や高齢でもクザートのメンバーシップは失われなかったため、そのような場合にもナーイブが任命された［Akiba 2024: 35-36］。

　クザートの「副業」のもっとも一般的な職種は、法廷の書記や高位のウラマーの側近であった。むしろ、高位のウラマーの側近や従者が、彼らのパトロンの執り成しによりカーディーの職階制に入り込んだというべきかもしれない。実際、勅令や改革論では、従者や無能な人物が職階制に紛れ込んでいると批判された。さらに、後述のように、地方社会に基盤があるクザートのグループがいた。とはいえ、18 世紀のカーディー職階制が無能な人間の集まりであると断定するのは早計である。むしろ、クザートは有能な裁判官要員を提供しうる集団であった。1795 年の勅令では、マドラサ教授とクザートから有能な者をナーイブ職に任用することが命じられている。実際、多くのナーイブがマドラサ教授かカーディーのランクをもっていたことが史料から知られている［Akiba 2024: 36-38］。

　このように、カーディーは職階制に応じて任命され続けるが、カーディー職自体は、アルパルクとマイーシェトとともにシャッフルされてナーイブ職の「市場」を形成し、そこにクザートやマドラサ教授などがアクセスしてポストの配分を受けるという仕組みができあがったのである。

　ナーイブ職の一般的な委任方法は、イルティザームという徴税請負と同じ用語で表される、請負方式であった。つまり、ナーイブは法廷収入のなかから一定の割合を官職保持者に支払うのではなく（この方式はエマーネトと呼ばれる）、

予め固定された額を前払いと月払いに分けて支払った。法廷台帳に記録された
ナーイブ任命文書がしばしば6カ月で更新されていることから、前払金は半年
に1度支払われることが多かったと推察される。そして、その半年という期間
がナーイブの標準的な任期だった可能性が高い［Akiba 2024: 38-40］。

　アルパルク、マイーシェト、マンスブなどの名目的な官職の保持者とナーイ
ブとの間では、代理人が任命手続きや請負額の支払いの仲介役を果たすことが
一般的だった。しばしば、カザスケル配下のムフズル（廷吏）がカーディーや
ナーイブの代理人となった。さまざまな史料から、ムフズルが官職保持者に代
わってナーイブと請負契約を結び、ナーイブからの支払いを受け取っていたこ
とが窺える。ムフズルが官職保持者から裁判官職を買い取り、ナーイブに高値
で売っていたことを批判する史料も存在する。いずれにしてもムフズルは仲介
役として不可欠な存在で、1827年の勅令では、自らナーイブを見つけること
ができないカーディーのためにムフズルが代わりにナーイブを見つけることが
認められた［Akiba 2024: 40-42］。

　ナーイブから官職保持者への請負料の送金においては、サッラーフという金
融業者も重要な役割を果たした。そもそも前払金を支払うためにナーイブがサ
ッラーフから借金することもあったと考えられる。遺産目録から、サッラーフ
に多額の債務を負っていたナーイブを見出すことができる。さらに、サッラー
フがナーイブの任命に関わることもあり、ナーイブ任命文書のサッラーフによ
る「売買」を禁ずる命令も出された［Akiba 2024: 42-43］。

　以上のように、ナーイブの任命においては、官職保持者とナーイブの間にム
フズルやサッラーフが介在し、こうした人間関係のつながりがカーディー／ナ
ーイブ制度を支えていた。

4　ナーイブのプロフィール

　官職保持者に代わってナーイブとして裁判官を実際に務めていた者は、クザ
ートつまりカーディーの職階制に属する者、マドラサ教授の位階をもつ者、あ
るいは、そのどちらでもない者であった。別の分類をすれば、イスタンブルに
拠点のある者と、地方に基盤のある者という分け方もできる。

マドラサ教授位の保持者は、メヴレヴィエト職への昇進を待つ間に、勤務経験とともに収入を得る手段としてナーイブ職を選んだ。実際、のちにシェイヒュルイスラームになったウラマーでも、マドラサ教授時代（必ずしも学生に授業をしていたわけではない）にナーイブの経験がある者がいる。例えば、18世紀後半のシェイヒュルイスラーム、アラブザーデ・アタウッラー・エフェンディは、ギュゼルヒサル・アイドゥン、ゲリボル、トゥルノヴァ（ブルガリアのヴェリコ・タルノヴォ）のナーイブ職を歴任した [İpşirli 1991]。これらの官職はアルパルクであり、イスタンブルに在住する高位のウラマーに与えられていた、比較的収入の多い官職である。アタウッラー・エフェンディは、そうした高位のウラマーとの個人的関係からアルパルクのナーイブ職を得ていたものと考えられる。

　クザートでナーイブ職に就く者の場合、その基盤がイスタンブルか地方かでおおよそ性格が異なってくる。前者の場合は、イスタンブルにいるときは法廷書記や高位のウラマーの私的な書記などを務めつつ、チャンスがあればナーイブとして地方に赴任するというパターンが多かったであろう。歴史家のシェムダーニーザーデ・フンドゥクルル・スレイマン・エフェンディ（1780年没）は、珍しくキャリアを跡づけることができるクザート＝ナーイブである。燭台職人（シェムダーニー）の息子としてイスタンブルに生まれたシェムダーニーザーデは、教育を受けた後イスタンブルで法廷書記をしつつ、ベイパザル（アンカラ近郊の町）を皮切りに、プラヴィシュテ（ギリシアのエレフテルポリ）、イスマイル（ウクライナのイズマイル）、アンカラ、ヘザルグラド（ブルガリアのラズグラド）、そしてトカトでナーイブの職に就いた。彼はベイパザルの後にイスタンブルのバルカパヌ市場のナーイブも経験している [秋葉 2015: 261]。これは同じナーイブでも不在カーディーの代理ではなく、カーディーの管轄区の一部を任された裁判官である。彼をこのポストに就けたのは、当時のイスタンブルのカーディーであり、ムラト・モッラーとして知られるダマドザーデ・メフメト・ムラト・エフェンディであった。ムラト・モッラーこそシェムダーニーザーデのパトロンであり、彼を自らのアルパルクだったアンカラとトカトのナーイブ職に任命したのである [秋葉 2015: 264-265]。このようにパトロン＝クライアント関係のつながりは、とりわけアルパルクへのナーイブ任命において大きな意味をもったのである。

184 —— 第III部　帝国とコネクティビティ

一方、地方に拠点のあるクザート＝ナーイブの場合、地元に社会経済的基盤をもち、シェムダーニーザーデのようにバルカン、アナトリアを問わずにポストを渡り歩くことは少なかったと考えられる。

5　在地クザート家系の形成

カーディーの職階制はすでに述べたように新規参入者に開かれており、また職階制にもとらわれないナーイブ任命の広がりは、多数の地方出身者がカーディー／ナーイブ職に参入することを可能にした。

興味深いことに、18世紀から19世紀にかけて、いくつかの特定の町にカーディーが集中して居住していた。具体的には、アンカラ、サラエヴォ、そしてアナトリア南部の小さな町イブラドゥである。アルバニアのエルギリ（ジロカスタル）からも、遅くとも19世紀初めには多数のカーディー／ナーイブが現れていた。

(1)　アンカラ——クザート名家の寡頭支配

アンカラのシャリーア法廷台帳を読んでいると、法廷における裁判や契約の成り行きを見守り、手続きの正しさを保証する役割を果たす当座証人（şühudü'l-hal）として、多数のカーディー位保持者つまりクザートが繰り返し登場することに気づく。彼らは、「クザートの誉れ（fahrü'l-kuzat）」「最も高貴なるクザート（eşrefü'l-kuzat）」などという称号とともに記録され、ミュデッリスザーデ、エトメクチザーデ、ハーフズザーデなどの家系名が付されている。18世紀半ばの1744年から1769年までの間に25の家系を確認することができた。アンカラのクザートは地域社会の問題に強い関心をもち、地域の指導者そして法の専門家として法廷の業務の権威を保証していたのである。

アンカラの何人かのクザートの遺産目録を調べると、土地所有や徴税請負を基盤とする、オスマン帝国の各地で見られた地方名士と共通する財産を有していたことが確認できる。家屋、店舗、農園などの不動産、家畜、穀物といった農業の生産手段や生産物が遺産に含まれ、なかには村民に対する債権のある者がいる。これは未払いの税が徴税請負人の債権になっている可能性がある。

第9章　オスマン帝国のウラマー —— 185

1750 年にウシャクのカーディーとして赴任中に死亡したエンヴェルザーデ・エルハージ・メフメト・エフェンディは、大農場（çiftlik）を所有していた[2]。

このように、アンカラのクザートは官職以外に経済基盤が地元にある地方名望家であり、カーディーの地位を利用して富を蓄積し、また、それによって権威づけをしていたと考えられるのである。

こうしたカーディー名家から、地域を代表する有力者、アーヤーンが現れたのも不思議ではない。ミュデッリスザーデ家のアフメトは 1740 年頃からアンカラのアーヤーンとして徴税などに関与し、いったん追放されるも復帰して 1755 年からおよそ 12 年にわたってアーヤーンの地位を維持した。その後も 1770 年代にはアンカラのムフティー職も得たミーマールザーデというクザート家系出身のメフメト・シャーキルが、アーヤーンとして専横を振るった［Kaya 2012］。

ウラマー名家がアーヤーンになること自体は必ずしも珍しくはないが、アンカラの事例は、やはり多数のクザート家系が存在していたことに特徴がある。カーディーの地位や官職を得るために同郷者のコネクションは効果を発揮したであろう。同時に、アンカラの有力者同士の競争が、彼らがこぞってカーディーの地位を求めた背景にあったであろう。

(2)　サラエヴォ——「クザート」集団の形成

18 世紀後半のサラエヴォの代書屋モッラー・ムスタファは、彼がサラエヴォで見聞きした出来事を綴った「年代記」のなかで、21 名の「カーディー」と 21 名の「ミュラーズィム」の名前を挙げている［Filan 2011: 155］。彼が「クダート」（クザートと同じ）と集合的に言及するように、これらの「カーディー」はカーディー位保持者であってサラエヴォのカーディーではない。「ミュラーズィム」はカーディー職階制に入る予備軍なのであろう。制度上はミュラーゼメトの後に 40 アクチェのマドラサ教授職を経ないといけないが、その過程は形骸化していた可能性がある。これらのカーディーたちは、集団として町の指導者層の一角を占めていたと見られ、サラエヴォのカーディーが「カーディ

---

2)　BOA, MŞH.ŞSC. d 617, Ankara, no. 133, pp. 89-90, no. 329. オスマン帝国の地方名士の財産形成については、永田［2009］を参照。

186 —— 第 III 部　帝国とコネクティビティ

ー」たち全員を会食に招待したという記述もある［Filan 2011: 118］。また、上記の 42 名のうち、2 人以上の「カーディー」あるいは「ミュラーズィム」の属する家系が 5 つあり、クザート家系の存在も確認できる。

　これらクザートの経済基盤については、18 世紀半ばから 19 世紀半ばまでのサラエヴォの遺産目録を調査した研究［永田・永田 1994］が参考になる。遺産目録のなかに見出せる 16 名のカーディー位保持者は富裕層に属していた。そのうち、ハイリーザーデ・イブラヒム・エドヘム（1815 年没）の財産は主に農業に基盤があり、特に家畜と農作物を多く所有していた［Nagata 1979: 109-118］。フォチャヴィー・エッセイイド・アブドゥッラー（1842 年没）は市内の不動産により多くの投資をしていたが、大量の穀物を所有し、また、農民に対する債権もあるため、農場を経営していたと考えられる［Nagata 1979: 54-57］。これらの事例は、サラエヴォのクザートが、アンカラの場合と同様に、一般的な地方有力者と変わらない経済基盤をもっていたことを示している。

　サラエヴォのクザートにとって、カーディーの地位は単に権威や名誉の源泉であるだけではなかった。モッラー・ムスタファの記した死亡録には、実際にマンスブ（カーディー職）を得たり、ナーイブとして赴任したりしたクザートへの言及がある。例えば、モッラー・アフメトは「マンスブを渡り歩いていた（mansiblarda gezerdi）」［Filan 2011: 356］。チュカジュオール・アフメトはネレヴェタのナーイブを務めた［Filan 2011: 173］。

　しかし、サラエヴォのクザートの評判は決してよくなかった。自身もクザートの一員であるメフメト・エミン・イセヴィチは 1810 年代に著した改革論において、クザートやナーイブ一般に対して厳しい批判を展開している。その批判はとりわけボスニアのクザートに向けられた。彼によれば、クザートやナーイブは皆無知で非道の輩であり、1000 人に 1 人も有能な者がいなかった。とりわけボスニアでは混乱が甚だしく、500 人を超えるクザート、ナーイブ、マドラサ教授がマンスブやナーイブ職を求めていたという。そして一つのナーイブ職に 15 から 20 人の志願者が現れ、もっとも多くの支払いをした者が獲得していた。マンスブ保持者とナーイブの間には代理人が介在し、彼らは 50 クルシュで買った官職を 100 から 150 クルシュあるいはそれ以上でナーイブに売却していたとも述べる。ボスニアのカーディー職を扱う 2 人の代理人の名が挙げら

れ、彼らがイスタンブルで請け負ったナーイブ職をボスニアのクザートに売るにあたって、実際のナーイブの手元に至るまで4, 5人の間で転売されていたという［İseviç MS: 2b-5b］。

ボスニアのクザートは、マンスブを得て自らカーディーの任務を遂行することもできたし、それを請負に出すこともできた。また、ナーイブとして官職を請け負うこともあった。さらにはブローカーの役割を果たすこともあった［Paić-Vukić 2011: 53-54; Akiba 2024: 42 n85］。彼らにとってクザートの一員となることは、官職の獲得を可能にするだけでなく、カーディー職の「売買」に参加する機会を提供するものだったのである。

(3) イブラドゥ──同郷者の競争と紐帯

イブラドゥはアナトリア南西部に位置し、1830年代の人口は2500人ほどの小さな町で、行政的にはアライエ（アランヤ）県に属する郡であった。1831年の人口調査台帳には、137名がクザートの一員（kuzatdan）として記録されていた［BOA, NFS.d. 3352］。それはイブラドゥの男性人口の約10％に相当する。これほどの数のクザートがこの小さな町に存在したとは驚くべきことである。

郷土史家たちは、農地に適した土地の狭小さのために、イブラドゥの人々が郷里の外部に生計の手段を求めた結果、教育を重視し、官職に就く傾向が生じたと指摘している。この解釈によれば、イブラドゥにおける多数のクザートの存在は、移民労働者が連鎖的に同じ職業に特化するという広く見られる現象と類似したものとなる［秋葉 2005: 84］。これは、イブラドゥのケースをある程度まで説明するものかもしれないが、以下に見るように、アンカラとサラエヴォの事例と共通する点も多い。

人口調査記録簿は、多数のクザートを擁する家系の存在を示している。とりわけ顕著なのはそれぞれ38名、22名がクザートとされるオスマンザーデ家とケシュミルザーデ家である。オスマンザーデ家からは、セリム3世のニザーム・ジェディード改革に貢献したカドゥ・アブドゥルラフマン・パシャが現れた。カーディー／ナーイブだった彼は、イブラドゥのアーヤーンとなり、のちにベイレルベイ（州軍政官）の位をもつアランヤ県軍政官に任命された。彼はニザーム・ジェディード軍をアナトリアで組織化することに貢献し、セリム3

世廃位後も大宰相アレムダル・ムスタファの改革に参加したが、アレムダルの失脚に伴って 1809 年に処刑された［Uzunçarşılı 1971］。1831 年の人口調査台帳は、カドゥ・パシャの失墜後もオスマンザーデ家の権勢がイブラドゥで衰えなかったことを示している。

　ケシュミルザーデ家も 18 世紀半ばにはすでにカーディー制度のなかで活躍していた。興味深いことに、1750 年代にケシュミルザーデ家とオスマンザーデ家の間に激しい対立があったことを示す文書が存在する。イブラドゥに近いアンタルヤの次期カーディーに任命されたケシュミルザーデのエルハージ・オスマンが 1753 年に中央政府に送った嘆願書に、オスマンザーデ・エッセイイド・オスマンとその兄弟たちとの間に「多くの対立（münazaat-ı kesire）」があったと記されている。その嘆願書は、オスマンザーデ家の者たちがアンタルヤの一部住民を唆して自分に対する虚偽の苦情を送る可能性があることを訴える内容であった[3]。彼はその翌年にも中央政府に上申書を送り、オスマンザーデ家のオスマンがイブラドゥのカーディー在任時にはたらいた不正を告発した[4]。

　さらにその約 20 年後の 1776 年と 1777 年に、イブラドゥの住民によってそれぞれ現地出身のナーイブとカーディーに対する苦情の嘆願書が提出され、それらを受けて勅令が出された。興味深いのは 77 年の勅令である[5]。その勅令は、まず冒頭でイブラドゥ住民の嘆願書を引用し、イブラドゥ出身の「無能な子どもと無知な輩ども（na-ehl sıbyan ve cühela makuleleri）」が、「その財力によって（kuvvet-i maliyeleri hasebiyle）」カザスケルのムフズルの口利きを得てカーディーの職階制に入り込んでいると述べる。

　これに続けて、このカーディー／ナーイブの悪行が列挙された後、関連する過去の勅令が引用され、その次にアナドルのカザスケルの上申書が引用される。

　　　上述の郡の住民の多くがカーディーの職制を希求しているため、彼らはその子どもたちや親類を何らかの方法でその職業に入れ、その郡〔のカーディー職〕に登録させている。彼らが〔イブラドゥのカーディー職に〕就任する

---

3)　İMMA, Defter I/470, AKR, no. 35, fol. 2a, 22 Receb 1166（1753 年 5 月 25 日）。

4)　BOA, A.DVNSAHK.ADN. d 2, p. 125, evahir Cemaziyelahir 1167（1754 年 4 月）.

5)　İMMA, Defter I/485, AKR, no. 50, fols. 4b–5a, evahir Muharrem 1191（1777 年 3 月）; BOA, A.DVN-SAHK.ADN. d 4, p. 99.

第 9 章　オスマン帝国のウラマー —— 189

と、圧制と横暴に及ぶので、その郡のシャリーアの施行が損なわれている、と住民の多数が告発し、その圧制と抑圧が阻止されることを要請したので、カーディーの任命台帳（ruznamçe-i kuzat）を参照すると、現在その郡の官職保持者は〔同郡の〕住民のシェリーフ・ムスタファという名の者で、その圧制と抑圧を口々に伝える多数の嘆願者〔の苦情〕ゆえに、残る〔任期〕4カ月を没収し……。

　イブラドゥに関する二つのいずれの勅令も、非難の対象になっているカーディーやナーイブの家系に言及していないが、これらがオスマンザーデ家を標的にしていた可能性はある。実際に、1772年から連続して2人のオスマンザーデ家出身者がイブラドゥのカーディーに任命されている[6]。また、1777年の勅令の数カ月後には、徴税業務に関わって不正をはたらいたとしてオスマンザーデ家を訴えるイブラドゥの住民の嘆願書が政府に提出された[7]。

　もし先の二つの勅令がオスマンザーデ家に対する告発であったならば、その家系に敵対する党派が「イブラドゥの住民」の名において嘆願書を作成したのかもしれない。その敵対する党派もまた、ケシュミルザーデ家のようなカーディー家系が率いていた可能性もある。つまり、イブラドゥ郡のカーディー／ナーイブに対する訴えは、イブラドゥ内の対立関係を反映したものだったとも解釈しうる。

　現地出身者が裁判官に任命されることは勅令によってたびたび禁止されてきたが、イブラドゥにおいてはその原則がしばしば無視されていたようである。この点は、アンカラやサラエヴォの事例と異なるイブラドゥの特徴である。また、イブラドゥは小さい町だったため軍政官は存在せず、軍人の存在感は薄かった。それゆえ、司法と徴税、そして治安にも責任をもつイブラドゥの裁判官は、町の実質的な支配者であった。この項の冒頭に述べた連鎖移民の説とは異なって、イブラドゥのクザートの最終目標は、出身地にとどまってその町の裁判官になることだったのである。

　それでは、イブラドゥの人々はどのようにしてクザートの地位を獲得したのか。1777年の勅令では、子どもや無知な人々が「財力によって」、そしてムフ

---

6) İMMA, Defter I/478, AKR, no. 43, fols. 16b, 57b.
7) BOA, DVNSAHK.ADN. d 4, p. 117, evahir Cemaziyelevvel 1191（1777年6-7月）.

190 —— 第III部　帝国とコネクティビティ

ズルの仲介を得てカーディーの職階制に入り込んでいたことが記されていた。実際に、1830 年代の人口調査台帳には、クザートの称号をもつ多数の子どもの存在を確認できる。なかには 1 歳の幼児も含まれていた。たしかに、賄賂あるいは売買によってクザートの地位を得ていた可能性がある。イスタンブルにいるムフズルや高位のウラマーとの人的つながりも重要だったであろう。子どもへの地位の継承も事実上認められていた可能性すらある。

　もちろん、彼ら全員が裁判官職を担う能力をもたなかったわけではない。そうした能力や知識は、主に実地における見習いから得られたようである。人口調査台帳は、裁判官たちがしばしば息子や兄弟、他の親族あるいは非親族の同郷人を同行して赴任していたことを示している。例えば、シェリーフ・エフェンディザーデ・エッセイイド・エッシェイフ・アフメトは、ヤルヴァチに裁判官として赴任した際に、息子のほかに、書記として別のクザート家系の一員、そして随行員を 2 名帯同した［BOA, NFS.d 3352, pp. 2, 3, 5, 9, 11］。見習いの制度は、血縁と地縁の結合関係がもっとも有効に機能する場であった。

　アンカラ、サラエヴォ、イブラドゥのクザート家系はいずれもその町の名望家層を構成していた。おそらく、先駆者たちがカーディーの地位を利用して富の蓄積に成功し、そのステータスによって他から抜きん出た存在になると、その子や孫の世代も同じ道に進むことでクザート家系が形成され、さらに他の家系もその先駆者を模倣するようになったのであろう。こうして一つの町に多数のクザート家系が集中する現象が生じたと考えられるのである。

　これはオスマン社会の各地で進行していた「サイイド化」[8] や「イェニチェリ化」──つまり、サイイドやイェニチェリを称する人々が増大する現象──と比較することも可能であろう［Canbakal 2007: 61-89］。アンカラ、サラエヴォ、イブラドゥの人々は、社会的上昇の手段としてカーディーの地位を選んだのである。サイイドやイェニチェリの例に見られるように、彼らは「称号の分与に対する中央の制御の相対的弱さ」［Canbakal 2007: 85］を利用して、さまざまなやり方を通じ、おそらく、ときには単に自称することで、クザートを増殖させていったと考えられる。

---

8)　サイイドは預言者ムハンマドの子孫で、免税などの特権を与えられた。

おわりに

　オスマン帝国のイルミエ制度は、ウラマーの官職とそれに伴う収入源を配分するための階層制であった。それは、能力主義的な人事のためという以上に、ますます膨張する人員に対してウラマー家系の利益を保護するという目的のために、18世紀までにさらなる精緻化と複雑化を遂げた。カーディー職はこの制度を支える経済的基盤であり、高位のウラマーやウラマー家系出身者に名目的なカーディー職が収入源として配分された。そして、さまざまな出自のウラマーがナーイブとして実際の任務にあたることによって特権的なウラマーを経済的に支えた。

　階層制の上位に至るのはウラマー家系の子弟にほぼ限られるようになった一方で、サブヒエラルヒーであるカーディー職には雑多な出自の人々が紛れ込んだ。彼らは高位のウラマーとのコネクションや血縁・地縁の紐帯に依拠してクザートという身分を手に入れた。結果的に、ここでも官職と実務との分離が促進されてナーイブの任用が一般化した。裁判官職はブローカーを通じて再配分され、官職保持者とナーイブは信用取引の連鎖によって結びつけられていた。一部の地域では、同郷人同士の結合関係および競争関係から、多数のクザートが集中するという現象が生じた。彼らはクザートの身分を利用してその地域の名望家層に連なった。彼らもまた、中央のウラマーと直接・間接に結びついてカーディー職やナーイブ職を獲得していたのである。以上のように、オスマン帝国のウラマーは、イルミエの階層制によって秩序づけられつつも、さまざまな結びつきによって成り立っている集団であった。

参考文献

BOA: トルコ共和国大統領府国家文書館庁オスマン文書館

　A.DVNSAHK.ADN. d 2, 4, Adana Ahkâm Defteri（アダナ宛勅令簿）

　MŞH.ŞSC. d 617, Ankara, no. 133（アンカラ法廷台帳）

　NFS.d 3352（イブラドゥ郡人口調査台帳）

İMMA: イスタンブル・ムフティー局長老府文書館

Defter I/470, 478, 485, Anadolu Kazaskerliği Ruznamçesi（AKR）, nos. 35, 43, 50（アナドル・カザスケル局任命簿）

秋葉淳 2005「オスマン帝国末期イスラーム法官の4類型——法官組織に見る社会移動」『アジア・アフリカ言語文化研究』69: 65-97.

—— 2015「18世紀オスマン朝史家シェムダーニーザーデ・フンドゥクルル・スレイマン・エフェンディの職歴」近藤信彰編『近世イスラーム国家史研究の現在』東京外国語大学アジア・アフリカ言語文化研究所

今澤浩二 2021「メフメト2世時代初期の宰相たち」『人間文化研究』14: 271-305.

鈴木董 1993『オスマン帝国の権力とエリート』東京大学出版会

永田雄三 2009『前近代トルコの地方名士——カラオスマンオウル家の研究』刀水書房

永田雄三・永田真知子 1994「18・19世紀ボスニア地方の人々」『アジア・アフリカ言語文化研究』46-47: 437-473.

松尾有里子 1996a「オスマン朝中期におけるウレマー——専門的職業ヒエラルヒーの形成とその担い手たち」『お茶の水史学』39: 45-74.

—— 1996b「オスマン朝中期におけるミュラーゼメット（教授・法官候補）制度——『ルメリ・カザスケリ登録簿（Rumeli Kazaskerliği Rûznâmesi）』を手がかりに」『日本中東学会年報』11: 39-69.

—— 2016「オスマン帝国におけるマドラサとイスラーム知識人（ウラマー）——ウラマー任官候補制度の導入をめぐって」『史潮』80: 35-50.

森山央朗 2022「ウラマーの出現とイスラーム諸学の成立」大黒俊二・林佳世子責任編集『岩波講座世界歴史08　西アジアとヨーロッパの形成8～10世紀』岩波書店

湯川武 2009『イスラーム社会の知の伝達』山川出版社

ラピダス、アイラ・M. 2021『イスラームの都市社会——中世の社会ネットワーク』三浦徹・太田啓子訳、岩波書店

Akiba, Jun. 2024 "Farming Out Judicial Offices in the Ottoman Empire, c. 1750-1839," *Bulletin of the School of Oriental and African Studies* 87, no. 1: 29-49.

Atçıl, Abdurrahman. 2017 *Scholars and Sultans in the Early Modern Ottoman Empire*, Cambridge: Cambridge University Press.

Beyazıt, Yasemin. 2014 *Osmanlı İlmiyye Mesleğinde İstihdam (XVI. Yüzyıl)*, Ankara: Türk Tarih Kurumu.

Canbakal, Hülya. 2007 *Society and Politics in an Ottoman Town: 'Ayntāb in the 17th Century*, Leiden: Brill.

Cengiz, Cihan. 2019 "XVII. Yüzyıl Ortalarında Osmanlı İlmiyye Kânûnnâmeleri ve Mülâzemet Sistemi," Master's thesis, Pamukkale Üniversitesi.

Demirel, Tacettin. 2019 "XVIII. Yüzyıl Başlarında İlmiye Düzenlemeleri ve Mülâzemet Sistemi," Master's thesis, Pamukkale Üniversitesi.

Evsen, Esra. 2009 "Osmanlı İlmiye Teşkılâtında Mülazemet Sistemi (18. Yüzyıl Örneği)," Master's thesis, Marmara Üniversitesi.

Filan, Kerima, (ed.). 2011 *XVIII. Yüzyıl Günlük Hayatına Dair Saraybosnalı Molla Mustafa'nın Mecmuası*, Sarajevo: Connectum.

İpşirli, Mehmet. 1991 "Arapzâde Atâullah Efendi," *Türkiye Diyanet Vakfı İslâm Ansiklopedisi*, vol. 3, Ankara: Türkiye Diyanet Vakfı.

İseviç, Mehmed Emin. MS *Ahvâl-i Bosna*, Istanbul University Rare Books Library, T6647.

Karal, Enver Ziya. 1946 *Selim III'ün Hat-tı Hümayunları—Nizam-ı Cedit—1789-1807*, Ankara: Türk Tarih Kurumu.

Kaya, Mustafa. 2012 "18. Yüzyılda Ankara'da Âyanlık Mücadeleleri," *Hacettepe Üniversitesi Türkiyat Araştırmaları Dergisi* 17: 119-138.

Nagata Yuzo. 1979 *Materials on the Bosnian Notables*, Tokyo: Institute for the Study of Languages and Cultures of Asia and Africa.

Paić-Vukić, Tatjana. 2011 *The World of Mustafa Muhibbi, a Kadi from Sarajevo*, Istanbul: The ISIS Press.

Taylesanizâde Hâfiz Abdullah Efendi. 2003 *İstanbul'un Uzun Dört Yılı (1785-1789): Taylesanizâde Hâfiz Abdullah Efendi Tarihi*, Feridun M. Emecen (ed.), Istanbul: TATAV.

Tezcan, Baki. 2009 "The Ottoman *Mevali* as 'Lords of the Law'," *Journal of Islamic Studies* 20, no. 3: 383-407.

Uzunçarşılı, İsmail Hakkı. 1965 *Osmanlı Devletinin İlmiye Teşkilâtı*, Ankara: Türk Tarih Kurumu.

———. 1971 "Kadı Abdurrahman Paşa," *Belleten* 35, nos. 138-139: 246-302, 409-451.

Zilfi, Madeline C. 1977 "The Diary of a Müderris: A New Source for Ottoman Biography," *Journal of Turkish Studies* 1: 157-174.

———. 1988 *The Politics of Piety: The Ottoman Ulema in the Postclassical Age (1600-1800)*, Minneapolis: Bibliotheca Islamica.

第**10**章	# ムガル帝国における人的統合
	──マンサブ制度の人事と俸給

真下裕之

はじめに

　ムガル帝国のマンサブ制度は、君主が授与する位階（マンサブ）の数値によって帝国の人士を一元的に序列づけた点で、さまざまな宗教・宗派、「民族」、地域の出身者を帝国に統合する装置であった。

　1573/74年、第3代君主アクバルによって導入されたこの制度では、最大値5000から最小値10にわたる数値によって表示されるマンサブが帝国の人士に授与された。そして1596/97年、マンサブの表示形式は、従来の数値に新たな数値を並記する二元表示に改められ、従来の数値は「ザート」（「本人」の意）、新たな数値は「サヴァール」（「騎兵」）と呼ばれるようになった。さらに時代が下ると、臨時的な調整数値「ド・アスパ・セ・アスパ」（「馬2頭持ち、馬3頭持ち」）も導入された（マンサブ制度の概略と展開については［Athar Ali 1997: 38-73]）。

　マンサブ値の大小は、被授与者（マンサブダール）の社会的序列の高低を意味した。この点で、マンサブ制度には貴族制度および人事制度の側面があった。またマンサブ値が俸給を算出する根拠として用いられたことから、この制度には俸給制度の側面もあった。

　一方、マンサブ表示の用語として用いられた「サヴァール」や「ド・アスパ・セ・アスパ」の語句が暗示するとおり、この制度にはたしかに軍事制度としての側面がある。しかし全てのマンサブダールが軍事的機能を備えていたわけではない。例えばアクバル時代の歴史家にして君主の近臣たるアブル・ファズルがマンサブダールとして栄進した事実や、中央政府の財務庁や宗務庁の長

官がマンサブダールであった事実は、マンサブ制度を軍事制度としてのみ見るだけでは不十分であることを示している。マンサブ制度に組みこまれたのは、軍人ばかりでなく、それ以外のさまざまな社会的機能を有した人々であった。

　いずれにせよマンサブ制度は以上のような意味で、多様な人々を帝国に統合した根幹的な制度であったとされる。しかし、帝国に関わる全ての人士がマンサブを授与されたわけではない。マンサブ制度が帝国制度の全てではなかったとすれば、それはこの帝国をどの程度の範囲まで包摂していたのであろうか。その限界を見定める手がかりを得るべく、以下では人事制度および俸給制度の側面から、所要の事項を整理してみたい。

1　マンサブ制度による人士の包摂——人事制度の側面

(1)　マンサブダール集団の全体像

　ムガル帝国の人士の多くに君主がマンサブを授与したことは事実であり、これにもとづく人事、俸給、軍事の諸制度の総体がムガル帝国の根幹をなしていたことは確かである。

　しかし編纂史料には全てのマンサブ授与が記録されているわけではないし、文書史料も限られている。それゆえインドの研究者、故アトハル・アリーの網羅的な労作にもかかわらず、マンサブの経歴を完全に復原できる個人の例はむしろ多くない [Athar Ali 1985; 1997]。

　またある時点における帝国のマンサブダールの総数も、史料の問題ゆえに確実には知ることができない。例えばアクバル時代の公式歴史書『アクバル・ナーマ』の最終冊たる通称『アーイーニ・アクバリー』には、この君主の時代のマンサブダールたちの一覧があり、そこでは各人がマンサブ値の降順に列挙されている。それによると最高値 5000 を超えるマンサブを得ていた王子 3 人を筆頭に、マンサブ 200 の保有者まで 412 名の実名が列挙されている。マンサブ 200 未満、最低値 10 までの各位階に属する者については員数のみが記録されており、この部分の総計は 1388 名にのぼる [AA: i, 180-185]。

　しかしこのリストには、マンサブ制度が導入される 1573/74 年以前に死去していた者や、それ以降『アーイーニ・アクバリー』が成立した 1595/96 年まで

に死去していた者も記されている。つまりこの一覧は、アクバル治世末期の「スナップショット」ではなく、むしろその時代に活動した歴史的人物を、故人も含めて序列づける「番付表」というに相応しい。さらに、ほぼ同じ時期に成立した史書『タバカーティ・アクバリー』の貴族列伝に示される各人のマンサブ値と齟齬するケースが数多くある事実は、『アーイーニ・アクバリー』が内蔵する帝国の規範と現実との乖離を疑わせる［真下 1999］。

　同様の問題は、シャー・ジャハーン時代の公式歴史書『パードシャーフ・ナーマ』の各バージョンの末尾に収載されるマンサブダールの人名一覧にも認められる。シャー・ジャハーン治世「第1周期」（シャー・ジャハーン時代は、治世を10年からなる「周期」で区分し、その都度、公式歴史書をアップデートした）の末にあたる1637年10月の時点におけるマンサブダール一覧は、王子3人を含め、マンサブのザート値500以上の人物を550名以上列挙しているが、そのなかには「第1周期」の間に死没した人物が150名以上含まれている［BNL: i(b), 292-328］。これは「第2周期末」の一覧［BNL: ii, 717-752］、「第3周期末」の一覧［BNW: 259r-272r］も同様である。

　たしかにかくのごときマンサブダールの一覧表が機会ごとに作成された事実は、この制度が帝国における人事の根幹であったことを示してはいる。『アーイーニ・アクバリー』のリストからはマンサブ500以上の総員数として252を得られるが、例えばこれをシャー・ジャハーン時代のおよそ400（約550名から死没者150名を減じた結果）という数値と比較して、その間におけるマンサブ制度の発展を見出すことは可能である。しかし上記のようなこれらの史料の不全ゆえ、この制度が帝国のいかほどの部分を占めていたのかを、完全に見積もることは難しい。つまりマンサブ制度がいかなる程度においてこの帝国において重要であったのかについて、我々の知見はなお確実とはいいがたいのである。

(2)　新出の欧語史料

　帝国側史料のこのような特徴に対して、欧人が残した記録はマンサブダール集団の全体像について重要な情報を伝えてくれている。ジャハーンギール治世末期1627年頃にムガル帝国の簡単な歴史をオランダ語でまとめたペルサールトはその『年代記』に「アクバル Achabaer の死後、ジャハーンギール Siangier

王に仕えるようになった」「ウマラー（ammarauw 高位のマンサブダールを含意する
アミールの複数形）とマンサブダール（mancewbdaer）の登録簿」を載せている
[Pelsaert: 119]。この「スナップショット」では、マンサブのザート値が採録さ
れたものと考えられ、ザート値 5000 から同 500 までの総員数は 439 名、ザー
ト値 200 まで含めれば 877 名を数える。前者の数値を、上記のシャー・ジャハ
ーン時代の数値（仮に、列挙された総数約 550 からその時点で死没していた人物約 150
を減じて、400 という数を得る）と対照すれば、このスナップショットはおそらく
現実とかけ離れていないものと考えることが許されよう。

　欧語史料はかくのごとく、帝国側史料にはない利点を備えている。この点で、
ポルトガルの研究者フローレシュが公刊した新史料はジャハーンギール時代の
マンサブダールの詳細を考えるうえで注意に値する。『モゴル人の王ジャーン
ギール・パーシャー（Iamguir Pachá）の宮廷とイエについての小論』（以下『小
論』）と題されたこのポルトガル語の史料は、フローレシュによれば、イエズス
会の対ムガル帝国第 3 次宣教団のメンバーであったジェロニモ・ザビエルか、
マヌエル・ピニェイロか、もしくは両者の共著であるか定かではないが、1610
年末から 1611 年の初頭にかけて執筆されたものかと考えられる [Flores 2016:
29]。そうだとするとこの記録が伝えるマンサブダールの「スナップショット」
は、『アーイーニ・アクバリー』（1595/96 年成立）とペルサールトの『年代記』
のほぼ中間に位置していることになり、マンサブ制度の発展を観察するうえで、
有意の史料と見込まれるのである。

　この『小論』には、「王の将官たち（capitais）」の員数を、各々所定の騎馬
（cavalos）数の降順に列挙し、各々の収入額（rendas）を記録する一覧がある。同
じ騎馬数の将官は「号（número）」によって細分されており、それによって収入
額が異なることが一覧で示されている。これは『小論』全体の半分近くを占め
ており、この記録における最大のコンテンツである。例えば、「騎馬」5000 の
「将官」たちの部分は、以下のごとく記されている [Tratado: 144]。

　　8 名の将官。各人、騎馬 5000。第 1 号。各人 69 万 8500〔エスクード〕の収
　　入あり。その累計は 558 万 8000。
　　4 名の将官。各人、騎馬 5000。第 2 号。各人 68 万 7500 の収入あり。その
　　累計は 275 万。

3名の将官。各人、騎馬5000。第3号。各人67万6500の収入あり。その累計は202万9500。

1名の将官。騎馬5000。第4号。収入は64万9000。

〔以上の累計〕騎馬8万。これら16名の騎馬5000将官の収入は、1101万6500エスクード。

この記事のうち、各「将官」に帰される5000の「騎馬」とは明らかにマンサブのザート値である。上述のペルサールトもマンサブのザート値を帝国の有力者に所属する騎馬の数と解していたが、これらはマンサブの運用を誤解したものに相違ない。一方、ジャハーンギール時代のマンサブダールについて記事を残した英人ホーキンズは、マンサブの元来の運用により近く、マンサブダールに帰される数値が騎兵を意味していたと伝えている［Hawkins: 98-99］。

また「第1号」等の「号」が意味するところと、それにともなう各人の「収入額」すなわち俸給額の関係については、ジャハーンギール時代のマンサブの運用を考えるうえできわめて貴重な手がかりになると筆者は考えているが、紙幅の関係上、詳しい考察は別の機会に譲る。ここでは「将官」すなわちマンサブダールの員数と「騎馬」すなわちマンサブ値の記録に注目したい。『アーイーニ・アクバリー』『小論』『年代記』が伝える情報を対照するべく、表1にまとめた。

表1の第1列は『アーイーニ・アクバリー』に収録されているマンサブダールの月給表から、マンサブ値を抽出したものである［AA: i, 180-185］。ただしインドの研究者ムースヴィーがすでに指摘しているとおり、ブロフマンの校訂本におけるこの月給表には多数の不合理が含まれており、その多くは大英図書館所蔵の古写本Add. 6552で修正できる。例えば校訂本はマンサブ1250の項を欠いており、その結果、以下に述べるとおり、マンサブの位階の数が66であるという説明の辻褄を合わせるため、月給額のそれぞれ異なるマンサブ600の項が2つあるという重大な不合理があるが、Add. 6552のテクストによって、マンサブ1250が元来記載されていたことが判明し（表中では＊でその旨明示した）、それ以下マンサブ600までの表の数値は全面的に書き換えられる［AA (Add. 6552): 77v-79r; Moosvi 2015: 208-209］。ただし残念ながら、ムースヴィーが示す月給表の梗概には多数の誤りがある［Moosvi 2015: 213, Table 9.1］。それゆえ、校訂

表1　『アーイーニ・アクバリー』『小論』『年代記』の対照表

マンサブ	マンサブダールの総数		
	AA (1595/96)	Tratado (c. 1611/12)	Pelsaert (c. 1627)
10000	1		
8000	1		
7000	1		
5000	30	16	8
4900	0		
4800	0		
4700	0		
4600	0		
4500	2	5	0
4400	0		
4300	0		
4200	0		
4100	0		
4000	9	11	25
3900	0		
3800	0		
3700	0		
3600	0		
3500	2	8	30
3400	0		
3300	0		
3200	0		
3100	0		
3000	17	12	36
2900	0		
2800	0		
2700	0		
2600	0		
2500	8	14	42
2400	0		
2300	0		
2200	0		
2100	0		
2000	27	17	45
1900	0	6	
1800	0	8	

マンサブ	マンサブダールの総数		
	AA (1595/96)	Tratado (c. 1611/12)	Pelsaert (c. 1627)
1700	0	10	
1600	0	9	
1500	7	30	51
1400	0	18	
1300	0	15	
*1250	1		
1200	0	13	
1100	0	11	
1000	31	40	55
900	38	10	
800	2	11	
750		13	
700	25	19	58
650		12	
600	4	14	
550		16	
500	46	53	80
450		2	
400	18	40	73
350	19	2	58
300	33	93	72
250	12	18	85
200	81	198	150
150	53	139	242
125	1		
120	0	4	
100	250	392	300
90		150	
80	91	550	245
70		270	
60	204	455	397
50	16	290	
40	260	595	298
30	39	676	240
20	250	410	232
10	224	250	110

本と対照を可能にする古写本のテクストが提示されねばならないが、これも本章に許された紙幅の関係上、別の機会に譲る。なお以下に述べるとおり、『小論』は『アーイーニ・アクバリー』に見られないマンサブ位階を設けている。その位階についてはその数値に下線を施した。

　第2列は『アーイーニ・アクバリー』の「マンサブダールの規則」に記載された者の数をマンサブごとに集計した結果である。第3列は『小論』、第4列は『年代記』からの集計である［Tratado: 143-162; Pelsaert: 119-120］。

　マンサブ5000から500までのマンサブダールの員数について『アーイーニ・アクバリー』が252名とするのに対し、『小論』は391名を数える（『年代記』は430名）。帯域の下限をマンサブ200まで広げると、『アーイーニ・アクバリー』が415名を数えるのに対し、『小論』は744名となる（『年代記』は868名）。さらに最低位のマンサブ10までを加えると、『アーイーニ・アクバリー』は1803名、『小論』は4925名となる（『年代記』は2932名）。

　かくのごとく、上位層（マンサブ500以上。アクバル時代にはこの位階以上のマンサブダールが貴顕の層に属すると見なされていた）に限った員数、および中位層（マンサブ200以上）を含めた員数はいずれも、『小論』のそれは、『アーイーニ・アクバリー』と『年代記』の中間に位置しており、アクバル時代末期から、ジャハーンギール時代末期への、マンサブ制度の発展を跡づけるデータであるとまずは見られよう。一方、下位層の員数の多さは『小論』特有の傾向である。後述するアハディーなど、マンサブダールとは異なる、君主直属の人員がここに算入されている可能性もあるが、十分な検討材料はない。

　さらに『小論』は『アーイーニ・アクバリー』のマンサブの位階について重要な示唆を与えてくれる。『アーイーニ・アクバリー』が位階の総数を66と説明し、それを「アッラー」のアラビア文字表記の数価に付会するという理由づけをふまえれば、同書の伝える位階の全てが実際に運用されていたとは考えにくい。

　例えばマンサブ5000の一段下位であるマンサブ4900のごとき、いわば端数のマンサブを保有するマンサブダールがいるとは考えにくく、実際『アーイーニ・アクバリー』はマンサブ4900のマンサブダールを一人も挙げていない。アトハル・アリーの網羅的な総覧にもマンサブ4900が授与された例は見られ

ないし、筆者の管見の限り叙述史料においてもマンサブ 4900 の運用例は知らない。同様にマンサブ 4900 からマンサブ 2100 に至るまで、百の位が 0 もしくは 5 以外の「端数」のマンサブを保有していたマンサブダールを『アーイーニ・アクバリー』は一人も挙げていないのである。かくのごとき 66 という聖なる数を意図した数合わせのフェイクを『小論』も裏づける。『小論』の一覧は「騎馬 5000」から「騎馬 2000」に至るまで 500 の刻みに限って「将官」の員数を挙げている。

　一方『小論』は「騎兵 1900」から「騎兵 1100」までの帯域において『アーイーニ・アクバリー』とはことなり、100 の刻みごとの全ての「騎馬数」（マンサブ）に相当数の「将官」（マンサブダール）が存在したことを伝えている。実は『アーイーニ・アクバリー』で欠員となっている 1000 台のマンサブが、実際に授与されていた例はジャハーンギール時代の叙述史料に複数見出せる。

　　1800: 1611 年 4 月、イゥティマード・アッダウラのマンサブ（ザート値）を 1800 に加増［JN（T）: 112; JN（A）: 95; Athar Ali 1985: no. J338］。

　　1800: 1611 年 4 月、アブド・アッラッザーク・マアムーリーのマンサブ（ザート値）を 1800 に加増［JN（T）: 112; JN（A）: 95; Athar Ali 1985: no. J339］。

　　1800: 1611 年 4 月、ムイッズ・アルムルクのマンサブ（ザート値）を 1800 に加増［JN（T）: 113; JN（A）: 96; Athar Ali 1985: no. J344］。

　　1700: 1611 年 10 月、ラージャ・カルヤンをマンサブ 1700/1000 に加増［JN（T）: 115; JN（A）: 98; Athar Ali 1985: no. J361］。これは同年 7 月に 1500/800 に加増されていた同人のマンサブに 200/200 を加増したもの。

　　1400: 1615 年 8 月、ハージャ・アキールをマンサブ 1400/800 に加増［JN（T）: 169; JN（A）: 146; Athar Ali 1985: no. J537］。これは従来の同人のマンサブ 1200/600 にマンサブに 200/200 を加増したもの。

　　1300: 1606 年 9 月、ワズィール・アルムルクをマンサブ 1300/550 に加増［JN（T）: 45; JN（A）: 36; Athar Ali 1985: no. J97］。

　また『小論』からは、表第 1 列で網掛けを施した六つの位階のとおり、『アーイーニ・アクバリー』が規定していないマンサブ位階を有するマンサブダールがいたことがうかがえる。これらのマンサブが実際に授与されていた例は、ジャハーンギール時代以降の叙述史料、文書史料に複数見出せる。

202 —— 第 III 部　帝国とコネクティビティ

750: 1613 年 7 月頃、ヤアクーブ・バダフシーのマンサブ（ザート値）が
750 であったところ、マンサブ 1500/1000 に加増［JN（T）: 138; JN（A）: 119］。

550: 1619 年 4 月頃、ヒドマト・ハーンをマンサブ 550/130 に加増［JN（T）:
303; JN（A）: 268; Athar Ali 1985: no. J922］。

450: 1638/39 年、マフムード・ベグ・クーラービーのマンサブ 450/120 を
マンサブ 500/200 に加増［Athar Ali 1985: no. S2199］。

90: 1639/40 年、ミール・ウスマーンをマンサブ 90/20 に加増［Athar Ali
1985: no. S2451］。

これらのマンサブに対して『小論』が挙げるマンサブダールの員数を考慮す
ると、以上の用例はいささか些少に見える。周辺の位階（例えばマンサブ 450 に
対する同 500 および同 400、もしくはマンサブ 90 や同 70 に対する、同 100、80、60)
の員数に比して当該位階の員数がかなり少ない事実は、史料に現れた用例の少
なさと整合するはずである。「切りの悪い」数値のマンサブは、ジャハーンギ
ール時代以降、実際に運用されるようにはなったが、他のマンサブに比して用
いられることは少なかったという実態を見出せよう。

『小論』はかくのごとく、ジャハーンギール時代の初期におけるマンサブ制
度の運用の実態をかなり正確に捉えたスナップショットとして、重要な史料価
値を備えた新出史料であると評価できる。本章では立ち入る余裕がないが、
『小論』が記録する「収入」すなわち各員の俸給額の細かな等級区分は、サヴ
ァール数の運用の実態を反映している可能性があるので、徹底的な調査に値す
ると見込まれる。

そのうえで『小論』が示すデータを評価すれば、アクバル時代からシャー・
ジャハーン時代へと至る全体的な傾向には矛盾するものではなく、むしろ既知
の史料によって得られていたおおまかな展開を補強する材料であるとも言える。

(3)　マンサブ制度に包摂されない人々──アハディー

ムガル帝国の人士の全てがマンサブを保有していたわけではない。例えば宗
務庁に属するイスラーム法官（カーディー）がマンサブを授与されることは多
くはなかった。また宮廷に参与する学者、詩人、書家、医師はいずれも、ムガ
ル帝国時代に列伝史料が編まれたごとく、帝国社会を構成した人士の類型であ

ったけれども、これらの人々のうち、マンサブを授与されるという経歴を歩んだ者は、他とは際立つ特徴を備えた一部にとどまる。

本節では、かくのごとくマンサブ制度に包摂されない人々の例として、以下のごとく諸史料にマンサブダールに並行して散見される、アハディーと呼ばれる人員の区分に着目する（下線は筆者による）。

> この宮内作業所〔宮廷の灯火の部署〕では、多くのマンサブダール、アハディーやその他の兵士が奉仕している［AA: i, 45; AA (Jtr.) (3) : 132］。
> ラーイ・ドゥルガー、ミールザー・ファリードゥーン、その他のマンサブダールやアハディーを護衛とした［AN: iii, 764］。
> マンサブダールたち、アハディーたちの多くが恩顧によって引き立てられた［JN (T) : 45; JN (A) : 36］。

アハディーは字義上「単独者」を意味する。『アーイーニ・アクバリー』はアハディーを「一人での奉仕・随従」に当たる者と説明し［AA: i, 175］、マンサブを授与されないかわりに自らの配下の人員を負担せず、「特別の僕」（banda-i khāṣ）であるとしている［AA: i, 187］。アハディーとはつまり君主に直属する単独の人員を意味するムガル帝国特有の用語であった［AN: iii, 219; JN (T) : 11; JN (A) : 8］。

ただしアハディーが必ずしも軍事的機能を帯びていたわけではない、という点ではマンサブダールと同様である。宮廷の「作業所」（kār-khānah）の一つである造幣所や果物調達の部署など、軍事を直接には担わない職務にもアハディーが充てられた例が散見される［AA: i, 16, 42, 45, 47, 60, 67, 118, 125; AA (Jtr) : (1) 99; (3) 116, 132, 139; (4) 56; (5) 53; (10) 60, 83］。アハディーはマンサブダールとともに、騎兵集団を構成する要素として史料に記述されはするが［AA: i, 187］、その本質は君主に直属する個人という立場にあったものと考えられる。

さて、アハディーの集団がいかほどの規模であったか、そしてマンサブダールとの比較において、帝国の構成要素としていかほどの部分を担っていたかについて、インドの研究者ムースヴィーがすでに述べているとおり、確実な材料は乏しい［Moosvi 2015: 227］。マンサブ制度が施行されてから約3年後にあたる1577年の記事としてアハディーが1万2000にのぼるとの所伝があるが、以下の諸情報を考慮するとそれが実態を反映していたものとは考えにくい。

ジャハーンギール治世の初頭 1609 年から 1611 年にアーグラーに滞在したホーキンズは、アハディー（haddie）の総員を 5000 名と伝えている［Hawkins: 99］。またジャハーンギール時代末期の状況を伝えていると考えられるペルサールトはアハディー（haddi’）の員数として、「4 頭持ち」のアハディーが 741 名、「3 頭持ち」が 1322 名、「2 頭持ち」が 1428 名、「1 頭持ち」が 950 名という数を伝えている［Pelsaert: 120］。総計 4441 名となるその数値はホーキンズのそれと著しくはかけ離れていない。

　また実戦におけるアハディーの運用としては、1608 年、ラージャスターン地方の仇敵たるウダイプルのラーナーに対する討伐軍 1 万 2000 騎にアハディー 500 名が銃兵 2000 名とともに付属したこと［JN（T）: 83; JN（A）: 69］、翌 1609 年この戦役への増援部隊としてアハディー 370 名を派遣したこと［JN（T）: 89; JN（A）: 75］、また先代アクバル以来の懸案であったデカン地方への戦役に対して 1610 年末に派遣した増援部隊 1 万騎にアハディー 2000 名を付属させたこと［JN（T）: 105; JN（A）: 88］にうかがえるアハディーの運用規模は、総員 5000 名程度の君主直属兵の相当部分を割いたものであったと評価できる。この二つの戦役は治世初頭の重要事案であったから、ジャハーンギールが相当の直属人員を投入したことは不自然でない。

　以上のごとき員数に関する所伝をふまえて、『小論』が伝えるジャハーンギール時代のマンサブダールの総数が 4925 名であり、各々のマンサブダールの配下に理論上 5000 以下 10 以上の人員が付属した事実を考え合わせると、君主直属のこの人員区分の規模はきわめて小さかったと評価することができよう。

　ただしマンサブダールとアハディーは隔絶した（もしくは相互に排他的な）集団ではない。アハディーが昇進してマンサブダールの地位を得る例が史料に散見される。例えばジャハーンギール時代にアミール・アルウマラーの称号を有する地位にまで上り詰めたマハーバト・ハーンは、アクバル時代にアハディーからマンサブ 500 に昇進したところから、自らのキャリアを始めた［JN（T）: 14; JN（A）: 10］。

　かくのごとく君主に直属する人士の経歴がマンサブダールという地位に開かれていたのだとすると、直属集団の規模がマンサブダール集団のそれに比して著しく小さいことも、さして不合理ではなくなる。マンサブダール集団は、そ

の全てではないにせよ、その一部には君主の直属集団出身の人士をも含んでいた。マンサブダールはこの点においても、さまざまな種類の起源を有する多様な人材を包摂していたと言えるわけである。

2　マンサブ制度と帝国財政——俸給制度の側面

　前節ではマンサブ制度が帝国の人材に占める規模を考察したが、本節では帝国の財政に占めたこの制度の重みはどの程度のものと評価できるかを検討する。この点は、マンサブダールに割り当てられた俸給の総額を、帝国の税収額と対照することによって、おおよそ知ることができるはずである。冒頭に述べたとおり、マンサブの数値はマンサブダールの俸給を算出するための根拠として用いられていたのであり、その点でマンサブ制度には俸給制度としての側面もあったからである。

（1）　マンサブダールの俸給

　マンサブダールの俸給がいかに算出されたかについて、インドの研究者アトハル・アリーの所説にもとづいて記述すれば、以下のとおりとなる。

　マンサブを構成する二つの数値のうち、ザート値は受給者本人に対する俸給を算出するために用いられた。俸給支払いにかかる文書において、俸給のこの部分は「本人（ハーッサ khāṣṣa）」と記された。「本人」分の額はザート値に応じた年給額が規定されている。同一ザート値の年給額は『アーイーニ・アクバリー』にあるとおり、ザート値に同数の騎兵を保持していれば「第1種」、半数以上同数未満であれば「第2種」、半数未満であれば「第3種」とされていた ［AA: i, 179, 180-185; 真下 2019: 53］。かくのごとく、マンサブのザート値の位階をさらに等級づける年給額の一覧は、シャー・ジャハーンおよびアウラングゼーブ治世に属するもの複数が「業務要領」（ダストゥール・アルアマル）に収録されており、その内容を知ることができる。例えば、1671年以降の作成とされ、アウラングゼーブ治世に帰される業務要領によれば、マンサブのザート値3000に対する年給額は、第1種が600万ダーム、第2種が570万ダーム、第3種が540万ダームと定められている ［Athar Ali 1997: 71-73］。ダームは南アジア

で流通した銅貨の名称であるが、この場合は会計上の単位であり、1 ルピーに対して 40 ダームという換算比率が定められていた。

　さらに『アーイーニ・アクバリー』には各位のマンサブダールが保持すべき軍用動物および車両の種類と数が規定されている。例えばマンサブ 3000 については、馬（イラーク馬、イラーク馬とトゥルク馬の混血馬が 20 頭、トゥルク馬、ヤーブー馬、ターズィー馬、ジャンガラ馬が 40 頭）、象（シールギール 15 頭、サーダ、20 頭、マンジョーラー 16 頭、カルハ 14 頭、カンドゥルキヤ 5 頭）、ラクダ 50 隊（250 頭）、ラバ 14 隊（70 頭）、荷車 100 両が規定数である。維持経費の単価は軍用動物等の種類ごとに規定されており［AA: i, 176-178］、これを各々乗ずることで維持経費の年間総額が算出できる。この維持経費については、これが俸給に含まれていたとの内数説に対して、維持経費を付加給付（外数）と見なす説が 1980 年代に定着した［Moosvi 1980; 1981; Habib 1985］。その後改めて内数説を主張する論文が出たが［Trivedi 1987］、ムースヴィーが自著の改訂版で注しているとおり、この新説は学界の主流となってはいない［Moosvi 2015: 212, n. 37］。

　一方、サヴァール値はマンサブダールが保持する軍団に対する俸給を算出するために用いられた。俸給のこの部分は給付関係文書において、「兵員たち（ターピーナーン tābīn-ān）」と記された。「兵員」分の年給額は、サヴァール値に 8000 ダームを乗じて算出された［Athar Ali 1997: 44-46］。

　以上により、例えばアウラングゼーブ治世後期におけるマンサブ 3000/2000（ザート値 3000、サヴァール値 2000）のマンサブダールの年給額は次のごとく算出できる。そのサヴァール値はザート値の半数を超えているから第 2 種となるので、「本人」分は 570 万ダームとなる。一方サヴァール値 2000 に 8000 ダームを乗じて得られる 1600 万ダームが「兵員」分となり、都合 2170 万ダームが総年給額となる。なおこの例からは、年給額に占めるサヴァール値の重みが読み取れる。仮にサヴァール値が 3000 であったならば、年給額は 3000 万ダームとなるし、サヴァール値に「2 馬 3 馬」による 1000 の臨時加算があったとすれば 3800 万ダームとなる。なお実際の給付にあたっては、この年給額からさまざまな名目の控除が行われたが、ここではその詳細には踏み込まない。

（2）　ジャーギールと帝国の歳入

さて俸給の給付は、現金、もしくはジャーギールの分与によったが、後者が圧倒的な多数派であった。これは年給額相当の地租収入が見込まれる土地における徴税権の分与を意味すると同時に、その土地そのものもジャーギールと呼ばれた。ムガル帝国時代の史料では稀に、イスラーム世界で広く行われていた同様の制度である「イクター」の語が用いられることもある［MI: 31］。

『アーイーニ・アクバリー』には、帝国を構成する州（スーバ）ごとに、県（サルカール）とその下位区分としての郡（パルガナ）のレベルで地租評価額（当時の用語でジャムゥ）を記録した、膨大な租税統計が収録されている［AA: i, 394-586］。上記のマンサブ 3000/2000 のマンサブダールに対する年給額 2170 万ダームを、例えばアーグラー州において、13 カ郡からなるグワーリヤール県の地租評価額 2968 万 3649 ダームに対照すれば、この年給額の規模を推し量る参考にできよう［AA: i, 447］。

それではムガル帝国の財政に対して、マンサブダール全体への俸給はいかなる比重を占めていたであろうか。この点を考察するために有意の材料が揃うのは、『アーイーニ・アクバリー』所収の統計を用いることのできるアクバル時代末期（1590 年代後半）に限られる。ただし、上述したとおり『アーイーニ・アクバリー』が伝えるマンサブダールの員数やマンサブ値が「スナップショット」とは言えないため、『タバカーティ・アクバリー』に収録された人名録などの同時代史料によって補正を講じる必要があることについては、筆者が旧稿で述べたとおりである［真下 1999］。ムースヴィーは同じ問題意識にもとづいて、マンサブダールの員数を再検討した結果を示している［Moosvi 2015: 216, Table 9.2］。またマンサブごとの軍用動物等の割当数について、『アーイーニ・アクバリー』校訂版のテクストは、上述の大英図書館所蔵の古写本 Add. 6552 によって修正できる余地があり、この点についてもムースヴィーは修正案を示している［Moosvi 2015: 213, Table 9.1］。

以上の史料上の問題を整理したうえで、ムースヴィーは俸給の平均値として第 2 種の金額を、補正案のマンサブダールの員数と乗じ、マンサブダールのザート値から導かれる年給総額として約 8 億 2750 万ダームを算出する。さらに軍用動物等の維持経費手当の年間総額として、修正案の割当数とマンサブダー

208 —— 第 III 部　帝国とコネクティビティ

ルの員数とを乗じ、約 3 億 7140 万ダームという結果を導く。両者の和 11 億 9890 万ダームは、『アーイーニ・アクバリー』の租税統計から導かれる帝国全体の地租評価額である約 39 億 6000 万ダーム（この額は後述する「生計補助」に充当された分を控除した結果である）のおよそ 30.27% を占めることになる［Moosvi 2015: 197-198, 215］。

ただしマンサブダールの員数の補正案について、ムースヴィーはその考証を開示しておらず、筆者はその当否を判断することができない。また軍用動物の割当数の修正案についても、古写本のテクストをどのように取捨したのか定かでない部分もある。それゆえムースヴィーの結論を詳細に批評するべく、筆者の考証を開示することは別の機会に譲るが、マンサブダールへの俸給の全体像に関する試算の結果は、筆者の見込み案と大きくかけ離れていないことをさしあたり確認しておきたい。

またサヴァール値に対応する「兵員」分の俸給については上記のごとく、シャー・ジャハーン治世以降についてはサヴァール値に年額 8000 ダームの定数を乗ずれば得られる。しかし『アーイーニ・アクバリー』が執筆されたのは、サヴァール値が導入される直前であったから、同時期のサヴァール値については推定によらざるを得ないし、年額 8000 ダームという定数も、『アーイーニ・アクバリー』の時期に同じであったとは限らない。

そこでムースヴィーはジャハーンギール治世、シャー・ジャハーン治世に属するマンサブダールのザート値、サヴァール値を集計した結果、サヴァール値はザート値の 60% という平均値を推定した。また『アーイーニ・アクバリー』の断片的な記述の整合性を検討したうえで、その定数が当時は年額 9600 ダームであったとの結論を導いた。さらにこの定数があくまで帳簿上のもので、馬改めの観閲・烙印に付された馬の数と等級によって実際の俸給額が増加し得たこと、ラージプートのマンサブダールについては上記の定数が 9600 ダームよりも低い水準に定められていたことなど、ムースヴィーの検討は細部に及ぶ。その結果、アクバル時代末期のサヴァール値に対応する俸給総額について、複数の推論の中央値として導き出されたのは、約 20 億 3893 万ダームであった［Moosvi 2015: 215-222］。

以上のムースヴィーの検討と推論を受け入れるなら、アクバル時代末期にお

いてマンサブダール総員に対して割り当てられた俸給額は約 32 億 3783 万ダームとなり、これはムガル帝国の歳入評価額の約 81.76% を占めていたことになる。

これに対して、再び『アーイーニ・アクバリー』に基づくムースヴィーの推計に従えば、君主に直属する騎兵アハディーやその他の歩兵団や軍用動物等、帝室の軍事部門に見込まれる経費は約 3 億 5892 万ダーム、ハレムや宮内の各種の工房など君主の家政部門に見込まれる経費の総計は約 1 億 8740 万ダームとなる［Moosvi 2015: 226-273］。すなわち君主に属する部門は帝国の歳入評価額の 13.70% を占めていた勘定になる。

以上のごとく、帝国の財政資源の 8 割以上がマンサブダールとその配下の人々に割り当てられていた事実は、マンサブ制度が帝国の根幹的な制度であったという説明を裏づける材料の一つになるであろう。

そしてその 8 割の資源が、高位のマンサブダールに集中していた事実もおさえておく必要がある。アクバル時代のマンサブダールの員数について考証をふまえた補正を施したうえで試算すると、マンサブ値に員数を乗した結果の累計はマンサブ 500 以上の貴顕層が全体の 6 割以上を占めている。これを俸給ベースで試算したムースヴィーは同じ帯域が 51.88% を占めるとの結果を示している［Moosvi 2015: 223］。またシャー・ジャハーン治世の 1646/47 年における俸給の配分についてかつてカイサルが示した試算によれば、マンサブ 500 以上のマンサブダールが全体の 61.54% を占めていたという［Qaisar 1967: 239］。

(3) ジャーギールとハーリサ（王領地）

マンサブダールの俸給として徴税権を分与された土地は史料上ジャーギールと呼ばれた。これに対して、その税収が君主の財源に帰される土地はハーリサとされた。上記のごとく、帝国歳入の大部分がジャーギールとして分与されていたことと関連して、インドの研究者ハビーブが指摘するとおり、ハーリサとジャーギールの運用においては背反する関係性が表面化する場合もあった。肥沃で統治の行き届いた地所をハーリサに移転するような選好が行われていた形跡がある［Habib 2014: 313］。

ハーリサが帝国の財政資源のどの程度を占めていたかについて、確実な史料

は乏しい。アクバルが 1574/75 年に、ベンガル、ビハール、グジャラートの 3 州を除く帝国領をハーリサに転換した措置はよく知られている［TA: 197-198; AN: iii, 117］。税収を君主が一元的に掌握するべく、ジャーギールを廃止して俸給の給付方法を現金に切り替えるこの政策がどの程度まで実施されたかは定かでないし、いずれにせよそれが長続きしなかったことははっきりしている［Habib 2014: 314, n. 72］。また 1586/87 年にアクバルはデリー、アワド、イラーハーバード 3 州のハーリサにおいて、地租評価額の 6 分の 1 にあたる 4056 万 596 ダームを減免したという［AN: iii, 494］。となるとハーリサの地租評価総額は 2 億 4000 万ダームあまりであったことになり、これをその約 10 年後の『アーイーニ・アクバリー』の統計から得られる同 3 州の地租評価総額 10 億 1580 万 1546 ダーム［AA: i, 424, 434, 517-518］に照らせば、この 3 州に限っていえば、ハーリサは全体の約 24％を占めていたことになる［Habib 2014: 314］。残念ながらアクバル治世における帝国の地租評価額全体に占めるハーリサの割合を知るための材料はない。しかし、帝国全体ではジャーギールが全体の 8 割以上を占めていたことを考慮すると、上記 3 州における約 24％という比率は、首都アーグラーに近接する地域にハーリサが多く集積されていたことを示すものかもしれない。

　またハビーブが指摘するとおり、ハーリサの規模は時代によって変動した。シャー・ジャハーン時代の歴史家カズヴィーニーの記事を信じるなら、ジャハーンギール治世におけるハーリサの地租評価総額は 2 億 6000 万ダームであったという［BNQ: 221v］。この数値は、上記 3 州に限ったハーリサのそれと大差ない。また同治世末期における帝国全体の地租評価総額を 63 億ダームとする別史料の情報に照らせば、その比率は 4％あまりにすぎなかったことになる［Habib 2014: 314］。

　同じ箇所でカズヴィーニーは、1631 年時点でのシャー・ジャハーンのハーリサは帝国全体の「15 分の 1」すなわち約 6.7％足らずを占めていたとするが［BNQ: 221v］、同じ君主の 1647 年頃の歳入の概況を記した別の年代記は、帝国全体の地租評価総額 88 億ダームに占めるハーリサの部分を 12 億ダームとしている（約 13.6％）［BNL: ii, 711, 713］。さらにアウラングゼーブ治世の 1667 年頃の状況を伝える年代記の記事は、帝国全体の地租評価総額 92 億ダームあまりに対するハーリサの部分を 17 億ダームあまりとしている（約 18.7％）［MA: 400］。

以上のごとく、ハビーブがすでに観察しているとおり、アウラングゼーブ治世の初頭までにかけて、ハーリサの比率は漸増していった［Habib 2014: 315］。そのうえで、アクバル時代において8割以上をジャーギールが占めていたことを考慮すると、ハーリサとジャーギールは、緊張感ある相対関係にあったものと考えられる。次項に見る「生計補助」と合わせ考えると、その関係性は地域により、さらに厳しいものになったはずである。1680年代以降、デカン地方での戦役が長引くなか、アウラングゼーブの帝国にデカンやマラーターの人々が新たにマンサブダールとして参入したことは、ジャーギール用地の深刻な逼迫を招いた。業務要領書史料のなかにハビーブが見出した、アウラングゼーブ末期の1701/02年における統計は、地租評価総額に占めるハーリサの比率が約10％に低下していたことを示している［Habib 2014: 316］。

　ただしアウラングゼーブは必ずしもハーリサと引き換えにジャーギールの分与を推進したわけではない。デカン戦役は、1687年にクトゥブ・シャーヒー朝を滅ぼし、その領土を帝国領に編入するという大きな成果を見た。しかしマラーター勢力に対するさらなる戦役の展開を企図していたアウラングゼーブは旧クトゥブ・シャーヒー朝領のうち、生産性の高い肥沃な地域を選んでハーリサに集積させた。その結果、税収の実高ベースでは新たな領土における税収の43％までがハーリサに編入されたのである［Richards 1975: 157-162］。リチャーズの精緻な研究は、実高の乏しい地所を分与されたジャーギールダールたちの不満がデカンにおける帝国の基盤を毀損するに至る過程を跡づけている［Richards 1975: 174-214］。

(4)　「生計補助」

　以上のごとく、マンサブ制度を俸給制度としてとらえ、財政資源の分配という観点からジャーギールとハーリサとの関係性を整理したが、この両者とは別に「生計補助」と呼ばれる恩給が帝国の財源から行われていた。『アーイーニ・アクバリー』の租税統計には、各郡の地租評価額に並んで「ソユルガル」に充てられた額が記される。ソユルガルは「恩賞」を意味する用語だが、『アーイーニ・アクバリー』以外の史料ではこの語が用いられることは少なく、「生計補助」（madad-i maʿāsh）という語が多用された。

この恩給の給付は現金もしくは土地の徴税権の分与によったが、多数を占めたのは後者であり、『アーイーニ・アクバリー』の地租評価額の統計の一部として「ソユルガル」が立項されていたのはこのような運用の反映である。

　この恩給は宗務庁の長官である大サドルの所管であり、恩給の受給者は、イスラーム法官や学者、文人などさまざまな種類の宗教・学芸の関係者であった［AA: i, 198-199］。公職から引退した人士に対して給付された例も散見されるように、この恩給には慈善行為の側面が確かにある。しかしこの恩給が少なからぬ場合、領内各地に在任するイスラーム法官への俸給として行われたことは、それが帝国の宗務行政および地方行政の制度の一部をなしていたことを示している。その一方でこの生計補助が、ムスリムばかりでなく、ヒンドゥー教やジャイナ教、ゾロアスター教など、非ムスリムの関係者にも授与されたことを考慮すると、この恩給は特定の宗派に限られない包括的なものであったと見るべきである［真下 2023］。そうなれば、この「生計補助」は帝国の財源に根ざした財政措置という点で、ジャーギールやハーリサと同列に属する制度であったことになる。

　以上を念頭に、マンサブダールのジャーギールに比した「生計補助」の重みを『アーイーニ・アクバリー』の統計から確認しよう。同書に記される「生計補助」の額は課税評価額の内数であり、帝国全体の課税評価額に占める「生計補助」の額は、各州の統計にしたがえば約 2.4％あまりを占めるに過ぎない（州の下位単位である各県の統計もあり、これを集計すると約 3.4％となるが、この齟齬の理由は定かでない［Moosvi 2015: 163］）。

　ただし州によってはデリー州において約 5.5％、イラーハーバード州で約5.3％、アワド州で約 4.2％など高い数値を示す場合もある［真下 2023: 131］。単位を県レベル、郡レベルに下げれば、その偏差はさらに大きくなり、課税評価額ベースで「生計補助」の占める比率が約 1 割に及ぶ郡は多数みとめられる。この点に関連してムースヴィーは、デリー、イラーハーバード、アワド、アーグラーの 4 州について、各郡の課税評価額における「生計補助」の額と比率を調査しており、いずれの州においても都市人口の多い地域に「生計補助」が集中していた傾向を見出している［Moosvi 2015: 164-176］。

　ただし「生計補助」のかくのごとき偏在と、各地域の地主層（ザミーンダー

第 10 章　ムガル帝国における人的統合 —— 213

ル）との関係性についてはムースヴィーの研究をふまえてなお検討の余地がある。「生計補助」はジャーギールと同じく、個人に対して給付される属人的な措置である。しかし筆者が別稿で示した「生計補助」給付文書の例のごとく、郡レベルのイスラーム法官が死去したことにより、当人の子が同じ法官職に任じられ、同じ地所を「生計補助」として給付される例が散見される［真下 2023: 133-137］。かような、地域社会における官職とその俸給の世襲化は、17 世紀後半から 18 世紀にかけてのアワド州の事例に関するアーラムによる研究が示したとおり、「生計補助」の分与地を集積した新たな在地領主層の登場と軌を一にしている［Alam 1986］。「生計補助」は、帝国の財政全体に比しては限られた部分を占めたに過ぎないものの、一部の地域においてはかくのごとく帝国社会の重大な変化の一要因をなしていたのである。

おわりに

本章では人事制度および俸給制度の側面から、帝国国制においてマンサブ制度がカバーした範囲を確認した。マンサブの運用は、人的運用の面でも財政資源の投入の面でも、随伴した他の諸要素に比して、圧倒的な部分を占めていた点で、たしかにこの制度は帝国の根幹をなす制度であったといえる。マンサブとその俸給たるジャーギールの円滑な運営の如何は帝国の命運を左右したことになる。

アトハル・アリーはムガル帝国の崩壊の一側面として「ジャーギールダール制度の危機」を指摘した。そしてその危機の内実は、アウラングゼーブの治世後半におけるデカン戦役を通じて顕在化した、ジャーギール用地の逼迫であったとする［Athar Ali 1997: 92-94］。マンサブダールが「4-5 年にわたってジャーギールを得られない」［ML: ii, 396］という状況がそれであり、実際 1692 年頃アウラングゼーブは、マンサブ授与とジャーギール給付を管轄する軍務長官に対して、新規のマンサブダールの登用を控えるよう厳命したほどである［ML: ii, 411-412］。

この「危機」には別の要因も与っている。第一は地税評価額と実税収額との乖離である。後者が前者に及ばない事例は数多く、シャー・ジャハーン時代の

デカン地方では後者が前者の 3 分の 1 に及ばない場合さえあった。そのため、この君主の時代に、軍事義務の軽減と引き換えに、年給額満額 12 カ月分に対して「○カ月分」という月数表示を行い、俸給の減配を合理化する方法が導入された。第二はジャーギールを数年ごとに所替えする運用である。長期的な経営を展望しない徴税権者として、ジャーギールダールが農村に対する誅求と荒廃をもたらしたという観察は、フランス人旅行者ベルニエも書き残している [Bernier: 187]。実税収額の不足はこの傾向を助長したはずであり、ハビーブの研究は 17 世紀末以降の資料からうかがえる税収額の増加に収奪の強化を見出す。この「農業の危機」もジャーギール制度ひいてはマンサブ制度の機能不全を意味するものであり、帝国崩壊のもう一つの側面をなすというわけである。

　帝国における人的統合の制度はおよそ百年あまり存続した後、その機能を失ったことになる。18 世紀初頭以降の制度の展開は本章の範囲の外にあるが、ラージャスターン地方のカチュワーハ家の動向についてグプタの研究が例証したとおり、頻繁に所替えが行われていたジャーギール用地を、有力なマンサブダールが徴税請負を通じて自らの本拠地の近くに集積することが行われるようになる。グプタによればその過程を通じて、耕地面積は増大し、農産も向上したという [Gupta 1986]。

　帝国の財政措置としての分与地が地域社会の有力者によって集積される現象は「生計補助」の場合にも看取できる。そしていずれの場合においても、新たな地域社会は帝国の制度のなかから登場した。18 世紀におけるこれらの展開を、帝国の崩壊の過程と見るか、新たな地域社会の興隆と見るか、研究者の解釈は分かれる [Sheth 2018]。マンサブ制度が帝国の人的統合としての機能をその時期までに失っていたことは確かであるが、この制度が 18 世紀中に帝国とともに解体されたと見るか、18 世紀以降のインド史に連続して展開したと見るか、なお研究を要する。

参考文献

AA: Abū al-Faḍl, *Ā'īn-i Akbarī*, H. Blochmann (ed.), 2 vols., Calcutta: Asiatic Society of Bengal,

1867-1877.

AA（Add. 6552）: *Ā'īn-i Akbarī*, MS. British Library, Add. 6552.

AA（Jtr.）: 二宮文子・真下裕之・和田郁子訳注「アブル・ファズル著『アーイーニ・ア
クバリー』訳注」(1)―(12)『紀要』（神戸大学文学部）40(2013)-51(2024).

AN: 'Abū al-Faḍl, *Akbar Nāma*, Āghā Aḥmad 'Alī & 'Abd al-Raḥīm（eds.）, 3 vols., Calcutta:
Asiatic Society of Bengal, 1877-1886.

Bernier: ベルニエ『ムガル帝国誌』関美奈子・倉田信子訳、岩波書店、1993.（François
Bernier, *Voyages de François Bernier docteur en medecine de la faculté de Montpellier*. 1668）

BNL: 'Abd al-Ḥamīd Lāhawrī, *Bādshāh-Nāma*, Kabīr al-Dīn Aḥmad & 'Abd al-Raḥīm（eds.）, 2
vols., Calcutta: Asiatic Society of Bengal, 1866-1868.

BNQ: Muḥammad Amīn Qazwīnī, *Bādshāh-Nāma*, MS British Library, Or. 173.

BNW: Muḥammad Wārith, *Bādshāh-Nāma*, MS British Library, IO Islamic 324.

Hawkins: "William Hawkins, (Captaine William Hawkins, His Relations of the Occurents Which
Happened in the Time of His Residence in India, in the Country of the Great Mogoll)," William
Foster（ed.）, *Early Travels in India, 1583-1619*, London: Humphrey Milford, Oxford University
Press, 1921.

JN（A）: Nūr al-dīn Muḥammad Jahāngīr, *Jahāngīr Nāma*, Syud Ahmud Khan（ed.）, Ghazeepore
& Ally Gurh, 1863-1864.

JN（T）: Nūr al-dīn Muḥammad Jahāngīr, *Jahāngīr Nāma*, Muḥammad Hāshim（ed.）, Tehran:
Bunyād-i Farhang-i Īrān, 1359 Sh.

MA: Bakht-āwar Khān, *Mir'āt al-'Ālam*, Sajida S. Alvi（ed.）, Lahore: Research Soceity of Paki-
stan, 2 vols., 1979.

MI: Ānand Rām Mukhliṣ, *Mir'āt al-Iṣṭilāḥ*. C. Shekhar, H. Qilichkhānī & H. Yūsufdihī（eds.）,
Tehran: Nashr-i Sukhan, 1395 Sh.

ML: Khāfī Khān, *Muntakhab al-Lubāb*, Kabīr al-Dīn Aḥmad, Ghulām Qādir & Wolseley Haig
（eds.）, 3 vols., Calcutta: The Asiatic Society of Bengal, 1860-1925.

Pelsaert: Francisco Pelsaert, *De Geschriften van Francisco Pelsaert over Mughal Indië, 1627:
Kronik en Remonstrantie*, D. H. A. Kolff & H. W. van Santen（eds.）,'s-Gravenhage: Martinus
Nijhoff, 1979.

TA: Niẓām al-Dīn Aḥmad, *Ṭabaqāt-i Akbarī*, B. De & Muḥammad Hidāyat Ḥusayn（eds.）, 3 vols.,
Calcutta: The Asiatic Society of Bengal, 1913-1941.

Tratado: Anonym, "*Tratado da Corte, e Caza de Iamguir Pachá Rey dos Mogores*," Jorge Flores
（ed.）& tr., *The Mughal Padshah: A Jesuit Treatise on Emperor Jahangir's Court and
Household*, Leiden: Brill, 2016.

真下裕之 1999「*Akbar Nāmah* と *Ṭabaqāt-i Akbarī*――manṣab 制度史研究序説」『西南アジ
ア研究』51: 43-74.

――― 2019「ムガル帝国宮廷における贈与儀礼とマンサブ制度」『メトロポリタン史学』
15: 49-99.

――― 2023「ムガル帝国における国家・法・地域社会」林佳世子責任編集『岩波講座世界歴史 13　西アジア・南アジアの帝国　16 ～ 18 世紀』岩波書店

Alam, Muzaffar. 1986 *The Crisis of Empire in Mughal North India: Awadh and the Punjab*, Delhi: Oxford University Press.

Athar Ali, M. 1997（1966）*The Mughal Nobility under Aurangzeb*, Delhi: Oxford University Press.

―――. 1985 *The Apparatus of Empire: Awards of Ranks, Offices and Titles to the Mughal Nobility（1574-1658）*, Delhi: Oxford University Press.

Flores, Jorge. 2016 *The Mughal Padshah: A Jesuit Treatise on Emperor Jahangir's Court and Household*, Leiden: Brill.

Gupta, S. P. 1986 *The Agrarian System of Eastern Rajasthan（c. 1650-c. 1750）*, New Delhi: Manohar.

Habib, Irfan. 1985 "Manṣab Salary Scales under Jahāngīr and Shāhjahān," *Islamic Culture* 59, no. 3: 203-228.

―――. 2014（1963）*The Agrarian System of Mughal India 1556-1707*, Third Edition, New Delhi: Oxford University Press.

Moosvi, Shireen. 1980 "Share of the Nobility in the Revenues of the Akbar's Empire, 1595-96," *Indian Economic and Social History Review* 17, no. 3: 329-341.

―――. 1981 "The Evolution of the Manṣab System under Akbar until 1596-7," *Journal of the Royal Asiatic Society* 1981: 173-185.

―――. 2015（1987）*The Economy of the Mughal Empire c. 1595: A Statistical Study*, Revised and Enlarged Edition, New Delhi: Oxford University Press.

Qaisar, Ahsan Jan. 1967 "Distribution of the Revenue of the Mughal Empire among the Nobility," *Proceeding of the Indian History Congress（27th session, Allahabad, 1965）*, 237-243.

Richards, John F. 1975 *Mughal Administration in Golconda*, Oxford: Clarendon Press.

Sheth, Sudev. 2018 "Revenue Farming Reconsidered: Tenurial Rights and Tenurial Duties in Early Modern India, ca. 1556-1818," *Journal of the Economic and Social History of the Orient* 61, no. 5/6: 878-919.

Trivedi, K. K. 1987 "The Share of Mansabdars in State Revenue Resources: A Study of the Maintenance of Animals," *Indian Economic and Social History Review* 24, no. 4: 411-422.

第11章 重なる紐帯、移ろう信頼
──ロシア帝政末期アストラハンのムスリム社会

長縄宣博

はじめに──垂直方向の相互関係から水平方向の連帯へ

　1909 年 3 月 14 日正午、カスピ海北岸のヴォルガ川河口にある港町アストラハンで殺人事件が起こる。ダゲスタン出身のハジムラトという男が、タタール人の通行人サディク・マクスードフを刃物で刺したのだ［Idel 17.03.1909: 3］。1 週間後、地元のタタール語紙『イデル（ヴォルガ）』に煽情的な記事が掲載される。それによれば、すべてのコーカサスの人びと、とりわけダゲスタン出身者には良心、人道、慈悲が欠如しており、激情に任せて刃物や銃を取って身勝手な目的を達成しようとする。そして毎年のようにタタール人がその横暴で野蛮な襲撃の犠牲になっているのだった。さらにこの新聞は、ムスリムの学校にもコーカサス出身で同様に粗野な教師が勤めていると指摘し、コーカサスの殺人者を矯正することは無駄だから、学校や商売からこのような野蛮な連中を追放せよと呼びかけた［Idel 24.03.1909: 2］。

　タタール語紙が表明したコーカサスの人びと全体に対するあからさまな敵意は、とりわけアストラハンのイラン人とアゼルバイジャン人を激昂させる[1]。イラン商人の頭であるザイナブディン・サファロフは、『イデル』と競合する地元のアゼルバイジャン語紙『進歩の証明』にイラン人を代表して抗議文を掲

---

1)　ロシア帝国支配下の南東コーカサスのムスリムとその言語を指す「アゼルバイジャン」が広く普及し始めたのは、20 世紀初頭にすぎない。とりわけ 19 世紀前半にアラス川にロシア・イラン国境が引かれた時期の同地域では、人びとの文化も自意識もイランと密接に結びついていた［塩野崎 2017］。本章は、特記しない限り、概ね現在のアゼルバイジャン共和国領の出身者をアゼルバイジャン人、現在のイラン領の出身者をイラン人と便宜的に呼ぶ。

載した。それは、イランの立憲革命が制圧されている時に、助けを求めるイラン人の声に熱烈に応えているコーカサスのムスリムを侮辱することを遺憾千万と難じる内容だった［BT 18.04.1909: 6-7］。『進歩の証明』に掲載された他の記事にもよれば、これらのイラン人とアゼルバイジャン人はタタール語を読まないので、コーカサスの人びとへの侮辱を『イデル』で直接読んだわけではなく、バクーの一新聞から知ったことがわかる。しかも、『イデル』への怒りの抗議はギャンジャ（現在のアゼルバイジャン共和国西部）からも届いた［BT 10.04.1909: 5; 01.05.1909: 4-5］。

　タタール語紙はなぜ、これほど煽動的で排外主義的な主張をしたのだろうか。このタタール人の主張が、イラン人とアゼルバイジャン人の抗議を惹起したのはなぜだろうか。アストラハンでも、これら少数派のシーア派の人びとと多数派のスンナ派タタール人との間に宗派対立があったのだろうか。加えてこの事件は、アストラハンとバクーの間でのテュルク語を介した情報の行き交いにも光を当てている。本章は、ヴォルガ・カスピ水系で展開していた多民族のムスリムの交流と対立がロシアの帝国統治を背景に可能となっていた側面に着目する。専制権力や多民族を包摂する帝国秩序に対する信頼が揺さぶられた帝政末期、ロシアが結び合わせる多民族空間のなかでムスリムはどのように国家権力に向き合い、自律的な社会空間を形成していたのか。

　ソ連解体後30年のロシア帝国研究は、帝国が多宗教・多民族の集団を長期にわたり、矛盾を孕みつつ安定的に統合していた垂直方向の相互関係を解明してきた。帝政のイスラーム政策史とムスリム社会史の研究も、その方向で多大な貢献をし、ロシア帝国で「聖職者」と位置づけられたウラマーが、イスラーム法の適用を通じて個々のムスリム共同体と国家を仲介するだけでなく、師弟・婚姻関係を広域に張り巡らして地域の伝統や権威を体現していたことが明らかになっている［磯貝 2018; 磯貝・磯貝 2022; Arapov 2004; Crews 2006; Zagidullin 2007］。近年では、帝国の近代化の進展が帝国統治の礎を掘り崩していった側面に改めて光が当てられている。例えば、広大な版図をつなぐ鉄道・汽船・電信は、人びとの能動的な移動、都市化、思想の循環を促進し、「ロシア化政策」は多民族の間でロシア語を媒介に、商売や犯罪で協力関係を生み出し、専制や社会の矛盾についての認識も共有させた［Gerasimov 2018; Kane 2015; Meyer 2014;

Riga 2012; Tuna 2015]。また、身分・宗教の別を問わない司法制度はムスリムにイスラーム法を相対化させ、良心の自由は無神論を可能にし、新聞・雑誌の普及はムスリム社会内部の伝統的な権威を揺さぶった［長縄 2017a; Kirmse 2019; Steinwedel 2016; Werth 2014］。19 世紀後半から 20 世紀初頭にはロシア自体が、グローバルな過激思想の発信地だったこともここで想起しておいてよい［Hillis 2021］。従来のムスリム社会の伝統や権威の輪郭がもはや自明ではなくなり、多民族の同信者を含む外部の多様な人びと、新奇な思想や事件との接触が日常となる時、ムスリム社会内部では、どのような人びとが、どのような言葉を用い、その言葉をどのような形で実践していたのか。

　ここで強調すべきは、近代化する帝国の多民族社会がムスリムにも水平方向の連帯の可能性を開いたことである。とりわけヴォルガ・カスピ水系では、ロシア語だけでなくテュルク語がそうした結びつきを媒介していた。近年、19 世紀末から 20 世紀初頭の第 1 次グローバリゼーションと呼ばれる時代に関する研究は、無政府主義者や社会主義者など、地表を覆う帝国に抗う人びとのネットワークやコスモポリタンな経験の解明で大きな成果を上げている。ナイル・グリーンが「蒸気と印刷の時代」と呼ぶこの時期に抵抗者たちは、諸帝国が張り巡らす交通機関や通信手段を活用して権力の追跡から逃れ、ヨーロッパや南北アメリカに赴き、似た境遇の人びとと出会い、それぞれの出身地の帝国秩序の転覆を構想していたのだ［Green 2013］。コミンテルンやソ連が成立する以前、社会主義のさまざまな党派、アナーキズム、立憲主義、反帝国主義、ナショナリズム、さらにはイスラーム主義の境界は未分化で、抵抗者たちはローカルな問題の処方箋として、グローバルなさまざまな思想を折衷することが普通だった［Alavi 2015; Berberian 2019; Harper 2021］。

　本章の着想で特に重要だったのは、ベイルート、アレクサンドリア、カイロといった東地中海の港町のつながりから抵抗と相互扶助の思想が拡散する様を活写したイルハム・フーリー＝マクディシーの本である［Khuri-Makdisi 2010］。その着眼点から、ロシアの 1905 年革命に関してソ連初期のタタール知識人が書いた記録を読み直してみると、ニジニノヴゴロド、カザン、アストラハン、バクーといったヴォルガ・カスピ水系の移動がタタール人革命家の活動を形作っていることに気づく［Ibragimov 1926］。本章は、国家権力やムスリム社会の

伝統と権威に抗う若者の結節点としてアストラハンを捉え、そこで展開された
テュルク語の反逆の言葉を分析する。

　そのための中核となる史料が、冒頭でも参照したアストラハンのアゼルバイ
ジャン語紙『進歩の証明』である。ロシア帝国のイスラームに関する研究のな
かでアストラハン自体がヴォルガ・ウラル地方とコーカサスの狭間で盲点にな
っているため、この新聞を分析の中心に据えた研究は、管見の限り存在しない。
帝政期アストラハンの多民族のムスリム社会については、近年ようやくマリー
ナ・イマーシェヴァがロシア語の文書を渉猟してその全体像を俯瞰したものの、
『進歩の証明』を含めテュルク語史料までは使っていない［Imasheva 2015; 2016］。
テュルク語を用いる研究では、アストラハンがヴォルガ・ウラル地方とダゲス
タンのスーフィー教団（ナクシュバンディー教団の支脈ハーリディーヤ）の結節点
の一つだったことを示すものがある［Kemper 2002; Shikhaliev & Kemper 2017;
Shikhaliev & Kaiaev 2024］。アレン・フランクも、ニジニノヴゴロド出身のジハン
シャー b. アブドゥルジャッバールが 1907 年に出版した『アストラハン史』を
分析し、そこに現れるウラマーの系譜やダゲスタン出身のスーフィーも含む聖
廟をとりわけ重視している［Frank 2001; 2016: 176, 186-187］。本章でもこの著作
は重要な史料となるが、著者のアブドゥルジャッバールはフランクの想定する
ような伝統的で敬虔な「スーフィーの歴史家」ではない。この『アストラハン
史』自体、『進歩の証明』と同じ印刷所から出ているにもかかわらず、フラン
クはこの新聞を読んでいない[2]。実はアブドゥルジャッバールは、新聞が刊行
されていた 1906 年から 1911 年の間に少なくとも 17 篇の詩と 9 本の記事を掲
載しており、それらはウラマーやスーフィーの既存の伝統や権威を非難し、ヨ
ーロッパ発の新しい生活にムスリム社会を変えていきたいという当時の若者の
渇望を反映している。つまり、ニジニノヴゴロド出身の反骨のタタール人青年
がアストラハンのアゼルバイジャン語紙に活動の場を見出していたことになる。
これは、冒頭の事件が一見示唆しているような「宗派対立」とは様相が異なる。
このような協力と敵対の動態はどのように説明できるだろうか。

　本章はまず、伝統的な知的紐帯と急進的な活動家の連帯がヴォルガ・カスピ

---

2)　『アストラハン史』の発行と販売店の情報も『進歩の証明』に掲載されている［BT 14.12.1907:
　4; 22.02.1908: 4］。

水系で重なる状況を概観する。次に反骨の若者たちが『進歩の証明』で展開した論説から、彼らがどのような思想を折衷して、ムスリム社会さらには帝政の変革を構想していたのかを分析する。そして、そのようなタタール人の青年、アゼルバイジャン人、イラン人の交流が、タタール人の伝統的権威を代弁する地元紙『イデル』から宗派対立を煽るような反応を引き起こしたことを描く。

1　重なる紐帯──ヴォルガ・カスピ水系の人の移動

　ヴォルガ・カスピ水系は、9-10世紀には突厥の一派でユダヤ教を奉じるハザル・カガン国、テュルク系イスラーム王朝のブルガール王国、スカンディナヴィアから南下したリューリク一族が建てたキエフ・ルーシが富をめぐって競う国際貿易の幹線だった［イブン・ファドラーン 2009］。ヴォルガ流域がロシアの支配下に入るのは、モンゴル帝国の末裔であるカザンとアストラハンの政権を征服した16世紀半ばである。この過程でカザンと比肩する商業拠点となったのがニジニノヴゴロドであり、17世紀前半には定期市が定着した。しかし、ノガイやカルムィクなどの遊牧民が闊歩するドン川からヴォルガ下流域には、スラヴ系を含む多くの逃亡者や避難民がコサックという独自の集団を形成し、スチェンカ・ラージンのような人物がカスピ海やヴォルガ川にまで略奪を繰り広げた［Khodarkovsky 2002］。18世紀初めには、スウェーデンとの北方戦争に伴う増税で、アストラハンで地方長官が処刑される反乱が起こった。ピョートル大帝は、カスピ海の両岸にも軍を送り、ロシアはこの地域の複雑な政権や民族集団と深く関わるようになる［Kurukin 2010］。

　アストラハンでは18世紀末まで、ムスリムが中央アジアやイランとの国際貿易に従事し、ロシア人やアルメニア人が漁業、海運、不動産を扱うという分業があった。18世紀末までには、イラン出身の商人たちがモスクと墓地を備える明確なシーア派共同体を形成し始め、19世紀初めにはロシアの大商人身分に登録し、ニジニノヴゴロドの定期市、さらにモスクワとサンクトペテルブルグにも商品を運んだ。この「イラン人」のなかには現在のアゼルバイジャン共和国にあたる地域の人びとも多く含まれる。19世紀前半にロシアはコーカサス征服に加え、イランとオスマン帝国と戦争を繰り返したから、「イラン人」

第11章　重なる紐帯、移ろう信頼──223

はロシア軍の兵士、武器・弾薬、食糧などの輸送をカスピ海で支え、アルメニア人やロシア人を退けながら、カスピ海の海運を牛耳るまでに成長した。ロシアのコーカサス併合はロシア内地の商業圏との連結も意味し、「イラン人」事業家はそこに活路を見出す。他方で、19世紀に入るとヴォルガ中流域やウラル地方から商機を求めてタタール人もアストラハンに流入し、1840年代にはカザン県出身のカザコフ家のように大商人になる者も現れた。確かに、1830年代からロシア・中央アジア貿易は、内陸部のオレンブルグ経由に重心を移しつつあったから、アストラハンの重要性は低下する［Imasheva 2016: 75-76, 80, 100, 117, 121, 125-126, 130, 133, 150］。しかし、イランから乾燥した果物、魚、綿花を輸入し（綿花はモスクワや北西部の工場に納入）、アストラハンから木材や塩を輸出する交易は、20世紀初頭に至るまで活力を保つ［BT 7.01.1911: 1］。

　19世紀末までにアストラハンの人口は約11万人で、多数派の正教徒に続いてムスリムが10％、アルメニア人が6％だった。タタール人が10以上のモスクを運営し、シーア派のモスクが1つ、アルメニア使徒教会が1つあり、それぞれの共同体が相互扶助のための組織を持っていた［Pamiatnaia knizhka 1900: 4-5, 73, 77, 153-155］。数は少ないものの、アゼルバイジャン人は果物の商売を手掛け、ニジニノヴゴロドの定期市に赴く者から、バクーに本拠のある海運業や石油事業の支社をアストラハンに置くタギエフ、アサドゥラエフ、ウセイノフ（フセイノフ）、バギロフのような大企業家までいた［Imasheva 2015: 84-89］。アストラハンで最も有力なアルメニア人に数えられるリアノゾフ家は、イランのアンザリー湾を中心にチョウザメ漁を独占していた［李 2024: 第5章; Kugrysheva 2007: 92-94; Astrakhan' 2004: 122, 124-127］。庶民に目を転じると、ムスリムは実に多様な仕事に就いた。ロシアの統計で「タタール人」と分類されるなかにはおそらく南東コーカサスのムスリムも含まれるが、馬車運送業（63.7％）、飼料生産（22.0％）、家畜・小麦を除く農産物販売（19.5％）、召使・日雇い（10.5％）、建設業（7.0％）、金属加工（7.0％）、仕立て（5.5％）に多かった（カッコ内は各職種内の割合）［Perepis' 1897: 2, 4, 40-41, 90-91, 118-119］。また、アストラハンには漁業や港湾施設に多くの季節労働者が押し寄せた［Irshad 22.06.1906: 4］。9月から6月にかけては数千の男女が、カスピ海のイラン岸にまで赴いて、チョウザメなどの魚の加工に従事した（アストラハンの塩もまた重宝された）［Ataev 1989:

51-52, 70-74]。そして、カスピ海において船荷の積み下ろしの人足や水夫の実に半数が、西北イラン、南東コーカサス、ダゲスタン、ヴォルガ流域のムスリムだったと推計される［Guseinova 1981: 51-57］。

　多民族の交錯するアストラハンでは、19 世紀末から 20 世紀初頭にも国家権力が制御不能となる事態が生じた。コレラの流行をきっかけに 1892 年 6、7 月に起きた反乱は、その後ヨーロッパ部ロシアに広がった騒擾のはしりだった［Henze 2011: 62-67］。アブドゥルジャッバールの『アストラハン史』によれば、日に 400-500 人の死亡者が出るなか、医師たちは街で病人を発見すると病院に収容し、死亡者を葬儀なく埋葬した。これに怒った住民は、病院を襲撃し、何人かの医師も一緒に焼き払った。暴徒が知事公邸にも投石したことを受けて、知事は軍に発砲を命じ、それが多くの犠牲を出した。その後、隣のサラトフ県から 2000 人の兵士が 3 カ月駐屯した［al-Nizhgharuti 1907: 18-19］。また、1905 年革命時にアストラハン県は、ヴォルガ・ウラル地方で最も激しい労働者のストライキが起こった地域の一つだった。漁民は行政による漁場の管理に抵抗し、金属・船修理工は組合を組織し、タタール人やカザフ人を含む塩田労働者は過酷な労働と悲惨な生活の改善を要求した［Revoliutsionnoe dvizhenie 1957: 8, 11, 14-15, 46, 150, 226-228, 377-379, 391, 418-420, 437-439］。さらに、アストラハンの港湾労働者や水夫は、カスピ沿岸の水夫の連帯をめざす組合に加え、中央ロシアへの石油供給を麻痺させた 1907 年 3、4 月のバクーでの水夫のゼネストにも関係していた。この両方の組織には、アゼルバイジャン人のボリシェヴィキ団体「ヒュンメト（情熱）」が参画していた［Guseinova 1981: 94-99, 108-113; Revoliutsionnoe dvizhenie 1957: 39, 453］。

　このように人の流動性の著しいヴォルガ・カスピ水系ではムスリム社会にも、さまざまなつながりが重なり合っていた。アブドゥルラフマン b. アブドゥルワッハーブは、『進歩の証明』紙と競合する『イデル』紙を支えるタタール人の宗教権威の一人だった。その父アブドゥルワッハーブ b. アリー（1817-99 年）は、半世紀にわたって町の第 9 モスクのイマームとマドラサの教授を務めた。クルアーンの読誦学に秀で、遠方からも生徒を集め、死の 1 年前にはカザンの商人カザコフがモスクを改築した［al-Nizhgharuti 1907: 20, 40-41, 43, 46; Fakhreddin 2010: 252］。この人物自身は、ペンザ県出身の先代のイマームで、カイロで 12

第 11 章　重なる紐帯、移ろう信頼 ―― 225

年学んだアブドゥルラヒム b. アーシュール（1848 年死去）から読誦学を学んだ [Fakhreddin 1905: 188]。彼のもう一人の師匠ウバイドゥッラー b. サプクル（1790-1853 年）は、ブハラで長年研鑽を積んだ学者だった [Fakhreddin 1905: 236-237]。さらにアブドゥルワッハーブは、ダゲスタンから亡命していたシャイフ・マフムード・アル＝アルマーリー（1810-77 年）からナクシュバンディー教団の支脈ハーリディーヤの道統も継いでいた [Kemper 2002: 52-53]。国家権力との関係は史料に現れないものの、信徒衆の静いに権力が招き入れられイマームの去就を左右する政治がロシア内地のムスリム社会で展開していたことからすれば [長縄 2017a; Crews 2006]、半世紀も権威を保ち、商人の支援を得ていたことは、アブドゥルワッハーブがロシア権力とも安定的な信頼関係を築いてきたことを示唆する。息子アブドゥルラフマンも、ヴォルガ・ウラル地方の知的伝統を体現していたのである [磯貝 2018; 長縄 2014]。

　タタール人は、テュルク語とロシア語を頼りに、カスピ海沿岸の多民族社会にも入り込んだ。ウファ県出身のペトロフスク（現マハチカラ）のイマーム、バヤジト・ハイルッラー＝オグルは、1906 年 6 月 11 日にダゲスタン人、イラン人、その他コーカサスの名望家とウラマーを集めた夕べの集いを催した。その目的は、カザン地方出身の貧しいムスリム労働者のためにモスクとマドラサを建てるのを支援する資金を集めることだった。そのための土地はすでに市当局から無償で割り当てられていた [Irshad 18.06.1906: 4; Shikhaliev & Kaiaev 2024: 37–38]。1 週間後、今度はムスリム労働者が集まって、会期中の第 1 国会への態度を議論した。彼らは、グルジア人の社会民主党員で議員のイシドル・ラミシヴィリに電報を打って、政府に嫌悪を示し、議会が正義を実現するように要求することを決議した [Irshad 23.06.1906: 3]。この二つの出来事は、バクーのテュルク語紙で報じられた。

　バクーには遅くとも 1880 年代にはタタール人社会が形成され、20 世紀初頭にはペンザ県出身のカイベレフ家がイマームを務める三つの教区（マハッラ）があった。1892 年にできた第 2 教区はスンナ派の共同体として、ダゲスタン出身のレズギ人も入ったが、人口も増え、言葉も慣習も異なるカザン・タタール人と一緒になるのを嫌う彼らは、別個の教区として分離する [ADTA 46/4/284/13-17]。1905 年に第 3 教区のイマームとなったザリーフ師は当初、アルメニア人から

226—— 第 III 部　帝国とコネクティビティ

家を借りて男女の学校を開いたが、その尽力を見たバクーの富豪ムルタザ・ム
フタロフが好立地に土地を購入して与えたので、学校、モスク、図書室、自宅
をそこに移した。ザリーフ師は町のムスリムの啓蒙団体にも参画した［BT
23.05.1907: 2-3］。第1、2教区の代表者は、バクー市当局、コーカサス総督、そ
してバクーの富豪タギエフやムフタロフを巻き込んで、募金活動を展開し、石
造モスクの建設に当てようとしたが、その資金の管理をめぐって教区内で紛争
が起こった［ADTA 46/4/247］。

　またバクーでは、タタール人の若者が過激化した。1905年革命の直後、カ
ザンで金持ちから金品を巻き上げる名うての暴力団を率い、ロシア人からアレ
クセイやアリと呼ばれたアグルッラー・ビラレッディノフは、ヴォルガ川に面
するカザン県テテュシュ郡の農民で、1889年から15年ほどバクーで働いた経
験があった［Ibragimov 1926: 79-80; Gerasimov 2018: 63］。ジャファル・ヤクボフ
（1875年生。ニジニノヴゴロド県の農民）、サディク・サゲエフ（1883年生。カザン
県出身の農民、カザンの工場地区の労働者）、シブガト・ガフロフ（1888年生。サラ
トフ県の農民）は、バクーのロシア社会民主労働党（共産党の前身）のコーカサ
ス支部に参画していた。そこには、有名なアルメニア人のステパン・シャウミ
ャン、グルジア人のセルゴ・オルジョニキゼ、そしてコバ・ジュガシヴィリ
（後のスターリン）がいた［Ibragimov 1926: 48-49, 82-83, 124-132; ADTA 46/3/172］。
これらの革命家が、イラン領から大挙する石油労働者の間で活動しながら自己
形成したことはよく知られている［八尾師 1998: 157-167; Atabaki 2007; Rieber 2001:
1670, 1672-73］。ペンザ県出身のロシア人石油労働者が水夫の運動の支援を仲間
に呼びかけて逮捕されると、その釈放を求めて夥しい数のアラビア文字の署名
が集まった［ADTA 46/3/264/12-12ob.］。ロシアの革命が終息すると、多くのアル
メニア人、グルジア人、アゼルバイジャン人がイランの立憲革命を護るための
闘いに身を投じた［Deutschmann 2013］。彼らはバクーの大企業家タギエフの所
有する汽船で海を渡り、ラシュトなどのイランの港に銃、弾薬、爆弾を輸送し
た［ADTA 46/3/442/1-2ob.］。

　このようにヴォルガ・カスピ水系で流動する多民族社会に躍動の可能性を見
出した人びとのなかに、『進歩の証明』の発行者ムスタファ＝ルトフィ・イス
マイロフもいた。

2　反骨の若者の連帯

　1873 年にバクー県シャマフ市に生まれた彼は、1886-1900 年に同市の高名な
法 官のマドラサに学んだ。マドラサ修了直後、南ウラル地方トロイツクの高
名なハーリディーヤの導師ザイヌッラー・ラスーレフ（1833-1917 年）からハデ
ィースを教授するための免許（ijazä）を得ている。父親が 1869 年にアストラハ
ンで始めた果実商を継ぐにあたり、彼はこの町のムスリム社会の権威と伝統を
誰が担っているのかを熟知していたのである［BT 22.06.1907: 1］。そして彼は
1902-05 年に、イスタンブルの帝立師範学校（Dar al-Mu'allimin）に留学している
［al-Nizhgharuti 1907: 21-23］。革命状況のロシアに帰国すると、イスマイロフはム
スリムの政治運動に傾倒し、1906 年 1 月に帝都サンクトペテルブルグ、同年 8
月にニジニノヴゴロドで開催された、全ロシア・ムスリム連盟を結成するため
の集会にも出席している［Bigi 1906: 17-19; 1917: 216; 長縄 2019; Iskhakov 2007］。
1905 年 10 月には、地元で商売を営むノガイ人ザーキル・ホジャエフ（1878-
1907 年）と協力して慈善組織「イスラーム評議会 Shura-i Islam」を設立し、町
の有産身分とカザン、ニジニノヴゴロド、ペンザの農民身分の若い活動家を集
めた［BT 18.03.1907: 1-2; Imasheva 2015: 150-152］。この協会は、男子校「道徳の
館 Dar äl-Ädab」と女子校「進歩の見本 Nämunä-i Taraqqi」を運営し、その資金
を確保するためにしばしばチャリティーの文芸娯楽を催した。そして、会長イ
スマイロフは 1906 年 6 月に印刷所「進歩の証明」を立ち上げ、同名の新聞を
発行し始める。ジハンシャー b. アブドゥルジャッバールはその設立メンバー
の一人だった［BT 14.12.1907: 2-3］。
　週に 4 号ほど出ていた『進歩の証明』は、イスマイロフ周辺の人間関係を生
き生きと伝える。掲載記事からはまず、イスマイロフが西欧に留学経験のある
アゼルバイジャン知識人に啓発されていたことが窺える。ヴォルガ・ウラル地
方のムスリムがクリミアのイスマイル・ガスプリンスキー（1851-1914 年）を挙
げるのと対照的に［Ross 2020: 145-149, 153-154］、イスマイロフはムハンマドア
ガ・シャフタフチンスキー（1846-1931 年）と彼がチフリス（トビリシ）で出して
いた『ロシア東方 Sharq-i Rus』紙をアストラハンのムスリムの進歩の始まりに

位置づける［BT 30.11.1906: 4; 塩野崎 2017: 231-233］。また、『進歩の証明』は、バクーのアフマド・アーオール（アガエフ 1869-1939 年）の『導き *Irshad*』紙から頻繁に記事を転載した［Meyer 2014: 45-47］。とはいえ、記事内容の地理的分布ではヴォルガ・ウラル地方に関するものが多く、新聞の販路もサマラ、クズネツク、ツァリーツィン（現ヴォルゴグラード）、グリエフ（現アティラウ）、ステルリタマク、ブズルク、オレンブルグ、トロイツク、ペトロパヴロフスク、コーカンドにある個人的なつながりに依拠していた［BT 30.11.1906: 1 などに掲載の広告］。しかし、新聞の経営は厳しかった。市内でも年間購読が集まらず資金は不足し、イスマイロフ自身、経営する学校の長としての給与の大半をつぎ込み、植字工の仕事もした［BT 17.06.1907: 1］。これに追い打ちをかけたのが、競合する『イデル』の支持者からロシア当局への通報に基づく、イスマイロフ自身の逮捕、家宅捜索、罰金、停刊措置だった。『進歩の証明』は 1907 年 6 月から 11 月、1908 年 11 月から 12 月、1910 年 3 月から 11 月に停刊に陥っている。そして 1911 年 5 月に廃刊に追い込まれ、イスマイロフもアストラハンを去り、2 年後にはイスラーム評議会も閉鎖した［Imasheva 2015: 143, 178］。

　『進歩の証明』の紙面では、当時の世界とロシアの情勢、そしてアストラハンのムスリム社会内部の出来事について、さまざまな思想が交差しながら解釈が示され、問題解決の道が模索される。とりわけ新聞の創刊した 1906 年は、ロシア史上初めての国会が 2 カ月余りで解散するなど、専制や治安当局の圧力が回復している時期だった。しかも国会解散と入れ替わる形で、今度はイランで立憲制が宣言される。さらに、ヴォルガ・ウラル地方から少なからぬ若者が留学していたエジプトでも、デンシャワイでの村人殺害を発端に、ムスタファ・キャーミル・パシャ率いるイギリスからの解放運動が盛り上がる［BT 10.12.1906: 4］。イスマイロフにとって、日露戦争での日本の勝利はロシアと世界のムスリムが変わる契機になるべきだった。日本人が専制体制の残忍とロシア臣民の無知を暴き出し、諸民族が権利を求めて政府と戦い始めた今、帝政が歴史的に保障してきた信仰の寛容の範囲でムスリムが自律的な生活をおくる程度の自由では、もはや不十分なのである［BT 17.11.1906: 4］。イスマイロフは、全ロシア・ムスリム連盟を政党とみなし、2000 万人のムスリムがその綱領を理解して一丸となって行動することを呼びかける。世界の 3 億 5000 万人のムスリム

が衰退したのは、他の人々に権利を奪われ、団結、熱意、努力が欠けていたからにほかならず、人口4億を超える中国が西欧人の卓布となり、人口5000万の日本が同じ卓布で食事をできるようになったのは、重大な警告（‘ibrät）なのだった［BT 15.12.1906: 1-2］。

　ロシアの議会制の命運が定まらないなか、『進歩の証明』はイランの革命と議会に多大な期待を寄せ、バクーの『導き』紙を引きながら情勢を伝えた。イランの立憲制の宣言には、ヨーロッパの列強に侵食され、無知の海に沈み、権力者の専横で麻痺してきたイスラーム世界の夜明けという歴史的な意義づけがなされる。オスマン帝国で権力者が劣化し、有能な人びとが無実の罪で虐げられているのとは対照的に、イランでは、国王の人道主義（insaniyyatpärvärlek）、法学者たちの努力（ijtihad）、権力の抑圧で極限に達した人民の覚醒によって立憲制が宣言され、イランの同胞たちに自由の太陽（hörriyat qoyashı）が昇った[3]。『進歩の証明』は、イランのムスリム同胞を祝福すると同時に、彼らの素晴らしい運動に耳をそばだて、彼らの前進から日々情報を得続けなければならないと読者に説く。イラン議会の審議で新聞が注目したのは、ロシア人の会社がイラン人の役人に賄賂を贈って不当に漁業権を得ているというアンザリーの漁民の訴えである。これに対して議会は、売国奴の役人を暴くべく調査委員会を設けることを決議した［BT 4.01.1907: 2］。アストラハンの読者には、このロシア人の会社がアルメニア人リアノゾフの企業であることは一目瞭然だっただろう。こうして『進歩の証明』は、ロシア内外のムスリム共同体を麻痺させ、破滅に陥らせ、人間性から逸脱させ、暗愚の海に浸す野蛮な専制が各国で粉砕されることを展望する［BT 7.01.1907: 2］。ここには、立憲主義と反帝国主義の交差を読み取ることができる。

　明確に反専制を打ち出すイスマイロフと『進歩の証明』は、ヴォルガ・カスピ水系で急進的な若者の受け皿にもなった。1905年末にカザンの治安当局の追跡を逃れて、アストラハンに移ったボリシェヴィキのザリフ・サディコフもその一人だ。イスマイロフは彼にイブラヒム・ムラトフの名で活動することを認める。『進歩の証明』で「イブラヒム」の署名付きの記事は、社会主義者の

3）　専制体制を批判しつつも、立憲制を宣言したモザッファロッディーン・シャーに対する評価は高い。その皇位継承者と臣民への遺言が『進歩の証明』に掲載されている［BT 22.06.1907: 4］。

過激な言葉遣いに溢れている。イブラヒムの眼には、アストラハンに押し寄せる失業者も資本主義の生産様式から疎外された人びとにほかならない［BT 31.10.1906: 2-3］。しかも官僚は資本家と結託して人民を搾取し、その税金で人民の子供たちを集めて警察・軍隊をつくり人民を弾圧している。人民を無知蒙昧に放置し、ユダヤ人への襲撃（ポグロム）やアゼルバイジャン人とアルメニア人の衝突を許している［BT 17.10.1906: 1; 27.10.1906: 1-2］[4]。イブラヒムは、政治権力を奪取してから資本家と闘争することを想定するが、暴力によるクーデターを唱えるわけではない。むしろ彼は法治国家を理想とし、直接・平等・秘密の選挙による代議制、立法・行政・司法の人民への移譲、官僚の説明責任、個人の自由、各民族の同権、間接税ではなく累進課税を求める［BT 4.10.1906: 1-3; 8.10.1906: 2]。彼は、政府がロシア人右翼の黒百人組の暴力に頼りながら秩序回復を図っていると見て、それをオスマン帝国のアブデュルハミト体制と比較し、第 2 国会も解散されるだろうと予言する（事実 3 カ月後の 1907 年 6 月に解散）［BT 21.02.1907: 2-3]。イブラヒムは 1908 年に再び警察から逃れるためにアストラハンを去る。しかし、ウファで拘束され、シンフェロポリとカザンの刑務所で 2 年間服役した末、1912 年には結核で瀕死に陥り、消息を絶つ［Ibragimov 1926: 82, 137]。

　イスマイロフが活動の場を提供した若者のなかには、ソヴィエト政権で指導者にまで上り詰める者もいる。後にタタール自治共和国の中央執行委員会幹部会議長となるブルハン・マンスーロフ（1889-1942 年）は、ヴォルガ川に面するサラトフ県フヴァルィンスク郡の農村からアストラハンに出てくる［BT 28.11. 1909: 4-5]。彼は『進歩の証明』でイスラーム世界の覚醒（intibah）について記事を書き、フランスとスペインが侵略するアラウィー朝モロッコの人びとの抵抗と青年トルコ革命を称賛し、イランの立憲革命を圧殺しようとするロシアの政策を難じる。彼は、外国のムスリムを単に称賛するだけではなく、ロシアの同じ被支配民族（millät-i mähkümälär）であるユダヤ人の経済的な成功を範にタタール人も行動を起こすべきだと訴える［BT 31.07.1909: 4; 16.08.1909: 6-7]。1920年 5 月末に自治共和国が成立すると、マンスーロフは赤軍のムスリム部隊で広く読まれた『赤軍 Qızıl Armiya』紙に「共和国と東方世界」という記事を掲載

4）　アゼルバイジャン人とアルメニア人の衝突については、Iskhakov［2007: 148-156]、Sargent ［2010] を参照。

している。そこで彼は、「ブルジョワ世界にとってイスタンブルが通商で占めているのと同じ位置を、革命家にとってタタール共和国が東方の政治で占めている」とし、タタール勤労者の自治がバシキール、カザフ、トルキスタンにおける共産主義の確立に貢献すると共和国の枠組みを正当化した［長縄 2017b: 188］。かつてアストラハンでイスラーム世界の覚醒に魅せられた青年は、今度は革命ロシアのムスリムが東方の革命を率いるのだと意気込んでいたのだ。

　マンスーロフと同じ年にイスマイロフが受け入れたのが、後にアゼルバイジャン共和国の人民委員会議議長（首相）となるナリマン・ナリマノフ（1870-1925 年）である。1905 年革命時にオデッサのノヴォロシア大学医学部にいた彼は、バクーのボリシェヴィキ団体「ヒュンメト」で頭角を現し、イラン人労働者の組織化に尽力した。革命後は、バクーやチフリスからイランの革命を支援する秘密結社を率い、オルジョニキゼらがラシュトに渡る手引きをした［Akhmedov 1988: 64-148］。1909 年 3 月にチフリスで拘束された彼は、2 年間コーカサスに住むことを禁じられ、10 月アストラハンに移ってくる。到着翌日の 10 月 7 日には、イスマイロフが自身のイスラーム評議会による教育と新聞の事業にナリマノフを案内している［BT 11.10.1909: 6-7］。流刑者を称賛するような『進歩の証明』の記事は検閲官の目に留まり、イスマイロフには 200 ルーブルの罰金が科された［BT 16.10.1909: 3-4］。しかし、ナリマノフは以降、自身の開業した診療所の広告のほか、コレラ、医学とイスラーム、女性などのテーマで『進歩の証明』に精力的に投稿している。また、劇作家でもある彼は、テュルク語演劇の振興にも尽力する。さらに、地元の市民大学も運営し、アルメニア人のシャウミャンやグルジア人のシャルヴァ・エリアヴァ（後にトルキスタンとコーカサスのソヴィエト政権で活躍）の合法的な教育活動と地下工作を助けた[5]。1913 年には市会議員に選出されるものの、翌年にはアストラハンを去る［Imasheva 2015: 132, 145-146, 162; Akhmedov 1988: 161-162］。

　ロシア権力に抗うイスマイロフは、町のムスリム社会の権威と伝統を代弁す

　5）　市民大学（Université Populaire/narodnyi universitet）とは、1899 年 10 月にパリで開校し、進歩的知識人と労働者が、異なる階級間の調和を目指した組織。アレクサンドリアでは、市自治体、ブルジョワジー、アナーキストの共同事業だった［Khuri-Makdisi 2010: 120-126］。『進歩の証明』も、諸民族との協力を通じた啓蒙を推進する場として、市民大学への寄付を呼びかけている［BT 06.12.1906: 3］。

るタタール人社会と異なり、水平方向に信頼関係を拡大することで、不安定な
がらも独自の地位を築いていた。伝統からはみ出た急進的な青年もそこに避難
所かつ出撃基地を見出した。しかし、伝統的権威を支持する人びとは、イスマ
イロフの宗派をあげつらって、彼の事業への信用を損ねようとする。

3 宗派の混交、競合、敵対

　ヴォルガ・ウラル地方のムスリム社会に関する研究で、スンナ派とシーア派
の政治化を扱う研究は存在しない。しかしこの地域のムスリムが抱いていた違
和感は、微妙な形で史料に表れる。1905 年革命時のムスリムの運動を克明に
記録したムーサー・ジャールッラー・ビギ（1875-1949 年）は、アフマド・アー
オールがペテルブルグで会ったヴォルガ・ウラル地方の代表者と帝国のムスリ
ム行政の改革について話し合おうとしなかったこと、1905 年 8 月にニジニノ
ヴゴロドの定期市で全ロシア・ムスリム大会が開かれた時、普段は挨拶もしな
いタタール人とコーカサスの商人が仲良くなったこと、しかしその後のムスリ
ム大会ではバクーの代表が緊張関係をもたらしたことに言及している［Bigi
1917: 9-11, 171, 174-175, 215］。ニジニノヴゴロドの定期市のタタール人は、コー
カサスの同業者を「クズルバシュ（赤い頭）」と蔑称している。アブドゥルジャ
ッバールは『アストラハン史』のなかで、なぜタタール人がそのような蔑称を
使ってシーア派を変節者と考えているのかを歴史から説明しようとする。それ
によれば、まずアッバース朝が預言者ムハンマドの従弟であり娘婿のアリーの
支持者を偽りの学派<ruby>さらには<rt>マズハブ</rt></ruby>不信者<rt>カーフィル</rt>と貶めたからであり、次に「クズルバシ
ュ」の由来となるターバンを付けたサファヴィー朝とオスマン朝が干戈を交え
たからだった［al-Nizhgharuti 1907: 33-35］。アゼルバイジャン人のイスマイロフ
と協力するアブドゥルジャッバールは、歴史のなかで相対化を図ることで、ア
ストラハンに潜在する宗派対立を和らげようとしていたように見える。
　『進歩の証明』は、アストラハンのシーア派社会の内側を窺える極めて例外
的な史料である。シーア派の人びとが自らの帰属を確認する最も重要な行事で
あるアーシューラーもアストラハンで行われた。ヒジュラ暦の 1 月であるムハ
ッラム月の 10 日に行われるこの行事は、アリーの次男フサイン（シーア派では

第3代イマーム）が、ウマイヤ朝カリフのヤズィードの軍にカルバラーで一族もろとも惨殺されたことを悼むものである。ただし、後述のように、アストラハンではシーア派の人びとが振る舞うご馳走、彼らの催すクルアーンの読誦会、さらには哀悼行列（ターズィエ）に、地元のタタール人や北コーカサスの人びとが混じるのは普通だった［BT 11.02.1907: 2; 15.02.1907: 2; 23.02.1907: 2-3］。シーア派の人びとにはナースィリーヤというモスクがあり、バクーから来た革命戦士（ムジャーヒド）も交えて、イランの専制に反対する政治集会が開かれることもあった［BT 22.06.1907: 3-4; 4. 01.1909: 3］。また、ムザッファリーヤ・マドラサという教育施設もあり、教師の一人ミールザー・サイフッラー・ハーンは、テヘランとカイロで修学し、アストラハンの前はダゲスタンのハサヴユルトのマドラサで校長をしていた。イラン商人の頭サファロフの息子も在学していた［BT 9.01.1908: 2; 22.04.1908: 3; 12.06. 1909: 3］。シーア派社会の行事で欠かせない来賓はイラン領事であり、アーシューラーはじめマドラサを財政支援するための各種集会に参加した［BT 14.03. 1908: 1-2; 2.02.1909: 3-4; 1.01.1910: 6］。ただし、集まった資金に対する領事館の杜撰な管理が抗議を引き起こすこともあった［BT 3.05.1907: 3］。1910 年の初めには、領事ほか実業家の尽力で、貧しいイラン人のための慈善協会（Anjuman-i Khairiya）が設立される［BT 5.02.1910: 4-5］。ロシア帝国のイスラーム行政では、アストラハンのシーア派の人びとは、チフリスのシーア派宗務局に照会していたようだ［ADTA 290/2/3280; 3334; 3575; Arapov 2004: 133-135］[6]。しかし、『進歩の証明』はバクーの『導き』と同調し、その局長（シェイヒュルイスラームと呼ばれる）がアルメニア教会の長に比べて信徒共同体に何ら有益な貢献をしていないと手厳しい［BT 7.12.1907: 1-2］。

　宗派の違いが政治化した背景には、イスマイロフのイスラーム評議会と競合するもう一つのムスリムの慈善組織の存在があった。1906 年に設立された「イスラーム協会 Jamʻiyat-i Islamiyya」は、町の宗教権威アブドゥルラフマン b. アブドゥルワッハーブや『イデル』紙の編集者アブドゥルラフマン・ウメロフらタタール人のウラマーが中核を占め、国家権力と事を構えない穏健な立場を採っていた。会長のアブドゥルラフマン（前者）を補佐したイスハク・イスカン

---

6)　他方で、バクーのタタール社会は、ウファの宗務協議会ではなくチフリスのスンナ派宗務局に照会していた。

デロフは、カザンのタタール師範学校の卒で、地元のロシア・タタール学校の教員であると同時にテュルク語出版物の検閲官も務め、県知事と県の教育長に情報を提供する協力者だった［Imasheva 2015: 163-167; 2016: 282, 373］。イスマイロフの見立てでは、ナリマノフの記事で罰金が科されたのは、ほかならぬイスカンデロフの仕業だった。

　この二つの協会が反目する一つの契機となったのが、1906年後半にアブドゥルラフマンの父の名を冠したワッハービーヤ・マドラサから学生が大挙して去った事件だった。ヴォルガ・ウラル地方では従来、農村部に学問の中心が点在していたが、19世紀末から20世紀初頭にかけてタタール人大事業家の集まるカザンやオレンブルグといった都市でマドラサが大規模化した。しかしそれは、ロシアの小さなムスリム社会ではイマーム職への就職難を深刻化させる。しかも従来のマドラサ教育では実社会で潰しが効かない。こうしてマドラサの学生自身が、普通教育科目の導入を要求し、保守的な師だけでなく改革に理解を示してきた師まで非難し始める。1905年以降の数年は、ヴォルガ・ウラル地方の他の場所でも過激な学生のマドラサからの追放、また学生の意思による離脱が生じた［Ross 2015; Tuna 2011］。ワッハービーヤ・マドラサの学生たちも、「アラビア語諸学 'ulum-i 'Arabiyya」つまり文法、教義（アカーイド）、道徳（アフラーク）、法源（ウスール）、クルアーンの解釈（タフシール）、預言者の言行録（ハディース）、法学（フィクフ）、韻律学に加え、「新しい科学 funun-i jadida」つまり歴史、地理、数学、自然科学、ロシア語の導入を求め、さらにマドラサの監査と衛生を整えることを要求した。そして要求が聞き入れられないと見るや、イスマイロフのイスラーム評議会が運営する「道徳の館」に退避した［BT 02.12.1906: 4; 06.12.1906: 3-4; 26.01.1907: 4］。この顛末をふまえ、アブドゥルジャッバールは二つの協会が口論する形の詩を書いている。

　　イスラーム協会：評議会よ、ないよ、お前には公正が／たくさんのムッラーを不信者呼ばわりして／悪い祈りから何も恐れずに／ムッラーたちを侮辱した

　　イスラーム評議会：ああ、哀れな旧い思考／ムッラーたちの目は見えていない／だから真実を語ろう／彼らではなく、二人の天使が（死後に信仰を確かめる）［BT 9.02.1907: 4］[7]

イスマイロフが革命家や反抗的な学生を匿い、独自の名声を獲得するのを目

の当たりにしたイスラーム協会の支持者が反撃の機会として目を付けたのが、アーシューラーだった。1909年1月19日の夕刻、イスラーム評議会の会議場にイラン領事も臨席して、クルアーンの読誦会が催された。クルアーンの各章の最後でイスマイロフに続いて出席者が「アッラーは偉大なり」と唱和すると、建物が震えるほどだった。そして、タタール人のイマームが預言者の子孫について、そしてイラン領事がムスリムの一体性について演説すると出席者は歓喜し、「道徳の館」の教師がカルバラーの悲劇について講話すると人びとは涙にむせぶ。その後、「道徳の館」の学生が神を称える歌をうたう。これを受けて会場では、カザンのタタール商人の先導で「道徳の館」のための募金も行われた。会はそれに飽き足らず、夜の街に哀悼行列で繰り出す。そこには領事のほか、タタール人のイマームと商人も同行した。シーア派モスクに着くと、そこでもカルバラーの講話が行われ、人びとの慟哭が建物を震わせる。解散したのは深夜1時半だった［BT 23.01.1909: 6-7］。

　ヴォルガ・ウラル地方では当時、マッカ巡礼や留学などオスマン帝国との往来を通じて聖典回帰の教育が普及しつつあり、それに伴い預言者の生誕祭（マウリド）が流行していた［長縄 2017a: 184-186］。実は、二つの協会がマウリドの行事を共催することもあった［BT 29.04.1907: 1-2］。アーシューラーにタタール人が参加していたように、預言者とその一族を敬愛するという意味ではシーア派とスンナ派の違いはなかった。ところが1週間後、イスラーム協会の運営する学校の教員ズィヤ・ナースィリーが『イデル』に、この混交を非難する記事を投稿する。ムスタファ・イスマイロフは来年には、「道徳の館」の学生に刃物と鎖を持たせて、イラン人と一緒に街を夜中に練り歩かせ、雄叫びを上げて自傷行為をさせるだろう。確かに、異なる宗派の人びとが調和し団結することは必要だとしても、一方が他方の慣習を模倣させてはならない。コーカサスやイランの人びとの間でも逸脱（ビドア）とみなされるような行為を純心なタタール人にまねさせるのは、ムスタファがイラン人の間で尊敬を集めたいからだ。クズルバシュから泣き方を教わって、数年後にはタタール人も本物のクズルバシュになって、自分たちの境遇を嘆くだろう、と［Idel 27.01.1909: 2-3］。これに激怒したイスマイロフは、

---

7)　フランクは『アストラハン史』の記述のみに基づいて、二つの協会の間に敵対関係はなかったとしているが、これは誤りである［Frank 2001: 307; al-Nizhgharuti 1907: 15］。

236 —— 第III部　帝国とコネクティビティ

長文の反論を『進歩の証明』に載せる。まずズィヤは、イスラーム協会の教員で同郷のサーリフを頼ってブルサ（イスタンブルの南の町）から出てきた流れ者の詐欺師だ[8]。預言者とその一族を愛することはシーア派に特殊なことではなく、地球上のムスリムに必要なことである。刃物と鎖による自傷行為が逸脱であることはシーア派の人びともよく心得ている。重要なことは、預言者とその子供たちの歴史をタタール人も一緒に知ることである。クルアーンも「信者はみな兄弟」（49章10節）と教えている。したがって自分たちは、クルアーンの読誦会を催し、イマーム・フサインがムスリム共同体に示した献身を道徳的な方法で説明しているのだ、と［BT 02.02.1909: 1-3］。イスマイロフは、スンナ派が多数派を占めるアストラハンのムスリム社会に、アーシューラーの実施形態を適合させていたのである。

　二つの慈善協会の競合が宗派対立の様相を呈する状況で、深刻な警告と受け止められたのが、1910年1月にブハラで生じたスンナ派とシーア派の流血の衝突だった。その直接の原因もまた、アーシューラーで公認の哀悼行列を催すシーア派の住民に対して、スンナ派のマドラサの学生が挑発したことにあった。その背景にはブハラ・アミール国で権勢を振るうイランの奴隷出身官僚の存在があった［Kimura 2012］。『進歩の証明』は、ロシア語の報道だけでなくオレンブルグのタタール語有力紙『ワクト（時）』からも情報を得ていた[9]。イスマイロフ自身が書いたと思しき記事ではまず、聖なるブハラのウラマーがこのように野蛮な内訌（フィトナ）でイスラーム世界（'Alām-i Islam）の顔に泥を塗ったことが非難される。しかもこの紛争の鎮圧にロシア軍が介入し、ロシア代表部がスンナ派とシーア派のウラマーの和解に介在していることもゆゆしき事態だった。そしてこれはアストラハンのムスリム社会にとっても対岸の火事では決してない。イスラーム協会の支持者はアストラハンのムスリムが無神論者のムスタファに忠誠（バイア）を誓っているなどと言い募り、第9モスクのイマームのアブドゥルラフマンは会衆に向けてシーア派とアーシューラーを侮辱する発言を続けている。そこでイスマイロフは、アブドゥルラフマンらタタール人のウラマーが一緒に哀

8）　ブルサ出身のサーリフについては、al-Nizhgharuti［1907: 21］。
9）　『ワクト』は、トルキスタンのロシア語紙だけでなく、ブハラにいる自身の特派員からも情報を得ていた［Vaqt 19.01.1910: 2; 21.01.1910: 2］。

悼儀礼に参加するように提案する。彼らが預言者一族について説明し、シャリーアに反する慣習を親切に批判してくれるならば、哀悼儀礼にある逸脱も静かになくなるだろう、と［BT 22.01.1910: 3; 29.01.1910: 7-8］。その1年後のムハッラム月に『進歩の証明』は、テヘランの民主派の機関紙『新イラン Iran-i Naw』に掲載されたカルバラー、ナジャフ、サーマッラーのシーア派の法学者(ムジュタヒド)の声明をテュルク語に訳して掲載している。それは、法学派の違いを越えて、ムスリムが一体となってオスマン帝国とイランを防衛し、ウンマを護ることに全身全霊を捧げようと呼びかけていた［BT 14.01.1911: 1-2］。イスマイロフは、ロシア権力に頼ることなく、少数派のシーア派が多数派のスンナ派と共通の語彙を見出すことで、アストラハンのムスリム社会の調和をめざしたのである。

おわりに——コスモポリタンなムスリム社会論へ

　タタール人のウラマーが中核を占めるイスラーム協会とアゼルバイジャン人の実業家が率いるイスラーム評議会の競合が宗派対立に転じていく背景には、ヴォルガ・カスピ水系における二つの異なる信頼関係の作り方があった。タタール人のウラマーは、ブハラに留学した学者がヴォルガ・ウラル地方に築いた学問の拠点を結ぶ師弟関係と婚姻関係を通じて伝統と権威を形成し、それがロシア権力やタタール商人の信用に支えられてきた。これに対して、ムスタファ＝ルトフィ・イスマイロフは、流動化する多民族社会で、従来の伝統や権威からはみ出た人びとを結びつけ、そこで名声を得た。もちろん、ロシア権力を味方につけたイスラーム協会は、公序良俗に反するという理屈をつけてイスラーム評議会の活動を掣肘できた。しかし20世紀初頭までに、水平方向の社会の流動は、垂直方向の統制をますます困難にしていた。アストラハンやバクーには、多民族の農民が港湾や油井の労働者として押し寄せ、ロシア権力に追われる反骨の若者が避難所を求めた。19世紀末から20世紀初頭には、コレラ騒動や革命のように、国家権力は多民族の交錯する反抗を制御できない事態に陥りさえした。また、対岸のイランでも立憲制を護る闘いが展開する。そして、急進的な青年たちの相互扶助のなかで、後のソヴィエト政権を担う指導者も生育していた。イスマイロフのイスラーム評議会は、短期間ではあったものの、

238 —— 第III部　帝国とコネクティビティ

ヴォルガ・カスピ水系の急激な社会変動に掉さし、多民族のムスリム社会をそこに適応させる試みだった。

帝国統治を掘り崩すような多民族の連帯を可能にしたのは、ロシアが広大な空間を結び合わせてきたからにほかならない。ヴォルガ・カスピ水系では、ロシア語だけでなくテュルク語がさまざまな思想の折衷を媒介し、宗派の違いに基づく統治制度の枠組みを越えた、より大きな共同体の一部としての自覚を促した。『進歩の証明』は、タタール民族、多民族構成の勤労者階級、議会に代表を送る国民としてのロシア・ムスリム、帝国主義に虐げられるムスリム世界、進歩する人類といった異なる範疇に読者を誘った。もちろん、イスマイロフが十分な購読者を集められなかったように、『進歩の証明』に集う活動家の影響力は限定的で、平均的なムスリムは個人を専ら信徒共同体にのみ結びつけていたのだと捉えることもできる［Tuna 2015: 165-166, 169, 232］。また、イスラーム行政における国家とムスリム社会との相互関係を分析する研究も、均質で明確な輪郭を持つムスリム社会を前提としがちである[10]。しかし、故郷の宗教権威から切り離され、ロシア権力に訴える術もなく、新聞の購読料よりもその日暮らしのほうが大切だったムスリムの農民や労働者が、政治的に混乱する新奇な都市生活を生き抜くには、それに説明を与える言葉に加え、宗派も民族も越えた同じ境遇の者同士の協力が不可欠だったはずだ。『進歩の証明』から垣間見えるのは、そのようなアストラハンの社会空間である。同語反復的なムスリム社会の定義ではなく、輻輳するさまざまな社会経済的な関係性のなかでムスリム個々人がどのように主体性を発揮しているのかを探究するムスリム社会論が求められるゆえんである。

現代世界では、主要都市にムスリムが住むことが普通であるものの、その市民としての統合に各国が悩んでいる。仮に法的に統合されても、その異質性が差異化、差別、排除の対象となり、「ホームグロウン」と呼ばれる過激な思想を身に付ける若者も後を絶たない。ヨーロッパやアメリカ大陸のような歴史上ムスリムの集住していなかった土地にムスリムが住むようになったのもまた、19 世紀末から 20 世紀初頭である。アストラハンやバクーは古くからのムスリ

---

10) ヴォルガ・ウラル地方のムスリム社会の輪郭が流動的なものから固定化する動態を描いた例外的な研究は、Kefeli［2014］。

ム地域ではあるものの、ヴォルガ・カスピ水系の多民族社会の急速な流動化の
なかで、こんにちの世界が直面している難題を先駆的に体現するようになった
のである。

参考文献

ADTA. Azərbaycan Respublikası Dövlət Tarix Arxivi. 本文中では順にフォンド/オーピシ/ヂ
ェーラ/リストを記す。

al-Nizhgharuti, Jihanshah b. 'Abd al-Jabbar. 1907 *Tarikh-i Astrakhan*, Astrakhan.

Bigi, Musa Jar Allah. 1906 *1906 sänä 16-21 avghustda ijtima' itmish Rusya möselmanlarınıng
nädväse*, Kazan.

―――. 1917 *Islahat äsasları*, Petrograd: Tipografiia M-A. Maksutova.

BT. *Borhan-i Taraqqi* 1906-1911 (引用数字は順に日. 月. 年：頁)

Fakhreddin, Rizaeddin. 1905 *Athar, ikenche jild, unberenche jöz'*, Orenburg: Möhämmäd Fatih
Kärimov Matbä'ası.

―――. 2010 *Asar, öchenche häm dürtenche tomnar*, Kazan: Rukhiiat.

Ibragimov, G. 1926 *Tatary v revoliutsii 1905 goda*, Kazan.

Idel. 1909 (引用数字は順に日. 月. 年：頁)

Irshad. 1906 (引用数字は順に日. 月. 年：頁)

Pamiatnaia knizhka. 1900 *Pamiatnaia knizhka astrakhanskoi gubernii na 1900 god*, Astrakhan.

Perepis'. 1897 *Pervaia vseobshchaia perepis' naseleniia Rossiiskoi imperii, 1897 g., vol. 2, Astra-
khanskaia guberniia*, St. Petersburg.

Revoliutsionnoe dvizhenie. 1957 *Revoliutsionnoe dvizhenie v Astrakhani i Astrakhanskoi gubernii
v 1905-1907 godakh: Sbornik dokumentov i materialov*, Astrakhan.

Vaqt. 1910 (引用数字は順に日. 月. 年：頁)

磯貝真澄 2018「ロシアのウラマーとイスラーム教育網に関する試論――19 世紀前半ま
　で」『史林』101/1: 116-149.

磯貝真澄・磯貝健一編 2022『帝国ロシアとムスリムの法』昭和堂

イブン・ファドラーン 2009『ヴォルガ・ブルガール旅行記』家島彦一訳注、平凡社東洋
　文庫

塩野崎信也 2017『〈アゼルバイジャン人〉の創出――民族意識の形成とその基層』京都
　大学学術出版会

長縄宣博 2014「イスラーム教育ネットワークの形成と変容――19 世紀から 20 世紀初頭
　のヴォルガ・ウラル地域」橋本伸也編『ロシア帝国の民族知識人――大学・学知・ネ
　ットワーク』昭和堂

―― 2017a『イスラームのロシア――帝国・宗教・公共圏 1905-1917』名古屋大学出

版会

―――― 2017b「反帝国主義の帝国――イスラーム世界に連なるソヴィエト・ロシア」宇山智彦ほか編『ロシア革命とソ連の世紀5　越境する革命と民族』岩波書店

―――― 2019「「ロシア・ムスリム」の出現」小松久男編著『1905年――革命のうねりと連帯の夢（歴史の転換期10)』山川出版社

八尾師誠 1998『イラン近代の原像――英雄サッタール・ハーンの革命』東京大学出版会

李優大 2024「浸潤する主権――ロシア革命後のロシア・イランの跨境史（1917年～1927年)」博士論文、東京大学

Akhmedov, T. 1988 *Nariman Narimanov*, Baku.

Alavi, Seema. 2015 *Muslim Cosmopolitanism in the Age of Empire*, Cambridge, MA: Harvard University Press.

Arapov, D. Iu. 2004 *Sistema gosudarstvennogo regulirovaniia islama v Rossiiskoi imperii (posledniaia tret' XVIII-nachalo XX vv.)*, Moscow: Moskovskii gosudarstvennyi universitet.

Astrakhan' 2004 *Astrakhan' - Gilian v istorii russko-iranskikh otnoshenii*, Astrakhan.

Atabaki, Touraj. 2007 "Disgruntled Guests: Iranian Subalterns on the Margins of the Tsarist Empire," T. Atabaki (ed.), *The State and the Subaltern: Modernization, Society, and the State in Turkey and Iran*, London: I. B. Tauris.

Ataev, Kh. 1989 *Politicheskie i torgovo-ekonomicheskie otnosheniia severo-vostochnogo Irana i Rossii v nachale XX veka (1900-1917gg.)*, Ashkhabad.

Berberian, Houri. 2019 *Roving Revolutionaries: Armenians and the Connected Revolutions in the Russian, Iranian, and Ottoman Worlds*, Berkeley: University of California Press.

Crews, Robert D. 2006 *For Prophet and Tsar: Islam and Empire in Russia and Central Asia*, Cambridge, Mass.: Harvard University Press.

Deutschmann, Moritz. 2013 "Cultures of Statehood, Cultures of Revolution: Caucasian Revolutionaries in the Iranian Constitutional Movement, 1906-1911," *Ab Imperio*, no. 2: 165-189.

Frank, Allen J. 2001 "Muslim Sacred History and the 1905 Revolution in a Sufi History of Astrakhan," D. DeWeese (ed.), *Studies on Central Asian History in Honor of Yuri Bregel*, Bloomington: Research Institute for Inner Asian Studies.

―――. 2016 "Muslim Cultural Decline in Imperial Russia: A Manufactured Crisis," *Journal of the Economic and Social History of the Orient* 59: 166-192.

Gerasimov, Ilya. 2018 *Plebeian Modernity: Social Practices, Illegality, and the Urban Poor in Russia, 1906-1916*, Rochester, NY: University of Rochester Press.

Green, Nile. 2013 "Spacetime and the Muslim Journey West: Industrial Communications in the Making of the 'Muslim World,'" *American Historical Review* 118, no. 2: 401-429.

Guseinova, D. S. 1981 *Rabochie-moriaki Kaspiia (90-e gody XIX v.-1907 g.)*, Baku.

Harper, Tim. 2021 *Underground Asia: Global Revolutionaries and the Assault on Empire*, Cambridge, MA: Belknap Press of Harvard University Press.

Henze, Charlotte E. 2011 *Disease, Health Care and Government in Late Imperial Russia: Life and Death on the Volga, 1823‒1914*, London: Routledge.

Hillis, Faith. 2021 *Utopia's Discontents: Russian Émigrés and the Quest for Freedom, 1830s‒1930s*, New York: Oxford University Press.

Imasheva, M. M. 2015 *Musul'manskoe predprinimatel'stvo Astrakhanskoi gebernii v kontse XVIII‒nachale XX vv.: ekonomicheskie i sotsial'nye aspekty razvitiia*, Astrakhan.

―――. 2016 "Sotsial'no-ekonomicheskaia i obshchestvennaia deiatel'nost' musul'manskogo predprinimatel'stva Astrakhanskoi gubernii (konets XVIII‒nachalo XX vv.)," Dissertatsiia na soiskanie uchenoi stepeni doktora istoricheskikh nauk, Groznyi.

Iskhakov, S. M. 2007 *Pervaia russkaia revoliutsiia i musul'mane Rossiiskoi imperii*, Moscow.

Kane, Eileen. 2015 *Russian Hajj: Empire and the Pilgrimage to Mecca*, Ithaca: Cornell University Press.

Kefeli, Agnès Nilüfer. 2014 *Becoming Muslim in Imperial Russia: Conversion, Apostasy, and Literacy*, Ithaca: Cornell University Press.

Kemper, Michael. 2002 "Khālidiyya Networks in Dagestan and the Question of Jihād," *Die Welt des Islams* 42, no. 1: 41‒71.

Khodarkovsky, Michael. 2002 *Russia's Steppe Frontier: The Making of a Colonial Empire, 1500‒1800*, Bloomington: Indiana University Press.

Khuri-Makdisi, Ilham. 2010 *The Eastern Mediterranean and the Making of Global Radicalism, 1860‒1914*, Berkeley: University of California Press.

Kimura, Satoru. 2012 "Sunni-Shi'i Relations in the Russian Protectorate of Bukhara, as Perceived by the Local 'Ulama," Tomohiko Uyama (ed.), *Asiatic Russia: Imperial Power in Regional and International Contexts*, London: Routledge.

Kirmse, Stefan. 2019 *The Lawful Empire: Legal Change and Cultural Diversity in Late Tsarist Russia*, Cambridge: Cambridge University Press.

Kugrysheva, E. V. 2007 *Istoriia armian v Astrakhani*, Astrakhan.

Kurukin, I. V. 2010 *Persidskii pokhod Petra Velikogo: Nizovoi korpus na beregakh Kaspiia (1722‒1735)*, Moscow.

Meyer, James H. 2014 *Turks across Empires: Marketing Muslim Identity in the Russian-Ottoman Borderlands, 1856‒1914*, New York: Oxford University Press.

Rieber, Alfred J. 2001 "Stalin, Man of the Borderlands," *American Historical Review* 106, no. 5: 1651‒91.

Riga, Liliana. 2012 *The Bolsheviks and the Russian Empire*, New York: Cambridge University Press.

Ross, Danielle. 2015 "Caught in the Middle: Reform and Youth Rebellion in Russia's Madrasas, 1900‒10," *Kritika: Explorations in Russian and Eurasian History* 16, no. 1: 57‒89.

―――. 2020 *Tatar Empire: Kazan's Muslims and the Making of Imperial Russia*, Bloomington: Indiana University Press.

Sargent, Leslie. 2010 "The "Armeno-Tatar War" in the South Caucasus, 1905‒1906: Multiple Causes, Interpreted Meanings," *Ab Imperio*, no. 4: 143‒169.

Shikhaliev, Shamil and Michael Kemper. 2017 "Sayfallāh-Qādī Bashlarov: Sufi Networks between the North Caucasus and the Volga-Urals," Michael Kemper and Ralf Elger (eds.), *The Piety of Learning: Islamic Studies in Honor of Stefan Reichmuth*, Leiden: Brill.

Shikhaliev, Sh. and Kaiaev I. 2024 *Nauchnye i religioznye kontakty musul'man Dagestana i Volgo-Ural'skogo regiona vo vtoroi polovine XIX – pervoi treti XX vv. (po materialam arabografichnykh istochnikov)*, Makhachkala: IIAE DFITs RAN.

Steinwedel, Charles. 2016 *Threads of Empire: Loyalty and Tsarist Authority in Bashkiria, 1552–1917*, Bloomington: Indiana University Press.

Tuna, Mustafa. 2011 "Madrasa Reform as a Secularizing Process: A View from the Late Russian Empire," *Comparative Studies in Society and History* 53, no. 3: 540–570.

―――. 2015 *Imperial Russia's Muslims: Islam, Empire, and European Modernity*, New York: Cambridge University Press.

Werth, Paul W. 2014 *The Tsar's Foreign Faiths: Toleration and the Fate of Religious Freedom in Imperial Russia*, Oxford: Oxford University Press.

Zagidullin, I. K. 2007 *Islamskie instituty v Rossiiskoi imperii: Mecheti v evropeiskoi chasti Rossii i Sibiri*, Kazan: Tatarskoe knizhnoe izdatel'stvo.

あとがき

　私が「イスラーム国家体系」に取り組んでみたいと思ったきっかけは、2016年1月に行った比較地域体系研究会での報告である。この研究会は、故大沼保昭先生（東京大学名誉教授）が主催されていたもので、国際政治や国際法の専門家の方々が主に参加されていた。もともとイランの地方や都市の社会史を専門としてきた私にとって、他の地域も含めたイスラーム史を、法学部の先生方の前で語ることはかなりの挑戦であった。しかし、恩師である羽田正先生の『イスラーム世界の創造』の出版（2005年）以降、こうした問題について自分なりに考えてみたいという欲求もあり、はからずも報告を引き受けたのである。報告内容はかなり荒削りかつ我田引水というべきものであったが、少なくともいわゆるイスラーム史と国際政治史、国際法史の間に大きなギャップがあって、その間を埋めるような仕事が必要であるということを痛感した。と同時に、歴史学のなかではイスラーム史や西アジア史は市民権を得て久しいが、社会科学の分野ではまだまだ居場所がないことを実感した。一方で、大学院時代に鈴木董先生の法学政治学研究科のゼミに参加したこと思いだし、そのときに学んだことが自分の糧となっていることに気づいた。

　学術変革領域研究と名前がかわった研究種目でのイスラーム信頼学プロジェクトの開始にあたって、領域代表の黒木英充さんに声をかけていただいたとき、やはり、社会科学にもインパクトのあるような成果をあげたいという誘惑に打ち勝つことができず、計画班の一つの代表をお引き受けした。黒木さんが提案されたコネクティビティという概念、国家にみるヒエラルキーとコネクティビティの相克など、いただいたアイディアでかなり頭を整理することができたように思う。たとえば、1990年代に日本のイスラーム史研究で盛んに議論されてきたネットワーク論についても、当時、私自身はあまり積極的に関わることができなかったのだが、その理由を30年たってようやく説明することができたような気がしている。

また、国家体系や国際法の成り立ちを考えるなかで、これらは、普遍的、中立的に全人類のために作られたというより、当時の強国が自らの利益を擁護し、正当化するために用いてきたことを理解した。このあとがきを書いている瞬間にも、明らかに国際法や人権に反する虐殺が中東で続いているにもかかわらず、それを擁護するような西側諸国のありようをみると、これまで主にヨーロッパ中心で作り上げられてきた学問には、根本的に欠けているものがあると考えざるをえない。それを万人に適用される普遍的なものにしていくのが、これからの学問的な課題であると思う。

　この間、コロナ禍などの困難もあったが、研究分担者の方々からはもちろん、国内・国外のさまざまな分野の研究仲間から多くの助力をえて、本書を何とかシリーズの一冊として刊行することができた。またもや、独りよがりの偏った書物であるかもしれないが、諸先生からいただいた学恩、研究仲間のご厚情に少しでも報いることができているなら、幸甚である。

　本書の刊行にあたっては、山本徹さんをはじめ、東京大学出版会の方々にたいへんお世話になった。また、校正や索引については守田まどかさんの手を煩わせた。心から感謝する次第である。

　なお、本書は、2024 年度文部科学省科学研究費学術変革領域研究（A）「イスラーム的コネクティビティにみる信頼構築：世界の分断をのりこえる戦略知の創造」計画研究「イスラーム共同体の理念と国家体系」（20H05827）の成果である。

　2024 年 11 月

近藤信彰

索　引

あ　行

アーイーニ・アクバリー　196-202, 204, 206-213

アーヤーン　186, 188

アウラングゼーブ　57, 58, 60-62, 64, 65, 68, 206, 207, 211, 212, 214

アクバル　57, 73, 74, 195-197, 201, 203, 205, 208-212

アストラハン　11, 219-225, 228-234, 237-239

アゼルバイジャン人　11, 219, 220, 222-225, 227, 228, 231-233, 238

アッバース朝　6, 10, 32, 77, 91, 99, 233

アデン　37, 38, 42, 44, 47-49, 51

アナトリア　27, 39, 87, 100, 119, 128, 130, 180, 185, 188

アハディー　201, 203-205, 210

アブデュルハミト 2 世　78, 81, 84, 90, 231

アフド　100-103, 105, 110, 113, 115

アフドナーメ　7-9, 18, 25-28, 31, 32, 100-106, 109, 113-115, 120-122, 124, 126, 129, 131, 136-149

アマーン　102, 110, 137

アラビア語　9, 29, 31, 40, 88, 153, 155-160, 162, 163, 169, 170, 235

アルメニア　41, 109, 141, 223, 224, 226, 227, 230-232, 234

アレクサンドロヴィッチ　6, 7

アンカラ　180, 184-188, 190, 191

イエメン　5, 37-52, 100, 128, 130

イギリス　23, 50, 51, 67, 78, 90, 92, 101, 110, 114, 126, 135-137, 140-143, 147-149, 163, 229

イスタンブル　8, 25, 30, 89, 101, 110, 111, 113, 114, 122, 123, 125-127, 138, 139, 145, 147, 176, 178, 181, 183, 184, 188, 191, 228, 232, 237

イスラームの家　3, 5, 11, 18, 99, 102, 119, 120, 122

イスラーム法　1, 3-5, 8, 9, 11, 18-20, 22, 24, 25, 28, 31, 43, 78, 85, 86, 89, 99, 111, 118-120, 137, 155, 159, 170, 176, 220, 221

イスラーム倫理学　29, 32

イブラドゥ　185, 188-191

イブラヒム・ハック　79-81, 84, 89

イラン　1, 20, 22, 30, 39, 57, 219, 220, 223-227, 229-232, 234, 236-238

イルミエ　10, 176, 177, 179-181, 192

インド　5, 11, 17, 22, 24, 37, 39, 41, 42, 44, 45, 48-52, 57-62, 64, 66, 69-72, 89, 196, 199, 204, 206, 210, 215

インド洋　37, 39, 42, 44, 45, 48, 49, 51, 52

ウェストファリア条約　1, 2

ヴェネツィア　8, 23, 27, 101, 103, 105-114, 129, 137-143, 147-149

ヴォルガ川　219-231, 233, 235, 236, 238-240

ウズベク　20, 22, 24, 28, 29

エジプト　20, 37, 39, 41, 42, 45, 49-51, 89, 100, 113, 114, 156-158, 163, 170, 177, 229

エチオピア　5, 37, 39, 40, 41, 45-52

王権　4, 5, 9, 10, 29, 32, 37, 38, 48, 49, 51, 52, 57, 62, 65, 71-75, 78, 82, 91

オスマン帝国　4-10, 17, 18, 20-22, 24, 26-32, 78, 79, 81, 83, 86, 87, 89, 99-103, 106-109, 113-115, 117-132, 136-140, 142, 143, 149, 150, 155, 158, 163, 170, 176, 177, 185, 192,

223, 230, 231, 236, 238
オランダ　24, 101, 126, 135-137, 140, 141, 143, 145, 147, 197

か 行

カーディー　10, 176-192, 203, 228
カイロ　156, 163, 221, 225, 234
学説　154, 159, 160, 166, 167, 169
革命　79-82, 84-86, 89, 163, 220, 221, 225, 227, 228, 230-233, 235, 238
下賜　37, 41, 42, 44, 47, 49-52, 144
カスピ海　11, 219-227, 230, 238-240
カピチュレーション　7, 121, 125, 136-138, 140-150
カリフ　4, 5, 18-20, 22, 32, 77-92, 234
カルロヴィッツ条約　121, 139, 140, 144, 146, 147
慣習　7, 24, 28, 30-32, 91, 99, 107, 109, 110, 112, 142, 154, 159, 160, 166, 168, 226, 236, 238
関税　37, 44, 47, 109, 112, 113, 137, 148
宮廷文学　64-66, 72, 73
キュチュク・カイナルジャ条約　77, 144, 146
居留　8, 101, 102, 104, 106, 110, 111, 113-115, 136-145, 147, 148, 150
ギリシア　1, 6, 31, 136, 180, 184
キリスト教徒　5, 7, 8, 31, 39, 48, 100-102, 119, 120
グジャラート　25, 51, 211
クリム・ハーン　8, 24, 101, 107, 114, 118, 121, 123-127, 129-131
クルアーン　1, 24, 26-28, 39, 101, 170, 225, 234-237
憲法　5, 78-85, 87, 88, 92
合意　9, 26, 102, 103, 110, 120, 131, 144, 153, 158-160, 165-167, 169
コウォジェイチク　27, 128, 130, 140, 144
紅海　49, 51, 52, 100
貢納　5, 60, 62, 65, 69, 101, 102, 107, 120, 122-127, 129, 130, 138
講和条約　28, 31, 136, 138-140, 144-147, 149
コーカサス　219, 220, 222-227, 232-234, 236
国際法の基礎づけ　9, 153-155, 157, 158, 160-162, 164, 165, 167, 169

さ 行

ザート値　197-199, 202, 203, 206-209
最恵国　139, 142, 143
サヴァール値　195, 203, 207, 209
サファヴィー帝国　18-24, 26-32
サラエヴォ　185-188, 190, 191
シーア派　11, 19, 20, 29, 220, 223, 224, 233, 234, 236-238
シェイヒュルイスラーム　22, 82, 85, 88, 176, 178, 180, 181, 184, 234
自然法　7, 9, 154, 155, 159, 161, 162, 164, 165, 167, 170
シチリア　110, 141, 145-149
実証主義　154, 155, 165, 170
ジハード　3, 4, 99, 102　→「聖戦」も見よ
シャー・アッバース　21, 26, 28, 29
ジャーギール　57, 208, 210-215
シャイバーン朝　19, 25
社会主義　90, 221, 230
ジャハーンギール　197-199, 201-203, 205, 209, 211
シャリーア　43, 82, 84, 99, 102, 118, 185, 190, 238　→「イスラーム法」も見よ
肖像画　68, 69, 71
商人　37, 44, 45, 47, 51, 101, 104, 106, 108-110, 112-114, 126, 137, 145, 147, 219, 223-226, 233, 234, 236, 238
職階制　10, 176, 178, 182, 183, 185, 186, 189, 191
シリア　37, 39, 42, 49-51, 90, 100, 113, 163
スィヤル　3, 18, 19, 99, 155, 170
スペイン　101, 103, 141, 145, 147, 149, 231
スレイマン I 世　22, 130
スンナ派　220, 226, 233, 236-238
「生計補助」　209, 212-215
聖戦　19-21, 89, 99　→「ジハード」も見よ
青年トルコ革命　79-81, 86, 231
戦争の家　3, 11, 18-20, 22, 99, 102, 119, 120, 122, 137
宗主国　117, 132
贈呈品　37, 41-44, 46, 49-52
属国　101, 102, 107, 113, 115, 117

た 行

大使　6, 8, 79, 110-114, 125, 143, 147, 149
タタール　107, 219-227, 231-239
地中海　11, 99-101, 103, 110, 113, 114, 136, 137, 142, 221
チッカ・デーヴァ・ラージャ　59, 61-65, 67-70, 72, 73
忠誠の誓い（バイア）　82, 83, 88, 237
通商条約　9, 136, 137, 140-150
テメッスク　26, 138, 140, 145-147
デリー　50, 57, 64-68, 70, 71, 211, 213
デンマーク　23, 141, 145, 146, 148, 149
トランシルヴァニア　101, 107, 114, 118, 120-127
トルコ語　22, 23, 78-81
奴隷　40, 44, 47, 49, 108-110, 112, 123, 125, 237

な 行

ナーイブ　10, 180-185, 187-190, 192
ネットワーク論　10

は 行

パーディシャー　78, 81, 84, 86, 91, 144
ハーリサ　210-213
バイロ　8, 110-114
バクー　220, 221, 224-230, 232-234, 238, 239
バグダード　21, 82
ハナフィー学派　3, 18, 20, 119, 120
ババンザーデ・イスマイル・ハック　82, 86-88
ハプスブルク　6, 101, 103, 104, 107, 114, 123, 124, 126, 129, 137, 139-141, 144, 146-148
バルカン　100, 103, 113, 118, 119, 139, 176, 177, 180, 185
ハルビー　102, 110, 113, 137
ヒンドゥー　5, 50, 57, 58, 63, 64, 72, 73, 213
ブハラ　23, 28, 29, 226, 237, 238
附庸国　8, 101, 117-125, 127-132
フランス　6, 8, 23, 87, 101, 103-108, 110-114, 126, 135-137, 140-143, 145-148, 156-158, 160-162, 167, 168, 215, 231
ペルシア語　10, 22-24, 26, 27, 29-32, 58, 66, 69, 78, 149
ベンガル　25, 51, 211

俸給　24, 179, 181, 195, 196, 199, 203, 206-215
法源　1, 153, 155, 157, 159, 160, 162, 165-170
ポーランド　8, 23, 26, 27, 101, 103-114, 123, 124, 126, 128-130, 138-140, 142-144, 146-149

ま 行

マイスール　5, 58-75
マドラサ　176-184, 186, 187, 225, 226, 228, 234, 235, 237
マムルーク朝　10, 20, 27, 49, 50, 100, 114, 136
マラーター　5, 58-73, 212
マンサブ制度　10, 195-198, 201, 203, 204, 206, 210, 212, 214, 215
マンサブダール　57, 73, 74, 195-212, 214, 215
ミュラーズィム　177-180, 186, 187
ムガル帝国　4, 5, 10, 17, 22-25, 29-31, 57, 58, 60-67, 69, 70, 72-74, 195-198, 203, 204, 208, 210, 214
ムスターミン　102, 110, 137
ムスリム　3, 9, 11, 18-20, 22-26, 30-32, 39, 40, 43, 45, 50, 57, 58, 60, 63-66, 69, 71-75, 77, 78, 84-86, 88-91, 99-102, 109, 120, 175, 177, 213, 219-239
ムハンマド・オスマーン・ジャラール　15
モルドヴァ　8, 101, 103, 104, 107-109, 114, 118, 120-128, 131

や 行

ユダヤ教徒　43, 100, 101
ヨーロッパ　2, 4, 6-9, 11, 18, 24, 26, 30-32, 99-103, 105, 113-115, 118, 121, 128, 129, 131, 132, 135-144, 149, 150, 153, 154, 162, 167, 221, 222, 225, 230, 239

ら 行

ラグーザ　8, 100, 118, 120-124, 126-129
ラピダス　9, 10
領事　8, 9, 110-114, 126, 137, 145, 147-149, 234, 236
ロシア　11, 23, 27, 29, 88, 92, 101, 121, 126, 130, 131, 135, 139-141, 144, 146-148, 220-235, 237-239
ワイト　2, 6, 7
ワラキア　8, 101, 104, 114, 118, 120-127, 131

索　引 — 249

執筆者紹介 （掲載順、*は編者）

近藤信彰 （こんどう のぶあき）*
1966 年生。東京外国語大学アジア・アフリカ言語文化研究所教授。東京大学大学院人文社会系研究科博士課程。博士（文学）。ペルシア語文化圏史。〈主要業績〉*Islamic Law and Society in Iran: A Social History of Qajar Tehran*, Routledge, 2017,『岩波講座世界歴史第 13 巻　西アジア・南アジアの帝国　16～18 世紀』（分担執筆、林佳世子責任編集、岩波書店、2023 年）。

馬場多聞 （ばば たもん）
立命館大学文学部教授。九州大学大学院人文科学府博士後期課程。博士（文学）。西アジア史・インド洋海域史。〈主要業績〉『宮廷食材・ネットワーク・王権――イエメン・ラスール朝と 13 世紀の世界』（九州大学出版会、2017 年）、『地中海世界の中世史』（共編著、ミネルヴァ書房、2021 年）。

太田信宏 （おおた のぶひろ）
1969 年生。東京外国語大学アジア・アフリカ言語文化研究所教授。東京大学大学院人文社会系研究科博士課程。博士（文学）。南アジア史。〈主要業績〉『現代インド 1　多様性社会の挑戦』（分担執筆、田辺明生・杉原薫・脇村孝平編、東京大学出版会、2015 年）、『前近代南アジア社会におけるまとまりとつながり』（編著、東京外国語大学アジア・アフリカ言語文化研究所、2017 年）。

藤波伸嘉 （ふじなみ のぶよし）
1978 年生。津田塾大学学芸学部国際関係学科教授。博士（学術）。近代オスマン史。〈主要業績〉『オスマン帝国と立憲政――青年トルコ革命における政治、宗教、共同体』（名古屋大学出版会、2011 年）、"The Ottoman Empire and International Law," Tony Carty (ed.), *Oxford Bibliographies in International Law*, Oxford University Press, 2021,『岩波講座世界歴史第 20 巻　二つの大戦と帝国主義 I 20 世紀前半』（分担執筆、永原陽子・吉澤誠一郎責任編集、岩波書店、2022 年）。

堀井　優 （ほりい ゆたか）
1965 年生。同志社大学文学部教授。東京大学大学院人文社会系研究科博士課程。博士（文学）。中世・近世の中東・ヨーロッパ関係史。〈主要業績〉『1571 年　銀の大流通と国家統合』（分担執筆、岸本美緒編、山川出版社、2019 年）、『近世東地中海の形成――マムルーク朝・オスマン帝国とヴェネツィア人』（名古屋大学出版会、2022 年）。

黛　秋津 （まゆずみ あきつ）
1970 年生。東京大学大学院総合文化研究科教授。東京大学大学院総合文化研究科博士課程。博士（学術）。バルカン史、黒海地域史。〈主要業績〉『三つの世界の狭間で――西欧・ロシア・オスマンとワラキア・モルドヴァ問題』（名古屋大学出版会、2013 年）、『講義ウクライナの歴史』（編著、山川出版社、2023 年）、『宗主権の世界史』（分担執筆、岡本隆司編、名古屋大学出版会、2014 年）。

松井真子 （まつい まさこ）

1968 年生。愛知学院大学文学部教授。東京大学大学院総合文化研究科博士課程。博士（学術）。前近代・近代のオスマン・ヨーロッパ関係史。〈主要業績〉『商業と異文化の接触──中世後期から近代におけるヨーロッパ国際商業の生成と展開』（分担執筆、川分圭子・玉木俊明編、吉田書店、2017 年）、「1680 年対蘭カピチュレーションの概要」愛知学院大学人間文化研究所『人間文化』（36、2021 年）。

沖 祐太郎 （おき ゆうたろう）

1986 年生。九州大学国際部国際戦略企画室（J-MENA オフィス）特任准教授。九州大学大学院法学府博士後期課程。〈主要業績〉「ダール・イスラーム／ダール・ハルブをめぐる議論の国際法学における意義」『世界法年報』40、2021、「エジプトにおける国際法受容の一側面──フランス語版『戦争法』（カイロ、1872 年）のテキスト分析を中心に」『法政研究』（83/3、2016 年）。

秋葉 淳 （あきば じゅん）

東京大学東洋文化研究所教授。東京大学大学院人文社会系研究科博士課程。博士（文学）。オスマン帝国史。〈主要業績〉『近代・イスラームの教育社会史──オスマン帝国からの展望』（共編著、昭和堂、2014 年）、『トルコ史』（分担執筆、永田雄三編、山川出版社、2023 年）、"Farming out Judicial Offices in the Ottoman Empire, c. 1750–1839," *Bulletin of the School of Oriental and African Studies* (87, no. 1, 2024).

真下裕之 （ました ひろゆき）

1969 年生。神戸大学大学院人文学研究科教授。京都大学大学院文学研究科博士課程。修士（文学）。南アジア史。〈主要業績〉「ムガル帝国宮廷における贈与儀礼とマンサブ制度」『メトロポリタン史学』（15、2019 年）、『宣教と適応──グローバル・ミッションの近世』（分担執筆、齋藤晃編、名古屋大学出版会、2020 年）。

長縄宣博 （ながなわ のりひろ）

北海道大学スラブ・ユーラシア研究センター教授。中央ユーラシア近現代史。〈主要業績〉『イスラームのロシア──帝国・宗教・公共圏 1905–1917』（名古屋大学出版会、2017 年）、『北西ユーラシア歴史空間の再構築──前近代ロシアと周辺世界（スラブ・ユーラシア叢書 12）』（共編著、北海道大学出版会、2016 年）、『越境者たちのユーラシア（シリーズ・ユーラシア地域大国論 5）』（共編著、ミネルヴァ書房、2015 年）。

イスラームからつなぐ5　権力とネットワーク

2024 年 12 月 25 日　初　版

［検印廃止］

編　者　　近藤信彰
　　　　　こんどうのぶあき

発行所　　一般財団法人　東京大学出版会

　　　　　代表者　吉見俊哉
　　　　　153-0041 東京都目黒区駒場4-5-29
　　　　　https://www.utp.or.jp/
　　　　　電話 03-6407-1069　Fax 03-6407-1991
　　　　　振替 00160-6-59964

組　版　　有限会社プログレス
印刷所　　株式会社ヒライ
製本所　　誠製本株式会社

©2024 Nobuaki Kondo, Editor
ISBN 978-4-13-034355-8　Printed in Japan

JCOPY 〈出版者著作権管理機構 委託出版物〉
本書の無断複写は著作権法上での例外を除き禁じられています．複写される場
合は，そのつど事前に，出版者著作権管理機構（電話 03-5244-5088，FAX
03-5244-5089, e-mail: info@jcopy.or.jp）の許諾を得てください．

イスラームからつなぐ [全8巻]

［編集代表］黒木英充
［編集委員］後藤絵美・長岡慎介・野田 仁・近藤信彰・山根 聡・石井正子・熊倉和歌子
Ａ５判・上製・各巻平均300頁／＊は既刊

1 イスラーム信頼学へのいざない[*]
黒木英充・後藤絵美［編］

2 貨幣・所有・市場のモビリティ[*]
長岡慎介［編］

3 翻訳される信頼[*]
野田 仁［編］

4 移民・難民のコネクティビティ[*]
黒木英充［編］

5 権力とネットワーク
近藤信彰［編］

6 思想と戦略
山根 聡［編］

7 紛争地域における信頼のゆくえ
石井正子［編］

8 デジタル人文学が映し出す名士たち
熊倉和歌子［編］